简明自然科学向导丛书

中外科技名人

主　编　牛秋业

山东科学技术出版社

主　编　牛秋业

副主编　孔宪毅　赵秀芳　张明志

编　委　王家传　吴功海　杨艳云　李晓印
　　　　尹利平　孔庆新　张桂娥　唐蓉婷
　　　　史　斌　李　进　张向锋　董　虹
　　　　朱云峰　李　丹　张秋菊　孙　宇
　　　　张　梦　蒋慧敏　许小峰

前言

马克思早在100多年前就提出了科学技术是生产力,科学技术对人类社会的进步起到了巨大的推动作用。邓小平根据现代科学技术在现代社会中的作用,进一步提出了科学技术是第一生产力,充分说明科学技术对人类社会的作用日益重要。当今,生产力水平的提高主要依靠科学技术水平的提高,科学技术已经渗透到社会生活的各个领域,并将日益发挥出更大的作用。

一个国家综合国力的竞争主要是科学技术的竞争,科学技术的竞争归根到底是人才的竞争,没有一流的科学技术人才,就不会创造出世界尖端的科学技术。中国是一个人口大国,人力资源十分丰富,怎样把一个人口大国转化成一个人才大国,这是摆在我们面前的历史性课题。在我国,除了要培养一大批高级、尖端人才,还有普及科学技术知识的任务,真正使科学技术深入人心,使人们以崇尚科学技术为荣,以愚昧落后为耻。

落实科学发展观,构建社会主义和谐社会,更离不开科学技术的发展,科学发展观的核心和本质就是以人为本,发展科学技术是为了促进人类的全面发展。科学家对科学技术本身的一些观点可以给我们以更多的启示。

在科学技术发展的长河中,科学家无疑是这条长河中最美丽的浪花,科学家的智慧和对科学技术的贡献,是推动科学技术进步的重要力量,从某种意义上说,科学技术史也是科学家史。科学家对社会的贡献不仅在于他们对科学技术本身的创造性工作,而且他们的科学道路、科学思想、科学方法、科学态度、科学道德和科学精神更是留给我们的一笔宝贵财富。

本书从整个科学技术史的角度,选取具有代表性的人物,对中国的科技人物适当多选取,这对读者了解中国科学技术的发展会有更大的帮助。对外国的科学技术人物,尽量照顾到更多国家,并且对获得诺贝尔奖的科学家适当多选取一些。

在具体的写作过程中,我们对科学技术人物的主要成就做简明扼要的介绍,以使读者了解该人物在历史上的主要贡献,同时对科学技术人物的科学道路、科学道德、科学精神也做了适当阐述,不仅为读者了解、研究、认识历史上的科学家提供资料,而且也为培育新的科学家指明方向,目的在于使读者走近科学家、了解科学家、学习科学家和赶超科学家。科学家不仅应该知道科学技术是什么,还应该知道科学技术应该做什么,即科学家应该具有社会责任感。从事科学技术的研究,不是为了个人的私利,而是为了全人类的幸福,为了推动社会的进步,这是每一个从事科学研究的人首先要知道的。

本书是集体合作的产物。第一章中国科技人物部分由济南大学的赵秀芳负责,编写人员有李丹、张秋菊、董虹、朱云峰、孙宇、张梦;第二章世界科技人物部分的物理学家部分由青岛滨海学院的孔宪毅、太原电力高等专科学校的孔庆新负责编写;数学家部分由济南大学的吴功海、杨艳云负责编写;化学家部分由济南大学的牛秋业、尹利平和淄博市张店区第七中学的张桂娥负责编写;天文学家和地质学家部分由济南大学的李晓印、尹利平负责编写;生物、医学家和工程技术专家部分由南京理工大学的王家传、唐蓉婷、史斌、李进、张向锋、蒋慧敏、许小峰负责编写。全书由牛秋业、孔宪毅、赵秀芳、王家传、张明志负责统稿和定稿。在本书编写过程中,山东科学技术协会的领导、山东大学的马来平教授给予了大量的指导和帮助,在此我们表示衷心感谢。

由于作者水平有限,错误和不足在所难免,敬请专家、同行不吝赐教。

编　者

目录

一、中国科技人物

古代部分 /1

民间医学家——扁鹊 /1
"外科之父"——华佗 /3
杰出的数学家——刘徽 /4
农学大家——贾思勰 /6
造纸技术发展史上的杰出人物——蔡伦 /7
中国古代科学大师——张衡 /9
医圣——张仲景 /12
科学大家——祖冲之 /14
地理学家——郦道元 /16
"药王"——孙思邈 /17
唐代高僧——一行 /19
活字印刷术创始人——毕昇 /20
"中国科学史上的坐标"——沈括 /21
元代天文水利专家——郭守敬 /23
明代"医圣"——李时珍 /24
近代科学的先驱——徐光启 /25
"百科全书式的学者"——宋应星 /27
清代数学界巨擘——李善兰 /28

现代部分 /30

杰出的爱国工程师——詹天佑 /30

CONTENTS

中国地质事业的奠基者和领导人——李四光/31

中国气象学的奠基人——竺柯桢/32

中国桥梁事业的泰斗——茅以升/34

中国杰出的物理学家、物理学教育家——吴有训/35

中国鱼类学和线虫学的奠基人——伍献之/36

实验胚胎学家——朱洗/37

我国实验室胚胎学的创始人——童第周/39

中国著名流体力学家、理论物理学家——周培源/40

中国胶体科学的主要奠基人——傅鹰/42

苏步青与"苏步青效应"/44

两弹一星元勋——赵九章/45

中国遗传学的奠基人——谈家桢/47

中国有机化学家和生物有机化学家——汪猷/48

自学成才的数学家——华罗庚/49

世界级的几何大师——陈省身/51

著名力学家、应用数学家、教育家和社会活动家——钱伟长/52

核子物理女皇——吴健雄/53

中国"原子弹之父"——钱三强/55

中国物理化学家、核化学家和化学教育家——吴征铠/56

植物区系地理学派的奠基人——吴征镒/58

"中国医学界的第一位人物"——吴阶平/59

中国著名的理论物理学家——黄昆/60

中国物理化学家、化学教育家——卢嘉锡/62

美籍华裔理论物理学家——杨振宁/63

著名核物理学家——朱光亚/65

两弹元勋——邓稼先/66

美籍华裔理论物理学家——李政道/68

中国理论物理、粒子物理学家——周光召/70

杂交水稻之父——袁隆平/71
距离摘取数论皇冠明珠一步之遥者——陈景润/73
潘承洞与哥德巴赫猜想/74
美籍华裔实验物理学家——丁肇中/75

二、世界科技人物

数学家/77
毕达哥拉斯学派的开创者——毕达哥拉斯/77
几何学之父——欧几里得/78
解析几何的创始人——笛卡尔/80
数学王子——高斯/81
数学分析的开拓者——柯西/82
非欧几何的创始人之一——罗巴切夫斯基/83
群论的创立者——伽罗瓦/86
集合论的创立者——康托尔/88
数理逻辑的奠基人——弗雷格/89
代数拓扑学的奠基人——彭加勒/90
四维时空概念的提出者——闵科夫斯基/92
控制论之父——维纳/93
20世纪最伟大的数理逻辑学家——哥德尔/95
现代计算机之父——冯·诺伊曼/96

物理学家/97
古希腊杰出的力学家——阿基米德/97
弹性定律的发现者——胡克/99
经典力学体系的建立者——牛顿/100
电路基本定律的发现者——欧姆/103
经典电磁理论的奠基人——法拉第/105
通过对动物热的研究而发现能量守恒定律的科学家——迈尔/108

用40多年时间对热功当量进行测量的科学家——焦耳/110
热力学第二定律的提出者——克劳修斯/112
经典电磁理论的集大成者——麦克斯韦/113
统计力学的奠基者——玻耳兹曼/116
第一个获得诺贝尔物理学奖的科学家——伦琴/117
天然放射性的发现者——贝克勒耳/120
电子的发现者——约瑟夫·约翰·汤姆孙/121
电磁波存在的证实者——赫兹/124
量子论的创立者——普朗克/125
两次荣获诺贝尔科学奖的女科学家——居里夫人/128
原子有核行星模型的提出者——卢瑟福/132
核裂变的发现者——哈恩/134
相对论的创立者——爱因斯坦/137
波函数统计解释的提出者——玻恩/142
哥本哈根学派的领袖——玻尔/144
波动力学的创立者——薛定谔/146
中子的发现者——查德威克/149
发现用慢中子进行核反应的科学家——费米/151
介子的发现者——汤川秀澍/153

化学家/155
把化学确立为科学的人——波义耳/155
化学革命家——拉瓦锡/156
近代原子学说的奠基人——道尔顿/158
气体化合体积定律的发现者——盖·吕萨克/159
化学元素符号的首倡者——贝采利乌斯/161
农业化学和生物化学的奠基人——李比希/162
有机结构理论的奠基人——凯库勒/163
元素周期分类的先驱——迈耶尔/164

炸药发明者——诺贝尔/166
元素周期表的创立者——门捷列夫/168
第一个荣获诺贝尔化学奖的科学家——范霍夫/169
热力学第三定理的创立者——能斯特/171
高分子化学的创立者——施陶丁格/172
性激素合成的开创者——鲁齐卡/173
化学反应动力学研究的大师——谢苗诺夫/174
量子化学的开创者——鲍林/176
现代有机合成之父——伍德沃德/177

生物、医学家/178
双名制命名法的创建者——林奈/178
牛痘接种术的发明者——詹纳/180
进化论之父——达尔文/181
优生学的奠基人——高尔顿/182
近代遗传学的奠基人——孟德尔/183
近代微生物学的奠基人——巴斯德/185
自然选择进化论的另一独立创立者——华莱士/186
现代遗传学的奠基者——摩尔根/187
糖类化学的元勋——科里/189
DNA遗传本性的发现者——艾弗里/190
病毒蛋白酶研究的奠基人——诺斯罗普/191
分子生物学之父——德尔布吕克/192
神经冲动传导"离子学说"的创始人——霍奇金/194
免疫学家——米尔斯坦/195
遗传密码的破译者——尼伦伯格/196
DNA双螺旋的发现者——沃森和克里克/198

天文学家/199
古希腊天文学的集大成者——托勒密/199

日心说的创立者——哥白尼/201
近代实验科学的奠基者——伽利略/202
行星运行三大定律大发现者——开普勒/204
天体力学的主要奠基人——拉普拉斯/205
星系天文学、河外天文学的奠基人和观测宇宙学的奠基人——
　哈勃/207

地质学/208
经典地质学的奠基人——赫顿/208
近代地理学的创建人之一——威廉·冯·洪堡/210
"灾变论"的创立者——居维叶/212
地质学之父——赖尔/213
地壳和地幔分界面的发现者——莫霍洛维奇/214
大陆漂移理论的创始人——魏格纳/215

工程技术专家/216
蒸汽时代的创造者——瓦特/216
电气时代的开创者——西门子/218
发明大王——爱迪生/220
电话的发明者——贝尔/221
航天科学的先驱——齐奥科夫斯基/222
无线电报机的发明者——波波夫/224
青霉素的发现者——弗莱明/225
飞机的发明者——莱特兄弟/227
现代火箭技术的奠基人——戈达德/228
喷气式飞机的发明者——亨克尔/230

一、中国科技人物

古代部分

民间医学家——扁鹊

扁鹊（公元前401～前310年），姓秦名越人，战国时期齐国渤海鄚州（今河北省任丘县北）人，是我国先秦时期的著名医学家，作为中国传统医学理论体系奠基时期的一位重要人物，他的医学思想与成就对于后世的医学发展，具有极为重要的影响。扁鹊原是传说中黄帝时代的一位名医，当时的人们赞扬秦越人像古代名医扁鹊一样能使人"起死回生"，就送给他"扁鹊"这一称号，后来这个称号到处流传，逐渐代替了他的真名。

青年时代的扁鹊，曾经在一家客店里做过管理人员，在客店里结识了一位名叫长桑君的民间医生。扁鹊对他很尊敬，经常向他学习医术。在长时间的交往中，长桑君看到扁鹊诚恳正直、虚心好学，愿意将自己的全部医术传授给他。扁鹊认真学习，刻苦钻研，经过十多年的勤奋攻读，反复实践，不仅掌握了长桑君多年积累的全部医理和秘方，而且又有了创新和发展，终于成为一代名医。由于其医术高明，又常为各国君主看病，受到当时秦国太医令李醯的嫉妒，后被李醯派遣的刺客刺杀身亡。

扁鹊生活的时代，由于科学文化水平比较落后，巫术十分盛行。当时国家设置了"大祝"、"司巫"等官吏，专门从事所谓的"逐疫"、"驱疾"等迷信活动。扁鹊一生不信巫术，认真钻研医疗技术，注意总结民间的医药经验，用自己的高超医术和其产生的显著疗效不断揭露巫术迷信的虚妄。他的医疗道德思想，在《史记》中概括为六条戒律，称为"六不治"，即"骄恣不论于理，一不治也;轻身重财,二不治也;衣食不能适,三不治也;阴阳并藏,气不定,四不治也;形羸不能服药,五不治也;信巫不信医,六不治也。有此一者,则重难治也。"特别是他把"信巫不信医"作为"六不治"的内容之一,体现了他坚决反对巫术的一贯立场。"六不治"是他治病的信条,由此也反映出他高尚的医德。

扁鹊在诊视疾病中,已经应用了中医全面的诊断技术,即后来中医总结的四诊:望诊、闻诊、问诊和切诊,当时扁鹊称它们为望色、听声、写影和切脉。这些诊断技术,充分体现在史书所记载他的一些治病的事例中。《史记》称赞扁鹊是最早应用脉诊于临床的医生。扁鹊脉诊及其理论可从其对虢太子这一病例的诊断中体现出来。当时虢太子已昏迷不醒,扁鹊通过脉诊判断为"尸蹶",类似现代的"休克",并未真正死亡,除脉诊外,他还观察到患者鼻翼微动。结合切摸,他又发现患者的大腿仍然温暖,因而敢于下此判断。于是,他叫徒弟在太子头部"百会"穴扎了一针,不一会儿,太子渐渐苏醒过来,接着扁鹊又让徒弟用熨帖法交替熨太子的两腋下,太子慢慢可以坐起来了。后来又用汤液调理了二十多天,太子就完全恢复了健康。

在治疗方面,扁鹊能熟练运用综合治疗的方法。其中,在治疗虢太子一例中,他所用的方法有针刺法、热熨法和服汤药法等。综合治疗法是扁鹊行医时的主要治疗措施。

扁鹊在自己的医疗生涯中,不仅表现出高超的诊断和治疗水平,还表现出高尚的医德。他谦虚谨慎,从不居功自傲。如他治好虢太子的尸蹶症后,虢君十分感激,大家也纷纷称赞他有起死回生之术,扁鹊却实事求是地说:"这是患者并没有死,我只不过能使他重病消除,恢复他原来的状态而已,并没有起死回生的本领。"

成书于东汉的《黄帝八十一难经》一书,有人认为是根据扁鹊的医术,尤其是关于脉诊的知识而整理成书的,并且署名秦越人所著。

扁鹊是我国历史上一位承前启后、继往开来的著名民间医学家。他总结了春秋以来我国的医疗经验,深入民间,关心民疾,通过自己的医疗实践,又发展了前人的经验,为我国传统医学奠定了基础,其成就对于后世的影响是极为深远的。

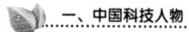

"外科之父"——华佗

华佗,字元化,又名旉,东汉沛国谯(今安徽亳州)人,约生于公元2世纪初,卒于公元208年。他一生致力于医疗实践,对内科、外科、妇科、儿科等各科都有很高造诣,在疾病的诊断、治疗和体育保健等方面都有卓越成就。华佗医术全面,尤其擅长外科,精于手术,是东汉著名的医学家,被后人称为"外科圣手"、"外科鼻祖"。

华佗从小就喜欢读书,年轻时游学于徐州一带,通晓各种经书和养生的学问。沛国相陈珪和太尉黄琬曾先后举荐和征召他出来当官,都被他拒绝了。他立志以医济世,为民众解除痛苦。华佗行医遍及今安徽、江苏、山东、河南地区,深受群众的爱戴和推崇。汉丞相曹操患头风头痛,久治不见效,召华佗治疗。华佗施以针刺,头痛立刻就停止了。曹操要留华佗在身边做侍医,华佗不愿意只为他一人服务,托辞回家不返。曹操一怒之下,将华佗杀害。

华佗不仅精于针灸,在妇产科、小儿科、内科杂病和寄生虫病等方面都有很高的造诣。他最大的成就是在外科方面。他发明了麻沸散,并成功地使病人在全身麻醉下施行腹部外科手术。据史书记载,华佗已能做肿瘤摘除、胃肠缝合一类的手术。对那些发于体内,针灸服药都不能治好的病就采用手术治疗。他先让病人用酒送服麻沸散,待病人如同酒醉失去知觉时,切开腹壁,若是肿瘤就割除;若病在肠胃,就将胃肠截断,除去疾秽的部分,经过洗涤后再很好地加以缝合,在伤口上敷以一种药膏。四五天后伤口愈合,病人一个月左右就可恢复健康。麻沸散是一种用于全身麻醉的中药麻醉剂。华佗在公元二三世纪发明全身麻醉术,比西方医学家使用乙醚或笑气进行全麻手术要早1 600多年。因此,华佗不仅是我国第一位,而且是世界上第一位使用麻醉术进行腹腔手术的人。

在古代卫生条件低下的情况下,寄生虫病是很常见的,特别是消化道寄生虫病更为多见,其中以蛔虫病尤为突出。当时只是在寄生虫病引起剧烈疼痛或因之造成严重并发症时才求医诊治。华佗治疗消化道寄生虫病的奇效在当时已是妇孺皆知,如一位被治愈的病人,将驱出的蛔虫挂在车边专程拜访华佗,被在华佗门前戏耍的儿童所见,村童们笑道这是华佗神医治好寄生虫病的标志啊。可见村童们皆知华佗善治虫症的事情。等到病人进入华佗家,发现北墙上的蛔虫等寄生虫标本有数十种,由此更可见华佗是多么擅长诊断治疗寄生虫病了。

华佗还很重视体育锻炼。他认为适当的运动可以帮助消化,畅通气血,不但能预防疾病,还可延长寿命。"户枢不蠹,流水不腐"就是这个道理。据此,他模仿虎、鹿、熊、猿、鸟的动作,创造了"五禽戏"。他的弟子吴普按照这个方法坚持锻炼,活到90多岁,仍然耳聪目明,牙齿坚固,身体结实。

华佗一生有很多医著,可惜都没有流传下来,这是我国传统医学的一个重大损失。现在看到的《中藏经》《华佗神医秘传》等,都是后人托名而作,并非出自华佗之手。

杰出的数学家——刘徽

刘徽,淄乡(今山东邹平)人,生活于公元3世纪(约公元225～295年),是中国数学史上一个非常杰出的数学家,在世界数学史上,也占有重要的地位。他的杰作《九章算术注》和《海岛算经》是我国非常宝贵的数学遗产。

刘徽在幼年时就学习过《九章算术》,成年后又继续深入研究,在魏景元四年(263年)注《九章算术》,并撰《重差》作为《九章算术》注第十卷(唐初以后,《重差》以《海岛算经》为名单行)。刘徽的数学成就完整地保留在他为《九章算术》所作的注释中。可以说,《九章算术》的刘徽注是我国古代数学上的又一伟大成就。在刘徽注中有着丰富多彩的创见与发明。刘徽在《九章算术》注中全面证明了《九章算术》的方法和公式,指出并纠正了其中的错误,在数学方法和数学理论上做出了杰出的贡献。刘徽创造性地运用极限思想证明了圆面积公式,而且提出了计算圆周率的方法。

他的割圆术思想是现代人经常使用的伟大成果之一。这是他创造的一种运用极限思想证明圆面积公式的方法。他首先从圆内接正6边形开始割圆,依次得正12边形、正24边形……割得越细,正多边形的面积与圆面积之差越小,"割之又割,以至于不可割,则与圆周合体而无所失矣。"这一思想又提供了计算圆周率的科学方法。正是他提出的计算圆周率的方法,使后来的祖冲之能够进一步将圆周率可靠数字推进到第八位,奠定了此后千余年中国圆周率计算在世界上的领先地位。

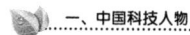

这种将无穷小分割方法与极限思想引入数学的证明,以现代的观点看,是刘徽最杰出的贡献。除了用极限思想严格证明了《九章算术》提出的圆面积公式,他还提出并用极限方法证明了一个与体积有关的重要原理,现在称为刘徽原理。可以说,刘徽极限思想的深度超过了古希腊的同类思想。

他的另一项著名成果是提出了解决球体积公式的正确途径。但他自己未能完全解决这一问题。他表示"以俟能言者",充分显示了一位伟大学者寄希望于后学者的坦荡胸怀。200年后,祖冲之父子在刘徽研究的基础上,提出"幂势既同则积不容异"的原理,从而得出了正确的球体积公式。祖冲之父子也是我国历史上重要的数学家。他们的重要著作《缀术》一书由于内容过于深奥而失传。他们的数学贡献可以确信的有两项:一是关于圆周率的研究;二是关于球体积的公式。而这两项成果都建立在刘徽的研究基础之上。由此可见,刘徽对后世数学发展的影响极为深远。事实上,刘徽的数学成果还不止于此。在线性方程组解法中,他创造了解线性方程组的互乘相消法与方程新术。在对分数、负数、无理数问题上他都提出了一些真知灼见。

除了这些具体的数学成果之外,刘徽的重要贡献还体现在他的数学思想上。他以严密的数学用语描述了有关数学概念,提出并定义了许多数学概念,从而改变了自墨学衰微以来靠约定俗成确定数学概念和涵义的做法。

他提出了许多公认正确的判断作为证明的前提。他的大多数推理、证明都合乎逻辑,十分严谨,从而把《九章算术注》及他自己提出的解法、公式建立在必然性的基础之上。对《九章算术》中的许多结论给出了严格证明。通过"析理以辞、解体用图",给概念以定义,给判断和命题以逻辑证明,并建立了它们之间的有机联系。

简而言之,刘徽沿袭我国古代的几何传统,使之趋于完备,形成具有独特风格的几何体系。如果说《九章算术注》本身建立了中国古代数学理论的框架,刘徽《九章算术》的出现,标志着中国古代数学理论体系的完成。刘徽的数学之树是在《九章算术》的数学框架基础上加以改造,注入了血肉和灵魂,形成了一个以计算为中心,以演绎推理为主要逻辑方法的理论系统。刘徽治学态度严肃,为后世树立了楷模。在求圆面积公式时,在当时计算工具很简陋的情况下,他开方即达12位有效数字。他在注释"方程"章节18题时,共用 1 500 余字,反复消元运算达 124 次,无一差错,答案正确无误。刘徽注"九章算术"时年仅 30 岁。北宋大观三年(公元 1109 年)刘徽被封为淄乡男。

刘徽是我国古典数学理论的奠基者之一。诚如吴文俊先生所说:"从对数学贡献的角度来衡量,刘徽应该与欧几里得、阿基米德等相提并论。"

农学大家——贾思勰

贾思勰,南北朝时期北魏农学家,生卒年不详,生活于公元 5 世纪末到 6 世纪中叶,益都(今山东寿光)人,曾任高阳(今山东临淄)太守,到过山西、河北、河南等地,后回到家乡,经营过农牧业,大约在北魏永熙二年(公元 533 年)到东魏武定二年(公元 544 年)间,在总结我国古代劳动人民农业生产经验的基础上,写出了不朽的农业科学巨著——《齐民要术》。

《齐民要术》全书共 10 卷,92 篇,正文大约 7 万字,注释 4 万多字,共 11 万多字,此外,书前还有《自序》和《杂说》各一篇。引用前人著作有 150 多种,记载的农谚有 30 多条。全书包括各种农作物的栽培,各种经济林木的生产,野生植物的利用,家畜、家禽、鱼、蚕的饲养和疾病的防治,农、副、畜产品的加工,酿造和食品加工,以及文具、日用品的生产等,几乎对所有农业生产活动都做了比较详细的论述。《齐民要术》是一部有很高科学价值的"农业百科全书",它比较系统地总结了黄河中、下游地区北魏和北魏以前农业生产技术的成就,初步建立了农业科学体系,是我国保存下来的最早的一部农业科学著作。它对我国隋唐以后农业的发展和农业科学的发展均产生了重大影响。元代司农司编的《农桑辑要》、王帧的《农书》、明代徐光启的《农政全书》、清代的《授时通考》等综合性农书的成书显然都受到它的深刻影响。同时,《齐民要术》在世界上也是一部产生最早且影响深远的农学著作,它曾对日本一些农业科学家产生很大影响。进化论的创立者、19 世纪英国伟大的生物学家达尔文曾说,他的人工选择思想是从"一部中国古代的百科全书"中得到启发的。从其所引述的内容看,这部书很可能就是《齐民要术》。

贾思勰认真吸收前人的典籍和农书中的精华,搜集了大量农谚歌谣,还很注重考察和汇集同时代人的生产经验,有时还亲自试验。在农业实地考察期间,贾思勰虚心向当地有经验的农民请教和学习,并积极收集许多民间

在社会生产实践中总结出的谣谚,取其精华,剔其糟粕。如当时民间流行这样一种说法:"立秋后种小豆,即使叶子小得像刚长出来的荷叶,只有铜钱大,照样可以收到豆子。"他通过实地考察后指出,这只是针对适宜晚种的特殊年头说的,不能当成普遍的种植规律。在亲自参加农牧业生产期间,他也注重实践经验的总结。如有一年,他养了200只羊,可是因为没能贮藏足够的饲料,不到一年的时光,羊就死了一大半,剩下的羊也大都瘦弱不堪,且羊毛短没有光泽,身体上也长满疥疮。起初,贾思勰并没有找到羊死亡的真正原因,只简单认为家里不适宜养羊,同时还怀疑可能是瘟疫所致。后来,在请教了有经验的老农后,终于弄清了羊的真正死因,加上自己的细心观察和大量实践,他最终总结出一整套养羊、剪毛、治疗羊病,以及加工羊乳、制取酥酪的方法。为丰富自己的农学知识,他还阅读了大量农业典籍,但他并不迷信书本,而是通过实践活动印证书本上的知识,做到去粗取精,去伪存真。如西汉农学专家氾胜之在其《氾胜之书》中曾记载种植黍子的密度为"欲疏于禾"。贾思勰通过亲自种植,否定了氾胜之的稀植主张,指出种植黍子,密植比稀植要好。

贾思勰注重实践经验的归纳与提炼,但也很强调遵从事物发展规律。"种谷第三"中"顺天时,量地利,则用力少而成功多,任情返道,劳而无获","入泉伐木,登山求鱼,手必虚;迎风散水,逆坂走丸,其势难",就是这方面的不朽名句。

当然,由于阶级和时代的局限性,贾思勰在《齐民要术》一书中不免收录了一些怪诞迷信的无稽之谈,如"在东边栽九颗桃树,可以多子多孙","吃枣核仁二十七斤,可以避疾病"等。但瑕不掩瑜,他在世界农学史上的重要地位永远不可动摇。《齐民要术》堪称世界农业科学史上的一颗明珠。

造纸技术发展史上的杰出人物——蔡伦

蔡伦(公元61~121年),字敬仲,桂阳郡宋阳(今湖南耒阳)人。蔡伦从小随父辈种田,聪明伶俐,讨人喜欢。永乐十八年(公元75年)蔡伦被选入宫,时约15岁。他读书识字,成绩优异,公元88年,侍幼帝(和帝)左右,参与国家机密大事,秩俸二千石,地位与九卿等同。在此期间,他总结西汉以来的造纸经验,改进造纸工艺,利用树皮、碎布(麻布)、麻头、渔网等原料精制出优质纸张,由他监制的纸被称为"蔡侯纸"。建光元年(公元121年)蔡伦卷入宦官的宫廷斗争之中,自尽而亡。

蔡伦一生为官46年,一度官尊九卿,地位显赫。在任尚方令期间,经常亲临现场做技术调查,极富创新精神,对发展当时的金属冶炼及加工、机械制造工艺等方面起了很大的推动作用,被称为东汉时期的科学家,但他的最大贡献主要还在造纸方面,是造纸技术的革新者。据《后汉书·蔡伦传》记载,蔡伦曾"监作秘剑及诸器械,莫不精工坚密,为后世法"。因此,蔡伦成为促进东汉造纸术发展的关键人物。蔡伦利用职务的便利观察、接触生产实践,加上自己的聪颖创新,对发展当时的金属冶炼、铸造、锻造及机械制造工艺以及手工业起到了不小的推动作用。造纸术是中国古代科学技术的"四大发明"之一,是中华民族对世界文明做出的一项十分重大的贡献,它促进了世界科学文化的传播和交流,深刻影响着世界历史的进程。

中国古代是靠龟甲、兽骨、竹简、木牍、金石、缣帛来记录事物的,西汉初已有用废旧麻绳头和破布为原料制成的麻类植物纤维纸。东汉定都洛阳后,蔡伦深感"帛贵而简重,并不便于人",于是他决定造出比西汉更好的纸。他总结前代及同时代造麻纸的技术经验,组织生产优质麻纸。在他的推动和组织下,到公元2世纪初的东汉时期,中国已经完成了具有重大意义的造纸革新技术。蔡伦的另一造纸术贡献是皮纸制造工艺的探索和推广。麻纸和皮纸是汉代以来1 200年间中国纸的两大支柱,中国文化有赖这两大纸种的供应而得以迅速发展。公元2~3世纪,纸已基本取代了落后的简帛而成了中国唯一的书写材料,有力地推进了中国科学文化的传播和发展。

元初元年(公元117年)蔡伦负责监典校订经书,校订完成后要将所抄副本颁发给各处地方官,从而形成了大规模用纸抄写儒家经典的高潮,使纸本书籍成为传播文化最得力的工具。因此可以说蔡伦对造纸术的改革推广和传播普及都有一定的贡献。中国造纸技术起始于西汉,在东汉时期进行改进推广,蔡伦是这个历史阶段促进造纸术发展的核心人物,被称为技术革新者、组织者、倡导者和推广者,其历史地位应予肯定。蔡伦被史学家称之为中国古代的科学家。

蔡伦的名字是与造纸术的发展联系在一起的。造纸术是我国古代四大发明之一,对世界文化的传播和人类文明的进步产生过巨大的影响,而蔡伦则是科技史上对造纸术的发展和传播做出过突出贡献的杰出代表,他系统地总结了自西汉以来民间制造低级麻质纤维纸的经验,创造性地开发了新的造纸原料来源,摸索出一套比较完整的制纸工艺流程,成功地造出了一批质地优良、价格低廉的书写用纸,成为造纸技术发展史上一个划时代的里程碑。更重要的是,蔡伦利用身处封建宫廷的有利地位,大力提倡和推广新型的造纸技术,促进了民间造纸行业的蓬勃发展,推动了造纸技术的传播。我国历代造纸工匠都把蔡伦尊为祖师爷,奉为纸神,立庙祭祀。蔡伦发展、革新和推广了造纸技术,是永远值得纪念的伟人。

中国古代科学大师——张衡

张衡(公元78～139年),字平子,河南南阳(今河南省南阳市城北五十里石桥镇)人。祖父张堪是地方官吏,曾任蜀郡太守和渔阳太守。张衡幼年时候,家境已经衰落,有时还要靠亲友的接济。正是这种贫困的生活使他能够接触到社会下层的劳动群众和一些生产、生活实际,从而给他后来的科学创造事业带来了积极的影响。

当时的南阳是经济和文化都很发达的地区,有"南都"之称。张衡在这样的环境熏陶下,自幼刻苦好学,在青少年时代就已经为后来从事文学和科学事业打下了良好的基础。

由于家中的经卷典籍慢慢地不能满足张衡的求知欲望了,于是从16岁开始,他便离乡游学,广结学者名流。他曾到汉朝故都长安一带,游览了当地的名胜古迹,考察了周围的山川形势、物产风俗、世态人情。后来他又到了当时的首都洛阳,就读于最高学府——太学。并成为学识比较渊博的学者之一。当时,地方上曾经推举他做"孝廉",公府也多次招聘他去做官,但都被他拒绝了。

张衡自幼就对文学有特殊的爱好和研究。他的文学作品很多,风格也各不相同。有的形式短小,重在抒情,如《归田赋》;有的气势磅礴,广写景物,如《二京赋》;有的特色突出,独树一帜,如《四愁诗》《同声歌》等。

和帝永元十二年(公元100年),23岁的张衡应邀回乡出任南阳太守鲍德的主簿,掌管文书工作,在办理政务之余,潜心于文学创作。他以游学长安和洛阳的见闻作为素材,先后花了十年工夫,精心雕琢、反复修改,于安帝永初元年(公元 107 年)写成著名的《东京赋》和《西京赋》,总称为《二京赋》,被人们广为流传,他画的画也很出色。后来,鲍德调任,张衡便辞职回家。掌握朝政的皇亲邓骘为了笼络士人,几次派人邀请张衡作为他的幕僚,以增强自己这一派的势力。但张衡一方面厌恶外戚专权,一方面想专心钻研学问,都坚决地拒绝了。

在张衡 34 岁的时候,他的研究兴趣逐渐转到哲学和自然科学方面。他很喜爱扬雄的哲学著作《太玄经》。《太玄经》的内容涉及天文、历法、数学等方面,引起了他极大的兴趣。《太玄经》里的一些朴素的唯物主义观点也给了张衡以很大的启发。

安帝永初四年(公元 111 年),张衡应征进京,先后任郎中、太史令、公车司马令等低、中级官职。其中担任太史令时间最长,前后达 14 年之久。太史令是主持观测天象、编订历法、候望气象、调理钟律(计量和音律)等事务的官员。在他任职期间,对天文历算进行了精细研究,做出了重大的贡献。

汉朝时,关于天体运动和宇宙结构的学说已经出现了三种:盖天说、浑天说和宣夜说。盖天说又称天圆地方说,认为天是圆的,像一把张开的伞,地是方的像一张棋盘;浑天说认为天地的形状像一个鸡蛋,天与地的关系就像蛋壳包着蛋黄;宣夜说认为天没有一定的形质,日、月、五行(金、木、水、火、土五大行星)等都漂浮在气体中。

张衡根据自己对天体运行规律的认识和实际观察,认真研究了这三种学说,认为浑天说比较符合观测的实际。他继承和发展了前人的浑天说理论,大胆地对天象提出了许多新的见解。

张衡在西汉耿寿昌发明的浑天仪的基础上,根据自己的浑天说,创制了一个比以前更精确、更全面的"浑天仪",一个能够精确表现浑天思想的"浑天仪"。

浑天仪是一个可以转动的空心铜球。铜球外表刻有二十八宿和其他一些恒星的位置;球体内有一根铁轴贯穿球心,轴的两端象征北极和南极。球体的外面装有几个铜圆圈,代表地平圈、子午圈、黄道圈、赤道圈,赤道和黄道上刻有二十四节气。凡是张衡当时知道的重要天文现象,都刻在了浑天仪上。

为了使浑天仪能自动转动,张衡又利用水力推动齿轮的原理,用滴壶滴

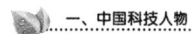

出来的水力推动齿轮,带动空心铜球绕轴旋转。铜球转动一周的速度和地球自转的速度相等。这样,人们坐在屋子里,便能从浑天仪上看到天体运行的情况了。

从公元89～140年,东汉都城洛阳和陇西一带,共出现过33次地震。特别是公元119年,洛阳和其他地区连续发生了两次大地震,促进了张衡加紧对地震的研究。他终于在公元132年,发明并制造了我国第一架测报地震的仪器——地动仪。

张衡制造的这台地动仪相当准确。公元138年的一天,地动仪精确测知距离洛阳500多千米的陇西发生地震,表明他的精密程度达到了相当高的水平。欧洲在1880年才制造出类似的地震仪,距张衡已经晚了1700多年。

在气象学方面,张衡还创造了一种测定风向的仪器——候风仪,又叫相风铜鸟。是在一根五丈高的杆顶安放一只衔着花的铜鸟,可以随着风向转动。鸟头所对的方向就是风向。这个仪器和欧洲装在屋顶上的候风鸡相似,但是候风鸡是在12世纪才出现的,比起张衡的候风仪晚了近1000年。

张衡一生所著的天文学著作,以《灵宪》最为著名。这是一部阐述天地日月星辰生成和它们运动的天文理论著作,代表了张衡研究天文的成果。它总结了当时的天文知识,虽然其中也有一些错误,但还是提出了不少先进的科学思想和独到见解。例如,在阐述浑天理论的时候,虽然仍旧保留着旧的地平概念,并且提出了"天球"的直径问题,但是张衡进一步明确提出在"天球"之外还是有空间的。他说:"过此而往者,未之或知也。未之或知者,宇宙之谓也。宇之表无极,宙之端无穷"。就是说,我们能够观测到的空间是有限的,观测不到的地方是无穷无尽,无始无终的。这段话明确地提出了宇宙在时间和空间上都是无穷无尽的思想,是十分可贵的。

张衡在《灵宪》中指出月亮本身并不发光,月光是反射的太阳光。他说"夫日譬犹水,火则外光,水则含景。故月光生于日之所照,魄生于日之所蔽;当日则光盈,就日则光尽也"(景就是影,魄指月亮亏缺的部分)。他生动形象地把太阳和月亮比做火和水,火能发光,水能反光,指出月光的产生是由于日光照射的缘故,有时看不到月光,是因为太阳光被遮住了。他这种见解在当时是十分新鲜的,也是正确的。同时,张衡还进一步解释了月食发生的原因。他说:"当日之冲,光常不合者,蔽于地也,是谓暗虚。在星则星微,遇月则食。"这段话的意思是："望月"时,应该能看到满月,但是有时看不到,这是因为日光被地球遮住的缘故。他将地影的暗处叫做"暗虚",月亮经过"暗虚"时就发生月食,精辟地阐述了月食的原理。至于"在星则星微"一句,说的是星星碰上"暗虚"就隐而不见了。

现在看来这种说法是不正确的。由于星星距地球极为遥远,又大都是发光的恒星,不像地球一样属于行星,因此没有任何一个星星会进入地球的影子之中而失去了光芒。这是张衡的不足之处。这也可以看出在当时的历史条件下,古人的研究不可能做到尽善尽美。今人也一样,做任何事情都不可能绝对正确,但一定要最大限度的正确反映客观现实。

此外,张衡在《灵宪》中还算出了日、月的角直径,记录了在中原洛阳观察到的恒星 2 500 多颗,常明星 124 颗,叫得上名字的星约 320 颗。这和近代天文学家观察的结果是相当接近的。

在张衡的另一部天文著作《浑天仪图注》里还测定出地球绕太阳一年所需的时间是"周天三百六十五度又四分度之一",这和近代天文学家所测量的时间 365 天 5 小时 48 分 46 秒的数字十分接近,说明张衡对天文学的研究已经达到了比较高的水平。

张衡一生为我国的科学文化事业做出了卓越的贡献,是我国古代伟大的科学家之一。他谦虚谨慎,勤学不倦,"如川之逝,不舍昼夜",几十年如同一日,在所从事的事业中表现出了一丝不苟,精益求精,不畏强权,勇于进取的风格。而他不慕名利的高尚品德更值得我们学习。

医圣——张仲景

张仲景(公元 150~219 年),名机,字仲景,南阳郡涅阳(今河南省南阳)人。张仲景自幼聪颖好学,博览群书,尤爱钻研医学。他处在动乱的东汉末年,连年混战,各地连续爆发瘟疫,尤其是洛阳、南阳、会稽(绍兴)疫情严重。"家家有僵尸之痛,室室有号泣之哀",张仲景的家族也不例外。对这种悲痛的惨景,张仲景目击心伤。"感往昔之沦丧,伤横夭之莫救"(《伤寒论》自序)。于是,他发愤研究医学,立志做个能解脱人民疾苦的医生。"上以疗君亲之疾,下以救贫贱之厄,中以保身长全,以养其生"(《伤寒论》自序)。当时,在他的宗族中有个人叫张伯祖,是个极有声望的医生。张仲景为了学习医学,就去拜他做老师。张伯祖见他聪明好学,又有刻苦钻研的精神,就把自己的医学知识和医术,毫无保留地传授给他,而张仲景竟尽得其传。后来,张仲景成了良医,被人称为"医中之圣,方中之祖。"

张仲景热爱医药事业,善于"勤求古训,博采众方"。他曾仔细研读过《素问》《灵枢》《难经》《阴阳大论》《胎胪药录》等古代医书。其中《素问》对他的影响最大。《素问》说:"夫热病者,皆伤寒之类也。"又说"人之伤于寒也,则为病热"。张仲景根据自己的实践对这个理论做了发展。他认为伤寒是一切热病的总称,也就是一切因为外感而引起的疾病,都可以称为"伤寒"。他还对前人留下来的"辨证论治"的治病原则,认真地加以研究,从而提出了"六经论伤寒"的新见解。张仲景很重视临床实践,时时"平脉辨证",认真总结自己的临床经验。相传张仲景50岁左右的时候,曾在长沙做太守。他睿智而贤德,十分体恤百姓疾苦。眼见患病的人日益增多,他便在繁忙的公事中抽出时间,每月的初一和十五都坐在大堂上给百姓治病,分文不取,这也就是"坐堂"一词的由来。但他能救的人毕竟是少数,为了解决当时的医者对病症认识不清、误治错治的状况,便动手著述了《伤寒杂病论》一书,以纠正世医在治疗上的偏颇之处,毫不留私,倾囊相告,只为拯救更多的生灵。张仲景是中医界的一位奇才,《伤寒杂病论》是一部奇书,它确立了中医学重要的理论支柱之一——辨证论治的思想。在中医学发展过程中,实属"点睛之笔"。

经过几十年的奋斗,张仲景收集了大量资料,包括他个人在临床实践中的经验,写出了《伤寒杂病论》十六卷(又名《伤寒卒病论》)。这部著作在公元205年左右写成而"大行于世"。到了晋代,名医王叔和加以整理。到了宋代,才渐分为《伤寒论》和《金匮要略》两部分。《金匮要略》就是该书的杂病部分。

《伤寒杂病论》是我国最早的理论联系实际的临床诊疗专著。它系统地分析了伤寒的原因、症状、发展阶段和处理方法,创造性地确立了对伤寒病的"六经分类"的辨证施治原则,奠定了理、法、方、药的理论基础。书中还精选了300多方,这些方剂的药物配伍比较精炼,主治明确。如麻黄汤、桂枝汤、柴胡汤、白虎汤、青龙汤、麻杏石甘汤。这些著名方剂,经过千百年临床实践的检验,都被证实有较高的疗效,并为中医方剂学提供了发展的依据。

后来不少药方都是从它发展变化而来。名医华佗读了这本书，啧啧赞叹说："此真活人书也"。喻嘉之言高度赞扬张仲景的《伤寒论》，说："为众方之宗、群方之祖"。"如日月之光华，旦而复旦，万古常明"（《中国医籍考》）。历代有关注释、阐发此书的著作很多。特别是注释、阐发《伤寒论》的著作，竟达三四百种之多。它的影响远远超出了国界，对亚洲各国，如日本、朝鲜、越南、蒙古等国的影响很大。特别是日本，历史上曾有专宗张仲景的古方派，直至今天，日本中医界还喜欢用张仲景方。日本一些著名中药制药工厂，如小太郎、内田、盛剂堂等制药公司出品的中成药（浸出剂）中，伤寒方一般都占60％以上（其中有些很明显是伤寒方的演化方）。可见《伤寒杂病论》在日本中医界有着深远的影响，在整个世界都有着深远的影响。

张仲景一生的著述十分丰富。除《伤寒杂病论》外，据史书记载，他还著有《黄素药方》二十五卷、《辩伤寒》十卷、《疗伤寒身验方》一卷、《评病要方》一卷、《疗妇人方》二卷、《五脏论》一卷、《口齿论》一卷等。此外，他的两个学生卫汛和杜度继承他的事业，也写了不少书。可惜这些书都已亡佚了。

张仲景是我国东汉末年著名医学家，他的医学成就是巨大的。但是，由于时代和科学水平的限制，他的唯物主义思想是不彻底的，还没有能够完全摆脱阴阳五行说的影响，在他的书中还夹杂有少数封建迷信的内容，同时在论病用药方面，也存在某些不符合科学实际的地方。

科学大家——祖冲之

祖冲之（公元429～500年），字文远，范阳遒县（今河北涞水县）人，他的家庭，从曾祖父起，大都对天文、历法和数学很有研究。祖冲之从小就阅读了许多天文和数学方面的书籍，勤奋好学，刻苦实践，亲自观察天象，进行推算，终于成为中国古代杰出的数学家和天文学家。

从青年时起，祖冲之便对天文学和数学发生了浓厚兴趣。为了反驳别人责骂他不学无术，他曾在著作中自述说，从很小的时候起便"专功数术，搜烁古今"，他把从上古时起直至6世纪他生活的时代止的各种文献、记录、资料，几乎全都搜罗来进行考察。同时，他又主张决不"虚推古人"，决不把自己束缚在古人陈腐的错误结论之中，并且亲自进行精密测量和仔细推算。像他自己所说的那样，每每"亲量圭尺，躬察仪漏，目尽毫厘，心穷筹策"。祖冲之批判地接受前一代的学术遗产，利用并尊重其中一切正确有用的东西，再经过辛勤的实际考核，敢于怀疑古人错误陈旧的结论，并勇于提出自己的新见解。

还是在青年时代，他便对刘歆、张衡、郑玄、阚泽、王蕃、刘徽等人的工作进行了仔细研究，一一驳正了他们的错误并且导出了许多极有价值的结果。在这些成果中，准确到7位有效数字的圆周率数值，便是人所共知的例子。

他坚持这种严谨的治学态度，对过去科学家们的工作进行反复考核，就是对他的前辈著名天文学家何承天，也是如此。经过实际观测，他指出何承天所编制的为当时的刘宋王朝所奉行的元嘉历，有不少错误。祖冲之指出，元嘉历所推算的冬至时太阳所在宿度距实测已差3度，冬至、夏至时刻已差1天，五星的出没时间差40天。于是，他着手编制了新的历法——大明历，对历法的编制做出了很多创造性的贡献。大明历是这个时代最好的一部历法。

公元462年，祖冲之请求宋孝武帝颁布新历，孝武帝召集大臣商议。那时候，有一个皇帝宠幸的大臣戴法兴出来反对，认为祖冲之擅自改变古历，是离经叛道的行为。祖冲之当场用他研究的数据回驳了戴法兴。戴法兴依仗皇帝宠幸他，蛮横地说："历法是古人制定的，后代的人不应该改动。"祖冲之一点也不害怕。他严肃地说："你如果有事实根据，就只管拿出来辩论。不要拿空话吓唬人嘛。"宋孝武帝想帮助戴法兴，找了一些懂得历法的人跟祖冲之辩论，也一个个被祖冲之驳倒了。但是，宋孝武帝还是不肯颁布新历。由于种种阻碍，大明历直到公元510年，经过刘宋王朝和萧齐王朝，直到梁王朝天监九年，由于祖冲之的儿子祖暅的坚决请求，经过实际天象的校验，才得以正式颁行。但是这已经是祖冲之死后10年的事了。

尽管当时社会十分动乱，但是祖冲之还是孜孜不倦地研究科学。他更大的成就是在数学方面。他曾经对古代数学著作《九章算术》做了注释，又编写一本《缀术》。他的最杰出贡献是求得相当精确的圆周率。经过长期的艰苦研究，他计算出圆周率在3.141 592 6和3.141 592 7之间，成为世界上最早把圆周率数值推算到七位数字以上的科学家。祖冲之计算得出的圆周率，在外国数学家获得同样结果时，已是1 000多年以后的事了。为了纪念祖冲之的杰出贡献，有些外国数学史家建议把圆周率称为"祖率"。

祖冲之的科学成就是多面的，他造过一种指南车，随便车子怎样转弯，车上的铜人总是指着南方；他又造过"千里船"，在新亭江（在今南京市西南）上试航过，一天可以航行50多千米。他还利用水力转动石磨，舂米碾谷子，叫"水碓磨"。同时，祖冲之精通音乐，还对古代的各种典籍也多有涉猎，他可以称得上是一位博学多能、多才多艺的科学家。

为了纪念祖冲之的功绩，人们将月球背面的一座环形山命名为"祖冲之环形山"，将小行星1888命名为"祖冲之小行星"。祖冲之的名字，和世界许多科学家的名字一道，如皓月经天，永放光芒，而他勤勉好学，致密严谨的治学态度，勇于创新，勇敢同腐朽势力进行顽强斗争的精神，将永远是我们学习的榜样。

地理学家——郦道元

郦道元，字善长，范阳郡涿县（今河北涿县）人，生年不详，北魏孝昌三年（公元527年）卒于关中（今陕西临漳），杰出的地理学家。他的《水经注》不仅是中国古代地理名著，而且也是世界古代地理名著。

郦道元从少年时代就有志于地理学的研究。他喜欢游览祖国的河流山川，尤其喜欢研究各地的水文地理、自然风貌。他充分利用在各地做官的机会进行实地考察，足迹遍及今河北、河南、山东、山西、安徽、江苏、内蒙古等广大地区。他调查当地的地理、历史和风土人情等，掌握了大量的第一手资料。每到一个地方，他都要游览名胜古迹、山川河流，悉心勘察水流地势，并访问当地长者，了解古今水道的变迁情况及河流的渊源所在、流经地区等。同时，他还利用业余时间阅读了大量古代地理学著作，如《山海经》《禹贡》《禹本纪》《周礼职方》《汉书·地理志》《水经》等，积累了丰富的地理学知识，为他的地理学研究和著述打下了基础。

通过把自己看到的地理现象同古代地理著作进行对照、比较，郦道元发现其中很多地理情况随着时间的流逝发生了很大变化。如果不及时把这些地理现象的变迁记录下来，后人就更难以弄明白历史上的地理变化。因此，应该对此时的地理情况进行详细的考察，同时查阅古代文献，与古代的地理学著作相印证，将地理面貌的历史变迁尽可能详细、准确地记载下来。为此，郦道元决定以《水经》为蓝本，以作注的形式写一本完整的地理学著作。

《水经》是一部记载全国河流水道的专著，旧传为西汉桑钦所作。经清代学者考证，大概是三国时人所作。原书列举大小河道137条，内容非常简略。郦道元就力之所及，搜集了有关全国水道的记载和他自己游历各地、跋涉山川的见闻为《水经》作注，对《水经》中的记载加以详细阐明并大为扩充，介绍了1 252条河流。注中除记载水文地理、水道的变迁沿革等内容外，还记叙了人文地理、生物地理、地质学、地貌学等内容，包括山陵城邑、风土人情、珍物异事等异常丰富的内容。凡北魏以上的掌故、旧闻都可从中得到考实。单以兵要地理资料一项而言，全注记载的从古以来的大小战役不下300次，许多战例都生动地说明了熟谙地理，利用地形，争夺桥梁、险道、仓储的重要性。注文对《水经》中的谬误，经辨析一一做出正确的解释。注文引书达400多种，资料丰富，其中不少引书现已失传，所以《水经注》对研究我国古代的历史、地理是有很高参考价值的。

《水经注》不仅是一部地理志，也是一部山水游记和民俗风情录。郦道元虽是北朝作者，但受南朝文风影响很深，在《水经注》中引用了不少谢灵运的文句及魏晋人的诗赋句子。由于他酷爱自然，有意探寻祖国的山川秀美，通过实地的考察体验，才写出如此富有生命力的内容。他的写景部分历来被文学史推为山水游记的首倡。最为人传诵的是《江水》中关于三峡的描述。《水经注》的文体骈散相杂，写景部分多用四字句，受楚辞、汉赋影响，富有文学气息，对后世影响较大。

郦道元在地理学上取得如此巨大的成就，与他研讨学问的研究方法是分不开的。郦道元为了掌握第一手资料，重视实地考察、拜访群众，同时收集大量文献资料，运用分析法、比较法、数字描述法等方法，以谦虚谨慎，实事求是的精神写作，这种治学的态度和精神是值得我们学习的。

"药王"——孙思邈

孙思邈(公元581～682年)，唐代医药学家。

孙思邈自幼多病，身体瘦弱，经常请医生诊治，以致用尽家产。他7岁开始读书，因聪明过人，日诵千言，被人称为"神童"。由于幼年多病他18岁立志学医，20岁即为乡邻治病。由于他的医术高明，声望享誉朝野，朝廷三次征召授官，他皆坚辞不受，专心采药治病，潜心于医学研究。除了医术之外，他还通晓诸子百家,博涉经史学术,兼通佛典。70岁时完成《备急千金要方》,百岁高龄时《千金翼方》撰成。后隐居五台山,公元682年卒,活了101岁。

孙思邈一生致力于医学研究。在长期的医疗实践中,孙思邈深切感到过去的一些方药医书浩博庞杂,因此他"博采群经,删繁裁重",广泛搜集民间方药并且结合自己50年的实践经验,大约在公元652年,撰成《备急千金要方》一书。《千金要方》共30卷,总编232门,依人体脏腑进行分类。其内容丰富,包括"脏腑之论、针灸之法、脉证之辨、食治之宜,始妇人而次婴孺,先脚气而后中风、伤寒、痈疽、消渴、水肿、五石之毒、备急之方、养性之术"等各个方面,共载方论5 300余首。后来他感到《千金要方》不够完善,又在公元681年完成了《千金翼方》一书。《千金翼方》是《千金要方》的续编。它含有两部书"相辅相济、比翼双飞"的意思。《千金翼方》也是30卷,是对《千金要方》的全面补充,重点放在伤寒、本草、中风、杂病和疮痈等方面。他所以用"千金"命名,是因为他认为"人命至重,有贵千金。一方济之,德逾于此。"这也说明他把那些对人生命有益的药方看得比千金还贵重。

孙思邈不仅是一个杰出的医学家,而且还是一个出色的炼丹家,著有《孙真人丹经》,他在文中记述了他把硝石、硫黄和木炭混合在一起的方法,这是我国现存文献中最早的关于火药的配方。

孙思邈历经隋唐两代,是一位知识渊博、医术精湛的医家。然而他不慕名利,以医生为终身职业,长期生活在民间,行医施药,治病救人。他诊病治疗,不拘古法,兼采众家之长,用药不受本草经书限制,根据临床需要,验方、单方通用;所用方剂,灵活多变,疗效显著。他对民间医疗经验极为重视,经常不辞辛劳地跋山涉水,不远千里访询;为得一方一法,不惜千金,以求真传。他辗转于五台山、太白山、终南山、峨眉山等地,采集药材,炮制药物,提炼丹药,深究药性。历经种种艰辛才成为唐代名极一时的医学大师。

孙思邈一生以济世救人为己任,对病人具有高度的责任心和同情心。他在《备急千金要方》中,提出"大医精诚"和"大医习业",要求医生技术要精,对病人要诚,应该将两者结合起来,为医者树立了典范。仅就医疗道德修养而言,其所论归纳为八个方面,即"大慈恻隐"——医学事业的神圣天职;"誓愿普救"——自我牺牲的献身精神;"无欲无求"——不为名利的廉洁

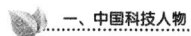

品德;"一心赴救"——全心全意地服务态度;"普统一等"——平等待人的高贵品质;"精神不倦"——刻苦钻研的学习风格;"尊重同道"——虚心谨慎的高尚作风;"举止端庄"——文明礼貌的仪表行为。这也正是他身体力行、躬身实践的写照。宋朝林亿赞曰:"其术精而博,其道深而通。以今知古,由后视今,信其百世可行之法也。"

孙思邈是中国医学史上最伟大的少数几位医学科学家之一,他在医学上的杰出成就及其崇高的医德医风,使其深受我国历代人民的爱戴,当时被尊称为孙真人,后世尊之为药王,其影响历代相传,经久不衰,可为古今之楷模。

唐代高僧——一行

一行(公元 683~727 年),唐代著名天文学家、佛学家。

一行本名张遂,魏州昌乐(今河南南乐)人。曾祖是贞观名臣张公谨。张遂自幼聪敏,青年时期博览经史,尤精历象、阴阳、五行之学。武则天侄子武三思慕名请与其结交,张遂不愿与之为伍,隐入嵩山,削发为僧,师事禅宗大师普寂,法名一行。他访师求学,先后到剡州天台山、荆州当阳山学习佛教经律和天文。开元五年(公元 717 年)唐玄宗礼迎一行至长安,向他征询治国之道。开元八年,天竺僧金刚智至长安传授密宗,一行从金刚智灌顶受法,此后成为唐代密宗的一位领袖。

一行进京主要的工作是研究天文历法,并为此做出杰出贡献。由于当时使用的历法所推算的日食多误,唐玄宗招请一行改历。一行主张在实测的基础上重新编定新的历法,为此,受命之初,他便要求重造已失的黄道游仪和水运浑天仪。他和天文仪器制造家梁令瓒合作,研制成功铜制黄道游仪,参与制作了水运浑天仪以水力推动运转,并能自动报时。他利用新制成的黄道游仪测恒星赤道坐标,发现古籍上所载的这些恒星位置与实际位置不符。

公元 724~725 年,在一行的倡导组织下,唐朝派人到国内 13 个地点测量了北极高度和日影长短,经过推算得出地球子午线的长度。这是世界上首次子午线实测。从开元十三年起,一行在总结历代天文历法成果和实测的基础上开始编历。经过两年时间,写成草稿,定名为《大衍历》。同年,一行不幸去世，年仅45岁。《大衍历》后经张说和历官陈玄景等人整理成书。从开元十七年起，根据《大衍历》编算成的每年的历书颁行全国。经过检验，《大衍历》比唐代已有的其他历法都更精密。在中国采取西法以前，它的体例格式为历代编历者所沿用。开元二十一年《大衍历》传入日本，行用近百年。

在数学方面，一行除推广了刘焯（公元544～610年）的内插法外，还建立了不等问题的二次内插公式，即数学史上有名的"张遂内插法公式"。

一行还编写了《开元大衍历》《七政长历》《易论》《心机算术》《宿曜仪轨》《七曜星辰别行法》《北斗七星护摩法》等。

除在科学技术方面的研究以外，一行还经常向玄宗进谏安国抚民之道，如他曾劝说玄宗不宜为永穆公主的出嫁赐予特别优厚的嫁妆，玄宗采纳了一行意见，收回成命。这反映了一行刚正不阿的品德，也说明唐玄宗对一行的器重。

一行在进行天文历法的研究中，注重观测实践，善于吸收前人的研究成果，而且重视接受天象的检验，强调历法必须"由验于今"，而且要"有证于古"。除此之外，他之所以可以取得这么显著的成就，与他不满足于原有的结论，善于发现疑点，提出问题，勇于创新也是密不可分的。

由于一行对我国的天文历法研究做出不可磨灭的贡献，所以一行圆寂后，唐玄宗便谥以"大慧禅师"之美称，并为一行"制碑文，亲书于石"，又"出内库钱50万为起塔于铜人之原"。

活字印刷术创始人——毕昇

毕昇（？～约1051年），生活在北宋，活字印刷术的发明者。

毕昇的生平和籍贯由于史籍没有记载，已无从查考，只知道他没有做过官，是北宋中期的一个普通平民知识分子，当时人称"布衣"。幸亏毕昇创造活字印刷术的事迹，比较完整地记录在北宋著名科学家沈括的名著《梦溪笔谈》里。

我国是最早发明印刷术的国家，早期的印刷方法是把图文刻在木板上用水墨印刷的，现在的木板水印画仍用此法，统称为"雕版印刷术"。但是雕版费时费工费料，而且大批书版存放不便，加之有错字不容易更正。为了改进雕版印刷的这些缺点,毕昇总结了历代雕版印刷的丰富经验,经过反复试验,在宋仁宗庆历年间(公元1041～1048年)制成了胶泥活字,实行排版印刷,完成了印刷史上一项重大的革命。

毕昇的方法是这样的:用胶泥做成一个个规格一致的毛坯,在一端刻上反体单字,字划突起的高度像铜钱边缘的厚度一样,用火烧硬,成为单个的胶泥活字。为了适应排版的需要,一般常用字都备有几个甚至几十个,以备同一版内字重复的时候使用。遇到不常用的冷僻字,如果事前没有准备,可以随制随用。为便于拣字,把胶泥活字按韵分类放在木格子里,贴上纸条标明。排字的时候,用一块带框的铁板作底托,上面敷一层用松脂、蜡和纸灰混合制成的药剂,然后把需要的胶泥活字拣出来一个个排进框内。排满一框就成为一版,再用火烘烤,等药剂稍微熔化,用一块平板把字面压平,药剂冷却凝固后,就成为版型。印刷的时候,只要在版型上刷上墨,覆上纸,施加一定的压力就行了。为了可以连续印刷,就用两块铁板,一版印刷,另一版排字,两版交替使用。印完以后,用火把药剂烤化,用手轻轻一抖,活字就可以从铁板上脱落下来,再按韵放回原来木格里,以备下次再用。

毕昇的胶泥活字版印书方法,如果只印二三本,不算省事,如果印成百上千册,工作效率就极其可观了,不仅能够节约大量的人力物力,而且可以大大提高印刷的速度和质量,比雕版印刷要优越得多。现代的凸版铅印,虽然在设备和技术条件上是宋朝毕昇的活字印刷术所无法比拟的,但是基本原理和方法却是完全相同的。

活字印刷术的发明,为人类文化做出了重大贡献。这中间,毕昇的功绩是不可磨灭的。

"中国科学史上的坐标"——沈括

沈括(公元1031～1095年),北宋科学家,军事家,政治家。

沈括出生于浙江钱塘一个官僚家庭,自幼勤奋好读,14岁就读完了家中的藏书,24岁开始踏上仕途。最初做海州沭阳县(今江苏省)主簿,初显吏才;33岁考中进士,出任扬州司理参军。后入京,任昭文馆校勘,钻研天文学。于1072年主管司天监,职掌观测天象,推算历书。其间,他积极参与变法,受到王安石器重。后升三司使,掌管全国财政。1076年,王安石罢相,沈括被贬知宣州。1088年,定居润州(今镇江)梦溪园,在此安度晚年。

沈括学识渊博,从事研究的领域极其广阔,"博学善文,于天文、方志、律历、音乐、医药、卜算无所不通,皆有所论著",因此取得的成就也是多方面的。他根据自己的实践经验,对天文仪器做了重大改进,写成《浑仪》《浮漏》《景表》等重要著作。他还与平民出身的历算家卫朴一起,改革旧历,实行以节气定月份的"十二气历"。他改进地图制图技术,创立新的十二方位表示法;并用12年时间编绘了《天下州县图》。他搜集整理医药秘方,汇编《良方》一书。在物理方面,沈括是世界上最早发现磁偏角的人;他还发现声音的共振现象;解释了凹面镜透视原理;提出地质变迁成因的原理。他第一个提出"石油"的命名,首创石煤燃烧时烟煤的综合利用。在数学方面,创造"隙积术"和"会圆术",为后代球面三角理论奠定了基础。他的著作包括《梦溪笔谈》36卷、《补笔谈》3卷、《续笔谈》1卷及《长兴集》《良方》等。《梦溪笔谈》是沈括晚年以笔记体裁写成的一部著作,是他毕生实践的总结,也反映了当时北宋的社会、政治、外交和军事状况,具有极高的学术价值和历史价值。英国科学家李约瑟称之为"中国科学史上的坐标"。

沈括所取得的科学和学术成就,是与他所具有的科学思想和科学方法分不开的。他很重视对事物的观察。在他宦游所经之地,他都着意对当地的自然环境和人情物理进行认真的考察,并做了详细记录。沈括对一些自然现象并不停留在表面的观察上,他还努力探求它的科学道理,提出对事物发展变化规律性的解释。像对雁荡山诸峰和华北平原的形成原因、二十八宿的位置、化石的形成等许多问题的说明,是符合近代科学原理的。为了弄清阳燧(凹面镜)成像的道理,他观察空中飞鸟的影子情况,并亲自移动自己的手,来比较成像的区别,终于做出了比较正确的解释。这些都是他在科学事业上能够获得成功的重要原因。

沈括不仅是我国历史上一位卓越的科学家,同时也是一位热爱祖国、关心人民疾苦、文武双全的杰出政治家。不论是任地方官吏,或是中央政府官员,或是外交大使,或是任边疆统帅,他都恪尽职守,兢兢业业,任劳任怨,表现了对工作认真负责的精神。因此,他一生政绩斐然,所在之处,都得到了人们的好评和赞赏。可以说,沈括是我国古代一个多方面发展的杰出科学家。

元代天文水利专家——郭守敬

郭守敬(公元 1231~1316 年),元代水利学家,天文学家,数学家和仪器制造家。

郭守敬出生在一个殷实的家庭,自小便得到了良好的教育。16 岁时,跟随当时著名学者刘秉忠学习深造,并结识了张文谦、王恂等人。郭守敬与这些良师益友朝夕相处,学问大有长进。1262 年,张文谦将郭守敬推荐给忽必烈,郭守敬提出了兴修六项水利工程的建议,得到忽必烈的赏识,并被授予管理水利工程的职务。1276 年,郭守敬参与编制授时历,任同知太史院事。1286 年,升任太史令。1294 年,又被任命为昭文馆大学士。1303 年,郭守敬请求退休,但未得到批准,1316 年卒于任上。

郭守敬和王恂、许衡等人,共同编制出我国古代最先进、施行最久的历法《授时历》。为了编历,他创制和改进了高表、候极仪、浑天象、立运仪、景符、窥机等十几件天文仪器仪表,机巧精密,远胜前人;还在全国各地设立 27 个观测站,进行了大规模的"四海测量",测出的北极出地高度平均误差只有 0.35 米;新测二十八宿距度,平均误差还不到 $5'$;测定了黄赤交角新值,误差仅 $1'$ 多;取回归年长度为 365.242 5 日,与现今通行的公历值完全一致。

郭守敬编撰的天文历法著作有:《推步》《立成》《历议拟稿》《仪象法式》《上中下三历注式》和《修历源流》等 14 种,共 105 卷。

在天文计算的过程中,需要用到不少数学知识,郭守敬等发明了"等间距三次内插法公式"以及合于球面三角的公式,这些都对以后自然科学的发展做出了贡献。

除了天文历法以外,郭守敬在水利工程上也取得了不少的成就。他擅长地理,精通数学,在对各地地形、河川进行勘察测量的基础上,他制定出一些在华北地区整治河道、兴修农田水利和发展航运的计划,但未能一一实行。其中见诸实践而且收效较大的两项工程为:一是修复、扩建西北河套平原的灌溉渠道,使得当地灌溉面积达到 60 多万公顷,军储为之充实;二是增辟大都水源与开凿通惠运河,使漕船由通州顺畅地直通积水潭。

郭守敬在测量华北的平原地形时,"又尝以海面较京师(北京)至汴梁(开封)地形高下之差",这是我国地理学上用"海拔"测量地形的开始。

郭守敬重视继承和吸收前人已有的成果，但却不是泥古不化，在他的思想中，包含着强烈的改革进取精神。他坚信今胜于古，认为前人的历算工作只是"为法略备"，均有待改进；又认为前人的观测工作"或有未密，在所必更"，数之不精，遵从新测。在授时历中，郭守敬等人所做的诸多方法上的创新和数据、表格上的变动，就是在这种思想指导下进行的。在天文仪器的创制上，郭守敬也是在总结、吸取中国传统和阿拉伯天文仪器制作的已有经验和成果的基础上，有所发明与发展的。他相信只要"能精思密索，心与理会，则前人述作之外，未必无所增益"。这些改革与创新，固然都是以实践为前提，但也必须有钻研的精神和理论上的勇气。对于那些根深蒂固和过时的传统思想与方法，理论上的勇气更显重要。

郭守敬一方面以他出众的天资、勤奋和科学的思维方法，扎扎实实在科学技术的园地中不懈地耕耘；另一方面又以他强烈的集体意识、谦和以及出色的组织管理才能，使一个庞大的科学集体协调有效地运转。所以，郭守敬不但是一位多才多艺、杰出的科学家，还是一位出类拔萃的科技组织管理专家。

明代"医圣"——李时珍

李时珍（公元 1518～1593 年），明代杰出医学家，药学家。

李时珍出身世医之家，加之他自幼体弱多病，因此对医药很有兴趣。但是父亲却希望儿子进入仕途。李时珍不敢违背父愿，14 岁考取秀才，以后三次应试举人，皆名落孙山，从此他专心致志于医药。1551 年李时珍因治好了富顺王朱厚焜儿子的病而医名大显，27 岁左右时被推荐到京城太医院任职。在此期间，他有机会饱览了皇家珍藏的丰富医药典籍，丰富了医药知识，同时他也意识到历史上本草著作中存在许多错误，并下定决心重新编纂一部内容丰富的本草书。在太医院任职未及一年，他就辞职归家，专心著述《本草纲目》。

《本草纲目》是我国古代最伟大的药学巨著之一，内容十分广泛，对我国和世界的医药学和多种学科的发展有深刻影响。它全面而系统地总结了我国明朝中期以前的药物学的巨大成就，把我国医药科学的水平提到了一个崭新高度。全书 52 卷，190 多万字。把药物分作 16 部、62 类，收载药物 1

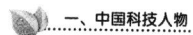

892 种,比前人增加 374 种。此外,载入药方 11 096 个,比前人增加了 4 倍。可以说,《本草纲目》不仅是一部药物学巨著,而且是一部详明的植物学、动物学和矿物学专著。《本草纲目》共记载矿物性药物 276 种,记载动物性药物 445 种,记载药用植物 1 094 种。

《本草纲目》于公元 1596 年成书刊行。《本草纲目》的问世,不仅在国内风靡,也受到了世界许多国家医学界的高度重视,先后被译成日、英、法、德、俄及拉丁文等多种文字,流传于世界各地。西方称这部书为"东方医学巨典"。

李时珍一生著述很多,除《本草纲目》外,还著有《濒湖脉学》《奇经八脉考》《脉诀考证》以及《五脏图论》《三焦客难》《命门考》等,对诊断学、针灸学和中医理论都做了深入研究。此外,李时珍在文学、史学方面也有一定的造诣,著有《唐律》《诗话》等书。

李时珍十分重视实践的重要性。他不仅向书本、向有实践经验的人请教,以取得间接经验,更重要的是他常常躬亲实践。他曾多次批评"贵耳贱目"的错误态度。在编写《本草纲目》的过程中,为了弄清许多药物的形状、性味、功效等,李时珍毅然背起药篓,带着儿子及徒弟庞宽,访采四方,跋涉无数穷山深谷,足迹遍及大江南北。他亲采各种各类的动、植、矿物标本,进行比较分析,观其异同,验其效应,以作结论。他还亲自内服、外用一些药物,以体验其药性,以取得第一手资料,所以他所取得的结论具有较高的科学性和可靠性。经过 27 年艰苦卓绝的努力和辛勤劳动,他先后三易其稿,终于在他 61 岁时完成了这部闻名中外的药物学巨著。更可贵的是,他具有人定胜天的积极思想,他不仅充分地研究利用自然,还大胆地在本草学范围内改造自然,使药物能依照人类的需要得到改造,即"达造化之权",在古代科学道路上达到相当的高度。

李时珍以毕生的精力为人类做出了重大贡献,《本草纲目》被西方称为"东方医学巨典",他也被后人尊为明代的"医圣"。

近代科学的先驱——徐光启

徐光启(公元 1562~1633 年),明代天文学家,农业科学家,中西文化交流的先驱之一。

徐光启出生于一个商人兼小地主家庭里。他从小聪敏好学,活泼矫健。青年时期曾经先后到广东、广西等地,靠教书为生。在这期间,他曾经七次回乡应试,直到1597年即他35岁时才以第一名考中举人。1603年徐光启在南京接受洗礼,加入天主教。次年考中进士。先在翰林院、詹事府和礼部任职。1625年被魏忠贤党羽诬陷免职。1628年复任礼部侍郎职。1629年以后,先后升任礼部左侍郎、尚书、内阁大学士并参与机要。1633年病逝,墓地现存于上海徐家汇公墓园。

徐光启虽然多次担任官职,但是他一直从事实用科学的研究。他一生读书勤奋,生活俭朴,为官廉洁,治学严谨。长期的钻研学习,使他无论对我国的传统科学还是对传入的西方科学都有相当的造诣。他的著作很多,范围很广,涉及农业水利、政治军事、历算测量等许多方面。

徐光启毕生用力最多、影响最广的是在农业方面。其中最重要的著作是《农政全书》,在祖国农学遗产的宝库中极负盛誉。《农政全书》共60卷,50多万字,是一部集中国古代农业科学之大成的学术著作。全书分为十二门,包括农本、田制、水利、农器、农时、开垦、栽培、蚕桑、牧养、酿造、造屋、家庭日用技术以及备荒、救荒(荒政)等方面,重点在开垦、水利和荒政等几项。

徐光启也是中国最早接受西方科学技术思想的代表人物之一。他曾师从意大利传教士利玛窦学习天文、历算等,并取得了多方面的成就。翻译了《几何原本》《测量法义》等书。又曾将意大利传教士熊三拔讲授的西方水利技术编译成《泰西水法》。

徐光启力图融汇中西科学,突出地体现在修订历法方面。他介绍了古代托勒密旧地心说和以当代第谷的新地心说为代表的欧洲天文学知识,汇通当时的中西历法,主持编译了《崇祯历书》。在历书中,他引进了圆形地球的概念,明晰地介绍了地球经度和纬度的概念。在计算方法上,徐光启引进了球面和平面三角学的准确公式,并首先做了视差、蒙气差和时差的订正。这些西方科学知识的研究和吸收使我国的科学技术工作开始进入中西结合的阶段。

徐光启不仅是中西文化交流的先驱,他还是一位伟大的爱国者。在他56岁时,后金军队入侵明朝边境,徐光启当时正在病中,但是他写道:"国无武备,为日久矣,一朝蜂起,遂不可文。启才职事皆不宜兵戎之役,而义无坐视,以负国恩与师门之教"。他不但自己立即赴命,同时还感召别人放弃安适的生活,共赴国难。在此后的三年多时间里,徐光启从事征兵、练兵的工作。这时他虽已年近六十,而保国守土的爱国忠心,却昭昭可鉴,不让壮年。

总之,徐光启是我国16～17世纪自然科学家中的杰出代表人物。他在科学方面的功绩不局限于科学的某一部门,他多方面地融会了我国古代科学的成就和当时外来的科学知识,一身兼任科学工作的组织者、宣传者和实践者,起了承前启后的作用。

"百科全书式的学者"——宋应星

宋应星(公元1587～1666年),明代著名科学家,思想家,诗人。

宋应星出生于书香世家,自幼聪明强记,对天文学、声学、农学及工艺制造之学都有很大兴趣。1615年中举人,后来多次上京会试均未考取。1634年任江西省分宜县教谕,举世瞩目的科技名著《天工开物》写成于他任职期内。1638年调任福建汀州府推官。1641年任安徽亳州知州。1644年明亡,弃官归家。后又在南明任过职。1644年,辞官返乡归隐,在贫困中度过晚年。

宋应星所著《天工开物》一书,是世界第一部有关农业和手工业的百科全书。全书3卷28篇,上卷著录衣食、生产之技术和经验,包括各种种植、收割加工、植桑、养蚕、棉麻、燃料生产和纺织、染色以及制盐、榨糖等。中卷著录重要日用品之生产技术和经验,包括砖瓦、陶瓷、铜铁、器具、舟车的制造,石灰、矾石、硫黄的烧制,煤炭的开采、植物油的榨取、纸的制造等。下卷著录五金采冶、兵器制造、酿酒、珍珠宝玉采琢的生产技术和经验等。每种生产过程包括应用工具在内的均有翔实说明,附有插图,适于实用,为我国古代科技名著。《天工开物》刊印以后,很快传到日本,并在日本翻刻,广为流传。宋应星以"天工开物"命名其书,实际上是以此展现一种具有普遍意义的科学思想。它强调自然力(天工)与人工的配合、自然界现象与人类活动的协调,通过技术从自然资源中开发产物,以显出人的主观能动性。《天工开物》所述几乎包括了社会全部的生产领域,各章先后顺序的安排是根据"贵五谷而贱金玉"的原则做出的。宋应星把与人民衣食有关的农业各章置于全书之首,其次是有关工业各章,而以不切国计民生的珠玉一章垫后,体现了作者重农、重工和注重科学的思想。

宋应星传世著作除《天工开物》外,还有《野议》《论气》《谈天》和《思怜诗》等四种。《野议》是一部议论时局的政论著作,对明末政治、经济、军事、思想、文化等方面的腐败现象进行了揭露和批判,并且提出了一些改革主张。《思怜诗》包括"思美"诗十首,"怜愚"诗四十二首,反映了作者愤世忧民的感情。《论气》和《谈天》是关于自然科学方面的著作。已佚著作有:《画音归正》《原耗》《言十种》和《春秋戎狄解》等。

尽管宋应星早年受到明代正统的理学教育,可是他却重视经世实用之学,重视实践,重视群众在生产中的首创精神。他主张在为方万里中,对任何事任何物都要见闻。与此同时,宋应星还十分重视群众在生产实践中积累的经验,并予以宣传推广。如他在《天工开物》中介绍农民用杂交法育出优良蚕种。此外,宋应星还是一位朴素的唯物主义者。他认为"天地间非形即气,非气即形。杂于形与气之间者,水火是也。"而且在他的自然观中,还有辩证思想的萌芽。他曾指出"土脉历时代而异,种性随水土而分。"因此,宋应星是作为科学家兼思想家而载入史册的。他赢得了世界性的荣誉,连知识渊博、独步后人的进化论大师达尔文都称宋应星为"东方的百科全书式的学者"。

清代数学界巨擘——李善兰

李善兰(公元1811~1882年),清代数学家,天文学家。

李善兰自幼就读于私塾,初习经学,他资禀颖异,勤奋好学,所读诗书,过目即能成诵。他9岁读《九章算术》,引起了对数学的兴趣,14岁自学《几何原本》前6卷。这使他的数学造诣日趋精深,不再求科举仕进。1852年至上海,李善兰入英国人开办的墨海书馆,参与翻译西方数学、天文学等科技书籍工作。1860年初入著名数学家、江苏巡抚徐有壬幕。旋因太平军进攻苏州,避居上海。1863年去安庆,入曾国藩幕。1868年任京师同文馆算学总教习直至1882年病逝,终年72岁。

李善兰在数学方面的研究成果主要体现在他所著的《则古昔斋算学》13种24卷和题为《则古昔斋算学》十四"的《考数根法》中。他以中国传统的垛积术和极限思想为基础,创立了一种属于微积分萌芽状态工作的"尖锥术",

以此为基就推导出了三角函数、反三角函数、对数函数的幂级数。此后又写成《垛积比类》,对中国垛积术做了全面、系统的总结与推广,导出一批具有独创性的成果,其中有现代组合数学中颇为重要的李善兰恒等式。

李善兰是中国近代科学的先驱者和传播者。他在19世纪50年代,翻译了一批西方科学著作:李善兰和伟烈亚力于1857年翻译出版了《几何原本》后九卷,对清末数学界产生了积极的影响。李善兰同伟烈亚力合译的《谈天》,内容包括哥白尼日心地动学说,开普勒行星椭圆运动定律和牛顿万有引力定律等,它使中国天文学界耳目为之一新。李善兰同艾约瑟合译的《重学》,是中国近代科学史上第一部包括运动学和动力学、刚体力学和流体力学在内的力学译著,也是当时最重要、影响最大的物理学译著。他同韦廉臣合译的《植物学》,是我国最早介绍西方近代植物学的译著。

在翻译过程中,大量的近代科学名词,其中文译名部分没有先例可供参考。本着对后人负责的精神,李善兰仔细琢磨,反复斟酌,十分贴切地创译了一大批科学名词,如代数学中的代数、函数、常数、变数、系数、已知数、未知数、方程式、单项式、多项式等;解析几何学中的原点、轴、圆锥曲线、抛物线、双曲线、渐近线、切线等;天文学中的历元、方位、视差、章动、自行、星等、变星、双星、三合星、本轮、均轮等;力学中的分力、合力、质点、刚体等;植物学中的植物、细胞、菊科、豆科、蔷薇科、杨柳科、芭蕉科等。100多年过去了,这些科学名词沿用至今而勿替。

李善兰在研究过程中尊重科学,尊重真理,不畏权威。在《谈天》序中,他大力表彰哥白尼、开普勒、牛顿等人不断探索真理、"苟求其故"的科学态度,勇于批判乾嘉学派泰斗阮元对哥白尼学说的攻击和钱大昕对开普勒定律的实用主义观点,说阮、钱"未尝精心考察,而拘牵经义,妄生议论,甚无谓也"。

李善兰生性落拓,跌宕不羁,潜心科学,淡于利禄。曾国藩等人赏识他,"屡欲列之荐牍,皆力辞"。晚年他虽官居内阁高位,但从来没有离开过同文馆教学岗位,也没有中断过科学研究工作。他自署对联"小学略通书数,大隐不在山林"张贴门上,表明他仍然以在野之隐士自居,而不与贪官污吏同流合污。

读书,著书,译书,教书,这就是李善兰一生的活动,作为中国近代科学的先驱者和传播者,人们将永远怀念他。

现代部分

杰出的爱国工程师——詹天佑

詹天佑(1861~1919年),广东南海人,是中国首位铁路工程师,负责修建了京张铁路等工程,有"中国铁路之父"、"中国近代工程之父"之称。

詹天佑1872年赴美留学,1881年回国后,曾在广州黄埔水师学堂任教习,1894年当选为英国土木工程师学会会员,是首位进入该学会的华人。1910年,任广东商办粤汉铁路总公司总经理兼工程师,1912年兼任汉粤川铁路会办,负责兴建粤汉及川汉铁路。同年成立"中华工程师学会",并被推举为首任会长。1913年获政府委任为交通部技监,1914年获"二等宝光嘉禾章"。1916年,被香港大学颁授荣誉法学博士学位。

1872年8月,詹天佑和第一批官办留学幼童共30人到美国。1878年以优异成绩进入耶鲁大学铁路专业。1881年,在一百多名归国留学生中,只有詹及另一人能及时取得学位。詹天佑回国后于1888年进入中国铁路公司,在英国工程师金达(Claude W. Kinder)之下任见习工程师,终于得到学以致用的机会。詹天佑最初参与兴建连接唐山至天津的唐津铁路中塘沽至天津段的铺轨,之后很快便得到金达的赏识,升任工程师和地区工程师。1890年,詹天佑负责修筑天津至山海关的津榆铁路,当中需要在滦河修建桥梁。他以气压沉箱法,用中国工人建造桥墩,成功筑起了桥梁,解决了之前铁路公司聘用英国、日本及德国工程师都未能解决的工程问题。1905年,詹天佑被任命为总工程师,负责修建北京至张家口的京张铁路。京张铁路全长约220千米,由于要经过长城内外的燕山山脉,需要兴建不少隧道及桥梁,工程相当复杂,当时就有部分外国人质疑中国人自行建造这条铁路的能力,詹天佑亦明白工程之艰巨,并关系到中国工程师的声誉,但仍然坚持尝试。从三条他亲自勘定的路线中,他选择成本较低的一条。铁路上有四条隧道,其中八达岭隧道长1 092米,采用竖井方法挖掘;另外有200米长,钢架结构的怀来大桥;此外还在八达岭段使用了"人"字轨道。经过詹天佑及工人们的艰苦努力,京张铁路于1909年建成通车,而且施工时间比原计划缩短了两年;建造成本亦比原来预算节省了三十五万两白银。京张铁路的成功建造,不但是中国近代工程史上的重要成就,而且给藐视中国的帝国主义者一个有力的回击。詹天佑修建京张铁路期间,还制定了各种铁路工程标准,并上书政府要求全国采用。此外,詹天佑亦重视铁路人才的培训,制定了工程师升转章程,对工程人员的考核和要求做出明文规定,并且定明工程师薪酬与考核成绩挂钩。京张铁路培训了不少中国的工程人员,詹天佑所制定的考核章程亦成为其他中国铁路的模仿对象。为纪念詹天佑,1922年在青龙桥火车站竖立詹天佑铜像。1987年,在青龙桥火车站附近再建成詹天佑纪念馆。

詹天佑在清末民初积贫积弱的艰难岁月中,发愤图强,披肝沥胆,为建设中国铁路拼搏终生。他的爱国热情,充分体现了民族风格和民族精神,激励着一代又一代人。

中国地质事业的奠基者和领导人——李四光

李四光(1889~1971年),世界著名的科学家、地质学家、教育家和社会活动家,我国现代地球科学和地质工作奠基人,湖北省黄冈县人。

李四光早年留学日本,1913年入英国伯明翰大学学习地质学,1920年回国任北京大学教授,1931年获伯明翰大学理学博士学位,1948年当选为中央研究院院士。1950年自英国回国,任中国科学院副院长、全国政协副主席等职务,1955年被聘为中国科学院院士(学部委员),1958年当选为前苏联科学院外籍院士。1971年逝世于北京。

1904年,李四光因学习成绩优异被选派到日本留学。他在日本接受了革命思想,成为孙中山领导的同盟会中年龄最小的会员。孙中山赞赏李四光的志向:"你年纪这样小就要革命,很好,有志气。"还送给他八个字:"努力向学,蔚为国用。"

冰川的分布是研究地质构造的重要依据,李四光对冰川的研究投入了极大的精力。有些外国人对中国的冰川进行过考察,断言"中国没有第四纪冰川",李四光却提出"让事实说话"。1921年,他回国后在野外考察时发现了第四纪冰川遗迹,虽遭到一些外国专家傲慢地否定,他却没有丧失勇气和信心,继续带领学生实地考察,又发现了许多有力的证据,最终推翻了外国人的错误结论。其研究成果对掌握地下的水文和构造,对发展建设事业起了十分重要的作用。1949年秋,新中国成立在即,正在国外的李四光被邀请担任政协委员。得到这个消息后,他立即做好了回国准备。这时,伦敦的一位朋友打来电话,告诉他国民党政府驻英大使已接到密令,要他公开发表声明拒绝接受政协委员的职务,否则就要被扣留。李四光当机立断,只身离开伦敦来到法国。两星期之后,李夫人许淑彬接到李四光来信,说他已到了瑞士与德国交界的巴塞尔。夫妇二人在巴塞尔买了从意大利开往香港的船票,于1949年12月启程秘密回国。解放初期,大规模的经济建设开始后就遇到石油短缺的困难,李四光根据数十年来对地质力学的研究,分析了我国的地质条件,说明中国的陆地一定有石油。在他的理论指导下,滚滚石油冒了出来。中国不仅摘掉了"贫油"的帽子,也使李四光独创的地质力学理论得到了最有力的证明。李四光晚年仍极大的关注地震研究。他经常分析大量的观察资料,还冒着动脉瘤破裂的危险,多次深入实地考察地震的预兆。逝世的前一天,他还恳切地对医生说:"只再给我半年时间,地震预报的探索工作就会看到结果的。"

李四光是中国地质学会创始人之一,他提出了中国东部第四纪冰川的存在;用力学观点研究地壳运动及其与矿产分布的规律,建立了新的边缘学科"地质力学"和"构造体系"的概念;提出了新华夏构造体系三个沉降带有广阔找油远景的认识,并为大庆、胜利等油田的发现所证实;晚年发表的《天文、地质、古生物资料》对我国学科大交叉的倡导产生了深刻影响。他对中国地质教育、地质科学和地质事业的发展也做出了巨大的贡献。

今天以热爱祖国、创新求实、服务社会为灵魂的李四光精神,已成为激励我国地质科学工作者勇攀高峰,献身祖国的铮铮誓言和强大动力。

中国气象学的奠基人——竺柯桢

竺柯桢(1890~1974年),中国杰出的气象地理学家,教育家,浙江上虞人。

竺柯桢,1918年获美国哈佛大学博士学位。1948年选聘为中央研究院院士。1955年选聘为中国科学院院士(学部委员)。1966年当选为罗马尼亚科学院外籍院士。曾担任中国科学院副院长。

竺可桢从小就学习勤奋,并萌生爱国思想,敬佩宋代诗人陆游和明代学者王阳明等人的学识和思想。1905年他以各门功课全优的成绩从小学毕业,当年秋季入上海澄衷学校,以品学兼优、为人热情正直,被同学推为班长。1909年,竺可桢考入唐山路矿学堂学习土木工程,学习成绩居全班第一。次年,竺可桢考取第二期留美庚款公费生,不久转入哈佛大学地学系,潜心研读与农业关系密切的气象学。在哈佛,竺可桢参加了中国科学社《科学》月刊的撰稿、编辑工作,成为该社的骨干。1918年,竺可桢以论文《远东台风的新分类》获哈佛大学气象学博士学位,随即怀着一腔报国为民的激情,于秋季返回阔别了8年的祖国。竺可桢回国后,不受官职厚禄,先受聘到武昌高等师范学校讲授地理和天文气象课。他自编讲义,内容新颖、丰富,体现了当时最先进的地理和气象学说,还在课外带领学生参观实习,深得学生爱戴。他的教学成绩与负责精神,也深为校方重视。在历次学生运动中,竺可桢主持正义,不畏强暴,营救爱国师生,不遗余力。竺可桢十分关心我国气象事业和研究工作的进展。他倡导、支持农业气象研究工作的建立和发展;倡议在我国重要气象台站增设太阳辐射观测;继续提倡和亲自参加物候学研究;系统研究我国气候与粮食作物生产的关系和气候变迁问题。他倾注很大精力于自然资源综合考察工作,以极大的热情领导制定了综合考察工作的方针、任务,组织并亲自参加了一系列的地区综合考察。直至71岁高龄,还曾登上海拔4 000米的阿坝高原和深入雅砻江的峡谷。几十年中,为了开拓综合考察事业,他走遍了祖国的东西南北,他最后一次到河西走廊考察时已是76岁高龄了。竺可桢一贯热心倡导科学普及工作,他多次强调"科学普及和科学提高本是分不开的,互为因果的。要在科学普及的基础上,科学水平才容易提高;也只有在科学水准提高了以后,普及工作方容易推动。"为此,他写了大量的科普文章。

竺可桢开创了中国气象教育事业,创建了中央研究院气象研究所,组建了中国气象观测网,开展物候观测、高空探测及天气预报等业务;在台风、中国季风及大气环流、气候区划、物候、气候变迁等研究方面都做出了开拓性的贡献;在中国首先提出季风系统这一概念;首创区域气候研究,提出划分亚热带的指标;确定中国八大气候区,确立了气候区划和自然区划的基本轮廓。他的论著都收集在《竺可桢文集》里面。竺可桢高尚的爱国情怀和对科学孜孜不倦的探索精神,激励着广大科技工作者为科学而奋斗,为祖国贡献自己的力量。

中国桥梁事业的泰斗——茅以升

茅以升(1896~1989年),江苏镇江人,著名的桥梁学家,教育家。

1917年,茅以升在美国康奈尔大学研究生毕业后,在匹兹堡桥梁公司实习,同时又利用业余时间到卡耐基理工学院夜校攻读工学博士学位。1919年成为该校首名工学博士。他的博士论文因为有很高的创见性而被称为"茅式定律"。1920年,茅以升应邀回母校任教授,开始了前后30余年的工科教育事业。1955年选聘为中国科学院学部委员(院士)。

作为教育家,茅以升开创了"学生考先生"的启发式教学方法,他终身致力于教育改革,发表了《工科教育之研究》等20余篇论著,倡导"先习后学,边习边学"理论结合实际的教育制度,为国家培养了一批杰出的工程技术人才。茅以升从选择桥梁专业时起,就把培养桥梁建设人才和在祖国江河上修建桥梁视为自己的终身目标。1933年,他负责修建钱塘江大桥。茅以升白手起家,在施工中克服困难,不断改进施工技术与方法。1937年抗日战争开始,大桥处于关系国家安危的战略地位,茅以升决定组织赶工,他几乎每天都下到桥基气压沉箱内,与员工研究措施。经过全体员工努力奋战,于9月26日通了火车,宣告大桥建成。他在极其复杂的水文地质条件下,克服重重困难,建成了钱塘江大桥,打破了外国人垄断中国近代化大桥设计和建造的局面,这是中国桥梁建设史上的一项重大成就,也是中国桥梁史上一个里程碑。

茅以升一生勤奋学习、不断研究创新,他在古稀之年仍然孜孜不倦地学习和研究。茅以升是最早从事科普事业的科学家之一,在他发表的200多篇论著中,有关科普工作的论著和科普文章约占1/3。1950年茅以升担任铁道科学研究院院长的工作。他认为要发展铁路事业,必须发展铁道科学,铁道科学是一门内容极其复杂的综合性"技术科学",这是一个需要开拓和发展的领域。他一方面亲自主持院务工作,另一方面以研究院为基地,研究科学管理、科研方针,中国铁路建设与铁路科研的关系,进一步发展了他的教育、生产、科研相结合的思想。这期间,他结合在科研管理上遇到的问题,先后

发表了20多篇论文和文章,如《科学研究的组织和体制问题》《我国铁路科学研究的远景》等,阐述了科学与生产之间的关系。

茅以升终身坚持实事求是的科学精神,治学严谨,善于独立思考,勇于开拓创新;他把毕生精力奉献给了祖国的教育、科技事业,赢得了广大知识分子的敬佩和爱戴。

中国杰出的物理学家、物理学教育家——吴有训

吴有训(1897年4月2日～1977年11月30日),中国杰出的物理学家、物理学教育家。

吴有训,1897年出生于江西省高安县,1920年毕业于南京高等师范学校,1926年获美国芝加哥大学物理学博士学位。1928年任清华大学物理系主任、理学院院长,1948年任上海交大教授,1949年任交大校务委员会主任,1948年选聘为中央研究院院士。建国后任中国科学院研究员、副院长,中国物理学会理事长。1955年选聘为中国科学院院士(学部委员)。

吴有训以充沛的精力,拓荒者的顽强性格,夜以继日,不知疲倦地投入到科学实验中。回国后,吴有训把毕生心血奉献在开创和发展我国现代物理学上,他和一批志同道合者齐心协力开创国内物理研究工作,建成了我国最早的近代物理实验室,为培养物理学人才奠定了基础。

吴有训教授主要从事近代物理学特别是X射线散射光谱方面的研究工作,是中国开展近代物理学实验研究的先驱者之一。20世纪20年代,他在康普顿的X射线散射研究中进行了多项实验,为康普顿效应的进一步确立和公认做了许多重要工作。他与康普顿合著《经过轻元素散射后的钼射线的波长》一文,1925年,吴有训在美国《国家社会科学院会刊》发表《康普顿效应与三次辐射》,1926年,吴有训发表了《在康普顿效应中变线与不变线的能量分布》和《在康普顿效应中变线与不变线的能量比率》两篇论文,以雄辩的事实验证康普顿效应。1927年康普顿获得诺贝尔物理学奖金。国内外一些物理教科书中,将康普顿效应称为康普顿—吴有训效应。1930年在英国《自然》发表《X射线经单原子气体之全散射的强度》,这是中国物理学家将其在国内的研究成果发表于国外学报的最早一篇论文。

吴有训教授是我国优秀的教育家,几十年来,他以踏实、严谨的工作作

风从事科研和教学工作,并且注意人才的发现和培养。他总是诲人不倦,鼓励青年人进步。他在讲授近代物理的课堂上,还常常介绍一些科学家的生平事迹,用这些先辈献身科学的顽强精神,激励年轻人踏上科学的征途,培养了几代闻名中外的物理学家,其中有钱伟长、钱三强、何泽慧、杨振宁等。吴有训讲课选材精练扼要,科学性和逻辑性强,说理深入清楚,能把枯燥的概念和公式生动形象地表述出来。他常常告诫学生学物理首先要概念清楚。吴有训认为单纯强调书本,强调分数,是不利于培养科学人才的。他有超群的实验技能,总是亲手制作实验仪器,他常常告诫学生要锻炼动手的本领,他说:实验物理的学习,要从使用螺丝刀开始。

从1950年起,吴有训担任中国科学院副院长、数理化学部主任。他在科学领导工作中,有魄力,远见卓识。早在建国初期,他就提出要及早在科学院建立计算机、半导体、电子学等新的研究所的倡议。吴有训的魄力和远见,使他多次成功领导和主持重大科研项目,包括我国独立自主授时、人工合成胰岛素等,都离不开吴有训的支持。

吴有训教授在国内外学术界有很高的声誉。他多次代表我国对外签订各项科技协定,接待外国的科技代表团和科学家,率领科技代表团出国访问。他总是精神抖擞,举止雍容,借各种机会宣传新中国的各项成就;他不卑不亢,落落大方地周旋在各国科学家之中,为整个中国代表团树立了良好的形象。

吴有训教授是闻名世界的物理学家,是中国近代物理学的先驱者,也是一位杰出的教育家和科学研究组织者。几十年来,他为培养人才,创立科学事业,呕心沥血,鞠躬尽瘁,对国家对人民做出了重大贡献。

中国鱼类学和线虫学的奠基人——伍献之

伍献之(1900~1985年),著名动物学家,鱼类学专家,浙江瑞安人。

伍献之1932年获巴黎大学博士学位。在中央大学、复旦大学任教,1948年当选为中央研究院院士。新中国成立后,先后在中科院武汉水生生物研究所、中科院水生生物研究所工作。1955年选聘为中科院院士。

1952年在太湖工作时,伍献之和他的学生编写了10万字的通俗读物——《鱼》,他们怀着满腔的爱国热忱,把稿费全部捐献,支援抗美援朝购买飞机大炮。他对我国的养鱼事业非常关心,特别注意总结劳动人民的养鱼经验,他率领调查队到全国做调查研究,收集了宝贵的资料,于1961年出版了《中国淡水鱼养殖学》。这本书对我国的淡水鱼类及其养殖方法做了全面地总结,是淡水鱼养殖的重要书籍。为了掌握研究我国鱼类的主动权,他带着小分队,按照过去记载的采集地点,重新采集,对全国各地淡水鱼类做了详细调查,于1964年出版了《中国鲤科鱼类志》,纠正了许多外国人的错误结论,学术水平远远超过了美国学者编著的《中国淡水鱼类志》。伍献之在自己长期研究工作中,收藏和积累了几千册图书资料和一些珍贵的鱼类标本,他毫无保留的捐献出来,供大家使用。

在几十年的科研和教学中,伍献之培养出大批的学生,他常对学生说:"搞科学研究要有天资,但更重要的是勤奋,二者兼而有之才是难能可贵的。"他常在实际工作中启发和鼓励学生提出新的学术观点,并指导他们整理发表。由于他知能善任,善于发现和培养人才,他的学生有许多是国内外知名的学者。《中国鲤科鱼类志》下卷出版时,伍献之已经78岁高龄了,按理说他可以心安理得地安度晚年了。但是伍献之却对他的助手说:"我们的这部书在中国的鲤科鱼类的种类及其分布的记录上是有很大的增加,但仍不脱前人之窠臼。下一步的工作中心应该转到研究鲤亚目鱼类的系统发育上。"这又是一个赶超世界的战略部署,又是无数个不眠之夜,伍献之通过研究提出了鲤亚目鱼类的一个新的分类系统,引起了国际鱼类学界的普遍关注,其论点已被加拿大学者J.S纳尔逊引用于权威著作《世界鱼类》第二版。

作为中国研究鱼类学和水生生物学的奠基人,伍献之对蠕虫、甲壳、两栖爬行、鸟类等类动物进行了深入的研究,组织了渤海湾及山东半岛的海洋调查,这是中国组织的海洋考察的开端。他组织编写了《中国鲤科鱼类志》(上、下卷),大大发展了鱼类分类学,为发展祖国的水产养殖事业,研究动物地理学提供了必要的基础资料。

伍献之生活十分简朴,也无特殊的业余爱好,唯一的嗜好是读书。他将自己的一生毫无保留地贡献给了祖国的科学事业。

实验胚胎学家——朱洗

朱洗(1900～1962年),中国生物学家、实验胚胎学家,浙江临海人。

朱洗,1920年赴法国勤工俭学,1931年获法国国家博士学位。1932年回国,曾任广州中山大学教授、北平研究院动物研究所研究员兼中法大学教授、台湾大学教授等职。1949年后,历任中国科学院上海实验生物学研究所研究员、副所长、所长,中国科学院生物学学部委员。1958年被选为第二届全国人民代表大会代表。1962年逝世于上海。

朱洗8岁入塾,聪颖异常,以优异成绩考入回浦高等小学,因品德好,功课好,赢得老师同学的喜爱和信任,被推选为校学生自治会主席兼公益部部长。他创设小卖部,以便同学购买学习用品,将所得利金购置图书。1918年秋,朱洗升入浙江省立第六中学(今台州中学前身),更加勤奋,成绩始终全班第一,他常辅导同学,有"小先生"之誉,亦为全校声望颇高之学生骨干。1919年初夏,值"五四"运动爆发,19岁的朱洗奋起响应,鼓动学潮,主张罢课,被开除。1920年夏,朱洗赴法国勤工俭学,先在几家工厂当学徒、工人,白天做工,夜晚补习法文及其他学科。直到1925年冬才考上巴黎蒙伯利埃大学,师事法国著名胚胎学家巴德荣教授,师徒二人共同首创的青蛙单性生殖研究成果,一举震动了整个国际生物学界,朱洗亦即成为世界胚胎学上的新星。1931年他获得法国国家博士学位。第二年朱洗为报效祖国,放弃优厚的待遇,毅然归来,被聘为广州中山大学教授,他除授课外,提倡科研,并因陋就简、就地取材进行生物学科学实验。

朱洗看到家乡贫穷落后,心情十分沉重,他决心通过办学开通民智,洗刷愚昧,培养人才。1933年春,他在家乡创办小学,自任校长,并带头教课,这大博士教小学生一时传为美谈。5年后建成集小学、初中、农校三位一体的"琳山初级农业职业学校",倡导"且工且读,心手并劳"学风,至新中国成立前为全国输送了200余名各方面的人才。新中国成立后,他既长期坚持对基本生物学问题的探讨,又十分重视科学研究为生产建设服务。他和同事们一道,基本上解决了蓖麻蚕的引种、驯化、越冬品种培育和推广等问题,增加了绢丝工业的原料和南方几省农民的收入。他和同事们应用绒毛膜促性腺激素成功地解决了鲢、鳙等池养家鱼的人工催产和鱼卵孵化等关键问题,促进了中国淡水养殖业的发展。

朱洗从事动物早期发育的研究近40年,发表科学论文60余篇。他创立的蟾蜍卵巢离体排卵的方法,为探讨卵子成熟、受精和发育等问题开辟了新途径。1961年,他首次使人工单性生殖形成的雌蟾与雄蟾交配,繁殖出后代。在家蚕的混精杂交研究中,他发现了不同品种的逾数精子能影响子代的遗传性。他留下著译20余种,共450万字,包括专著《生物的进化》和科普著作《现代生物学丛书》(8种)等。他的学术论著,已被选编为《朱洗论文集》出版。

朱洗是我国著名的生物学家,是我国实验胚胎学的创始人。

我国实验室胚胎学的创始人——童第周

童第周(1902~1979年),中国著名的实验胚胎学家,浙江宁波人。

童第周1927年毕业于上海复旦大学,1934年在比利时获得博士学位后回国。1948年当选为中央研究院院士。1955年当选为中国科学院院士(学部委员),后任中国科学院副院长。1979年逝世,终年77岁。

童第周家境贫困,17岁才进学校的大门。由于他基础差,三年级时第一学期末平均成绩才45分。此后他与"路灯"为伴,勤奋学习,期末时的平均成绩达到70多分。28岁时,他去比利时留学,当时的欧洲人看不起中国人,童第周想中国人不比他们笨,一定要做出成绩给他们看。一次做试验,要用青蛙卵,但是要把青蛙卵膜去掉是件困难的事,他们做了多次都未成功,教授让童第周来做,他很快完成了。此后同事们对他刮目相看。

1933年底,在日本大规模侵华前夕,教授告诉童第周,只要再进行两年研究,就可以得到特别学位,但童第周在比利时几年中,看到中国人由于国家的贫穷落后而受到歧视,便决意回到祖国,报效国家。回到祖国后,他在极为困难的条件下进行科学研究。1941年,他到同济大学任教,吃的是发霉的"平价米",点的是油灯,喝的是混浊的长江水,工作生活条件极差。但他认真教学,一丝不苟,还带头开新课,利用业余时间坚持科学研究。没有电灯,他就在阴暗的院子里利用天然光在显微镜下从事研究,实验仪器都是就地取材。就是在这样简陋的实验室里,童第周完成了多篇论文。1948年,他出国讲学,旅居美国,听到国民党政权即将崩溃的喜讯,毅然放弃国外优厚的条件,在新中国诞生的前夕,回到了祖国。他向外国朋友说:"我是中国人!我的最大愿望就是让中国快些富强起来。"

新中国成立后,童第周全身心投入祖国科技发展和教育事业当中,同时还积极参与社会活动,为国家科学教育工作积极献言献策。

在童第周的建议下,成立了中科院海洋研究所,1978年他提出有必要建立一个发育生物学方面的研究所,1980年中国科学院发育生物学研究所正式成立,这为后来我国迅速发展的转基因动物和克隆动物的研究奠定了坚实的基础。童第周参与了 1956～1967 年国家科学技术发展远景规划和1963～1972 年国家科技十年规划以及基础学科长远规划的制定,并参与领导了有关生物学规划的编制工作,为我国海洋生物学的发展指明了方向,为我国海洋科学研究和海洋事业的发展描绘了蓝图。他特别重视教育事业,用以培养科学人才。他曾在多所大学任教,培养出一大批优秀的学生。现在他的学生遍布世界各地,其中不少已成为成就斐然的科学家。晚年,童第周体弱多病,但他除了科学研究以外,仍想方设法从多方面为中国科学事业的发展积极贡献自己的力量,并写了《简谈生物学上的理论学说及其发展史》,成为运用辩证唯物主义的哲学观点来分析生物学发展史的一个范例。

作为著名的科学家,童第周一生成绩卓著。他探讨出胚胎极性这样一个胚胎发育的重大问题;在文昌鱼发育方面,研究分裂球之间的相互关系,胚层之间的相互关系以及诱导作用等,使胚胎学界对文昌鱼个体发育有了全新的认识,对于理解系统发育起到了启迪作用;他晚年进行了细胞核和细胞质在发育中关系的研究,证明了在个体发育中,核与质之间不是彼此独立的,而是有非常密切关系的。

童第周实事求是、追求真理、开拓创新的科学精神,严谨治学、身体力行、艰苦朴素的工作作风和谦虚谨慎、平等待人、大公无私的高尚品德和人格力量,必将激励我们不断为人类的文明与进步做出更大的贡献。作为优秀的科学遗产,童第周的研究成果已经进入人类的知识宝库;作为一个伟大的科学家,他的科学精神将永远留在后人的记忆之中。

中国著名流体力学家、理论物理学家——周培源

周培源(1902年8月28日～1993年11月24日),中国著名流体力学家、理论物理学家、教育家和社会活动家。

周培源,1902年生于江苏宜兴。1924年毕业于清华学校(今清华大学前身),1928年获美国加州理工学院理学博士学位。1928年赴德国莱比锡

大学从事量子力学的研究。1929 年在瑞士苏黎世高等工业学校从事研究。1929 年回国以后，先后在清华大学、西南联大、北京大学任教授。1936～1937 年在美国普林斯顿高等研究院参加爱因斯坦主持的广义相对论讨论班。新中国成立后曾任清华大学教务长、校务委员会副主任，北京大学教务长、副校长和校长，中国科学院副院长，中国科协主席、名誉主席，世界科协副主席，中国国际科技促进会会长，中国力学学会副理事长、名誉理事长，中国物理学会理事长、名誉理事长，欧美同学会名誉会长，中国人民外交学会副会长，中国人民争取和平与裁军协会会长，九三学社主席，第一、二、三、四届人大代表，第五届人大常委，第三、四届政协常委，第五、六、七届政协副主席。1980 年获美国普林斯顿大学名誉法学博士学位，1980～1985 年两次获得美国加利福尼亚理工学院"具有卓越贡献的校友奖"。

周培源是我国近代力学奠基人和理论物理奠基人之一。他在学术上的成就，主要是对物理学基础理论的两个重要方面，即爱因斯坦广义相对论中的引力论和流体力学中的湍流理论的研究。在广义相对论方面，周培源一直致力于求解引力场方程的确定解，并应用于宇宙论的研究。早在 20 世纪二三十年代，他就求得了轴对称静态引力场的若干解，与静止场不同类型的严格解，并于 1939 年证实，在球对称膨胀宇宙中，若物质和辐射处于热平衡态，则宇宙必为弗里德曼宇宙。20 世纪 70 年代末，周培源又把严格的谐和条件作为一个物理条件添加进引力场方程，求得一系列静态解、稳态解及宇宙解。同时还指导进行了与地面平行和垂直的光速比较实验，以探求史瓦西解和郎曲斯解哪一个更符合静态球对称引力场的客观实际。初步结果已显示出，郎曲斯解与实际相符。20 世纪 80 年代，周培源致力于广义相对论的基本问题，即经过坐标变换联系起来的几个解，究竟应该是一个解还是几个解的研究。他对照流体力学中保角变换，认为这种情形应该是几个解而不是一个解。产生这种不确定的原因在于爱因斯坦方程缺少必要的坐标条件。

在湍流理论方面，20 世纪 30 年代初，周培源认识到湍流场和边界条件关系密切，后来参照广义相对论中把质量作为积分常数的处理方法，求出了雷诺应力等所满足的微分方程，并希望能把边界的影响通过边界条件引入雷诺应力的表达式中。1940 年，他写出了第一篇论述湍流的论文，该文在国际上第一次提出湍流脉动方程，并用求剪应力和三元速度关联函数满足动力学方程的方法建立了普通湍流理论，从而奠定了湍流模式理论的基础。根据这一理论对若干流动问题做了具体计算，结果与实验符合得很好。1945 年，他在美国的《应用数学季刊》上，发表了题为《关于速度关联和湍流涨落方程的解》的重要论文，提出了两种求解湍流运动的方法，立即在国际上引起广泛注意，进而在国际上形成了一个"湍流模式理论"流派，对推动流体力学尤其是湍流理论的研究产生了深远的影响。20 世纪 50 年代，他利用一个比较简单的轴对称涡旋模型作为湍流元的物理图像来说明均匀各向同性的湍流运动，并根据对均匀各向同性的湍流运动的研究，分别求得在湍流衰变后期和初期的二元速度的关联函数、三元速度关联函数。之后，他又进一步用"准相似性"概念将衰变初期和后期的相似条件统一为一个确定解的物理条件，并为实验所证实。这是国际上第一次由实验确定了从衰变初期到后期的湍流能量衰变规律和泰勒湍流微尺度扩散规律的理论结果。20 世纪 80 年代，他又将这些结果推广到具有剪切应力的普通湍流运动中去，并引进新的逼近求解方法，以平面湍射流作例子，求得平均运动方程与脉动方程的联立解。经过半个世纪不懈努力，周培源的湍流模式理论体系已相当完善。

周培源从事高等教育工作 60 多年，学生遍及海内外，早期学生中王竹溪、彭桓武、林家翘、胡宁等都成为著名的科学家。他在教学过程中积累了丰富的教学和办学经验，形成了自己的教书育人风格和办学思想、办学理念。其中最突出的是以他自己的学识、见解和治学、做人之道等人格魅力，被人们称为"桃李满园的一代宗师"。

作为杰出的社会活动家，周培源积极开展国际科技交流，争取裁军和世界和平，为繁荣我国的科技教育事业呕心沥血、孜孜不倦，赢得了国内外广大科技工作者的敬仰，被人们赞之为科学家的表率和楷模，"和平老人"、"杰出的民间外交家"。

中国胶体科学的主要奠基人——傅鹰

傅鹰（1902 年 1 月 19 日～1979 年 9 月 7 日），中国物理化学家和化学教育家。中国胶体科学的主要奠基人。

傅鹰字肖鸿,祖籍福建省闽侯县,1902年出生于北京。1919年入燕京大学化学系学习,1922年公费赴美国留学,1928年获密执安大学研究院科学博士学位,1929年回国,历任东北大学教授,北京协和医学院教授,青岛大学教授,重庆大学教授,厦门大学教授、教务长兼理学院院长,重庆大学教授和重庆动力油脂厂实验室主任。1945年再度赴美国,任密执安大学研究员。1950年归国,任北京大学化工系教授兼系主任。1952~1954年,先后任清华大学化工系教授,北京石油学院教授。1954年,重回北京大学任教,直至逝世。1955年当选为中国科学院学部委员。1961年,任北京大学副校长。曾当选为第三、四届全国政协委员,第五届全国政协常委。

傅鹰主要从事胶体与表面化学的研究,是中国对国际胶体科学研究和发展做出贡献的第一人,也是我国胶体与表面化学的主要奠基人。早在20世纪20年代,傅鹰对吸附作用以及影响溶液吸附的多种因素进行广泛的实验研究和理论分析,其研究成果成为吸附理论的重要组成部分。他对胶体与表面化学中著名的Traube规则进行了补充和修正,发现在一定的条件下,Traube规则可以是完全颠倒的。在液体对固体的润湿研究中,傅鹰指出润湿热是总表面能的变化而不是自由表面能的变化的量度,不能完全依靠润湿热的大小作为判断固体对液体吸附程度的指标。他首创利用润湿热测定固体粉末比表面的热化学方法,比著名的BET气体吸附法早8年。第二次赴美期间,他开展了吸附作用的一系列基础研究工作,发现自溶液中的吸附和气体相中的吸附一样,吸附层也可以是多层的,并将BET公式合理地推广应用于自溶液中的吸附,通过对固液界面和气液界面的吸附层的考察,提出了计算表面活度系数的方法,发现自溶液吸附中所特有的温度效应。1954年,傅鹰在北京大学建立了我国第一个胶体化学教研室,在液体表面吸附热力学、表面活性剂物理化学、固体表面化学以及分散体系流变学方面指导教师和学生进行了广泛的研究工作。针对国家建设的需要,他还研究了盟脱土的吸附和润湿、石油钻井泥浆流变性、离子交换理论和应用、矿物浮选等课题。

傅鹰从事化学教学工作50年,先后在多所高校任教。傅鹰对学生要求非常严格,注重培养学生科学的思维方法和严谨的治学态度。讲课时纵横古今,并且逻辑性强,语言形象生动。傅鹰热爱教学工作,讲求实际、有效的教学方法，培养学生热爱祖国和发展科学的献身精神。傅鹰为学生讲授化学知识和理论，并不停留在当时的结论和水平上，总是指出其中不足之处和努力的方向；鼓励青年学生放眼未来，奋力求索。傅鹰针对长期存在于化学界某些人身上的轻实验重理论的风气，特别强调实验在科学发展中的重要作用。他对自己编著的教材从不轻易公开出版，总是随着科学的发展不断加以修改，做到精益求精。傅鹰襟怀坦荡，为人刚正不阿，言谈话语一向直抒衷肠，待人处事一贯直道而行。傅鹰对学生和晚辈和蔼可亲，严格要求；对朋友同行谦和平等，以诚相待，爱憎分明，一身正气。

傅鹰编著过物理化学、化学热力学、化学动力学、统计力学、无机化学和胶体科学等教材。主要著作有：《热力化学导论》《大学普通化学》等；主要译著有：《乳状液——理论和实践》；主要论文有：《色谱法》《混合溶液中的吸附》《二元混合酸的萃取分析》等。

傅鹰是我国少数有突出贡献的物理化学家之一，尤其在胶体和表面化学的研究上有着很深的造诣。他投身科学和教育事业长达半个多世纪，对发展表面化学基础理论和培养化学人才做出了贡献。

苏步青与"苏步青效应"

苏步青（1902年9月23日～2003年3月17日），中国数学家。

苏步青出生于浙江省平阳县，18岁考入日本东京高等工业学校，25岁入日本东北帝国大学研究院，29岁毕业并获理学博士学位。1931年回国，受聘于浙江大学数学系。1952年起，他调往复旦大学工作，先后任教务长、副校长、校长、名誉校长等职。此外，苏步青还曾担任过《中国数学会学报》主编，主持过中国科学院数学研究所、复旦大学数学研究所、中国数学会的工作，历任第七、八届全国政协副主席，第五、六届全国人大常委，民盟中央副主席、名誉主席。

苏步青在爱国信念的驱使下爱上了数学，并将毕生精力倾注于数学研究与培养数学人才之上。他在读中学的"4年中就演算了上万道数学习题"，博士毕业前，已"写了30多篇论文"，发现了被称为"苏锥面"的四次（三阶）代数锥面。如此勤奋与严谨的治学态度，不仅是他对自己为国争光、为己成才立下的准则，也是他言传身教，为学生树立的榜样。苏步青在教书育人方面创造了一段传奇佳话。他反对"名师出高徒"的提法,提倡"严师出高徒,高徒出名师"的口号,奉行"培养人才,要一代超过一代"的理念。他总是说:"青出于蓝而胜于蓝是科学发展的规律。我们应自觉地鼓励学生超过自己,并把它作为对四化建设的一种贡献。"此外,他提倡为青年人成才创造良好的环境,他归纳出三条培养优秀学生的做法:一是先鼓励他们尽快赶上自己;二是不挡住他们的成才之路;三是在背后赶他们,推他们一把。"自1931年到1952年间,苏步青培养了近100名学生,在国内10多所著名高校中任正副系主任的就有25位,有5人被选为中国科学院院士,连新中国成立后培养的3名院士,共有8名院士学生",胡和生、谷超豪、李大潜等一大批知名科学家都是苏步青的学生。在教育界,人们把能培养超过自己的学生的这一教育现象称之为"苏步青效应"。

苏步青在数学研究领域取得的成绩是举世瞩目的,光是以他的名字命名的研究成果,除了"苏锥面"外,还有"苏的二次曲面"(戈德序列中的第二个伴随二次曲面)、"苏(步青)链"(闭拉普拉斯序列和构造〈T4〉)。他一生在国内外发表数学论文共160余篇,出版的专著有:《射影曲线概论》《射影曲面论》《一般空间微分几何学》《计算几何》等。他创立了国际公认的微分几何学学派;他对"K展空间"几何学和射影曲线的研究,荣获1956年国家自然科学奖;他开展的计算几何在航空、造船、汽车制造等方面的应用研究成果,先后获1978年全国科学大会奖,1985年两项国家科技进步奖。

苏步青是蜚声海内外的杰出数学家,他在科研和教学上取得的辉煌成绩令世人叹服。

两弹一星元勋——赵九章

赵九章(1907~1968年),浙江吴兴人,我国著名的气象学家和地球物理学家。

赵九章,1933年毕业于清华大学物理系。1935年赴德国攻读气象学专业,1938年获博士学位,同年回国。历任西南联合大学教授,中央研究院气象研究所所长。中华人民共和国成立后,任中国科学院地球物理所所长、卫星设计院院长,中国气象学会理事长和中国地球物理学会理事长。1968年逝世。

1938年，赵九章取得德国柏林大学博士学位后回国，当时正值抗日战争期间，生活十分艰苦，他一家四口住在昆明破旧的一间半民舍内。然而，赵九章还是努力工作，以期为祖国的气象事业做出贡献。就在日本帝国主义者的空袭和炸弹的爆炸声中，他先后开出了理论气象学、大气物理学等课程，并编写了我国第一本《动力气象学讲义》。他以清晰的物理概念，严格的数学推演，循循善诱的教学方法，吸引了不少原来学习物理科学的学生转到学习气象科学方面来，引导和培养了大批气象科学人才。淮海战役以后，赵九章为了保存由竺柯桢创建的、国内唯一拥有比较完整的气象资料及珍贵图书的研究所免于战火之祸，把它迁到了上海岳阳路。这时，国民党政府威胁利诱，并密令要把研究所迁往台湾。赵九章坚定表示要把研究所留在上海，他对所内的人员说："只要我在，气象研究所就不再搬动。"又说："振兴中国，只有共产党。如果共产党也不行，中国就没有希望了。"赵九章与全所人员一起，坚守岗位，迎接全国的解放。

新中国成立后，赵九章把从事的科学研究与祖国的经济建设和国防建设紧密地联系在一起。从1957年起，他积极倡议发展中国自己的人造卫星。1958年8月，中国科学院成立人造地球卫星研制组，他是主要负责人。同年10月，赵九章提出"中国发展人造卫星要走自力更生的道路，要由小到大，由低级到高级"的重要建议。在他的领导下，开创了利用气象火箭和探空火箭进行高空探测的研究，探索了卫星发展方向，筹建了环境模拟实验室和开展遥测、跟踪技术研究，组建了空间科学技术队伍。1964年，根据国内运载工具的发展，他提出了开展人造地球卫星研制工作的建议。他对中国卫星系列发展规划和具体探测方案的制订，对中国第一颗人造地球卫星、返回式卫星等总体方案的确定和关键技术的研制，起了重要作用。正当赵九章雄心勃勃地要为祖国的科学事业进一步施展他自己的卓越才能之际，浩劫来临。他被强行加上种种莫须有的罪名，遭到残酷的迫害。就是在这种艰苦的境地中，赵九章没有悲观，没有失望。他深知祖国的航天事业只是开始，还有很多工作有待他去完成。他对前途仍然充满信心，然而这样一位对前途充满信心，为科学事业辛勤劳动的科学家，竟在1968年10月26日含冤去世。

作为我国著名的科学家，赵九章开展了我国空间物理学和空间探测技术方面的研究工作，为创建我国空间科学和探测技术做出了重要贡献。他还积极组织和参与我国核武器、导弹试验中大气科学与高空物理学研究工作,为我国的国防事业贡献了力量。

这位杰出的科学家为祖国做出了巨大贡献,他为祖国科学事业献身的精神,将永远留在人们的记忆之中。

中国遗传学的奠基人——谈家桢

谈家桢(1909年~),国际著名遗传学家,我国现代遗传学奠基人之一,杰出的科学家和教育家,浙江宁波人。

谈家桢1932年获北京燕京大学理学硕士,1936年获美国加州理工学院哲学博士。先后担任浙江大学、复旦大学教授。1980年当选为中科院院士,1985年当选为美国国家科学院外籍院士和第三世界科学院院士,1987年当选为意大利国家科学院外籍院士。1999年当选为纽约科学院名誉终身院士。为了表彰谈家桢院士在科学研究领域的突出贡献,1999年经国际小行星组织正式批准,将中科院紫金山天文台发现的编号为542号小行星命名为"谈家桢星"。

在读小学时,谈家桢学习很努力,有一天,一名外籍教员要谈家桢回答:"人是谁创造的?"谈家桢没有按照《圣经》创世说中所宣扬的那样回答说:"人是上帝创造的。"而是说:"究竟是上帝创造了人,还是人创造了上帝,我们还不清楚,这要由科学来回答。"教员一听,大为恼火,就狠狠地训斥了他一顿,把本来准备奖给他的一笔奖学金取消了。那时,谈家桢血气方刚,经常与同学一起抨击社会弊病,对英国、日本帝国主义的侵华行径义愤填膺,热切希望祖国独立富强。他曾被同学推选为高中部学生领导人,组织并带领同学上街游行,开展反帝爱国运动。1926年,谈家桢以优异的成绩毕业于东吴第三中学,并被学校免试保送苏州东吴大学。谈家桢学习勤奋,三年半修满了四年的学分,于1930年夏毕业,并获得学士学位。之后,他抱着"科学救国"的志向远涉重洋,到经典遗传学创始人摩尔根的实验室深造,学成后坚决返回祖国,为的是实现发展中国遗传学事业的抱负。

谈家桢有着虚怀若谷的胸怀,热情鼓励学生要超过自己。他不仅关心学生在学业上的进步,同时还无微不至地关心学生的生活。为了更充分发挥人才的优势,加速我国人类基因组研究的进程,更好地参与国际竞争,谈家桢又提出在中国建立南北两个人类基因组研究中心,这个建议被中央所采纳。基因组研究中心的成立,表明我国将集中资源和资金在人类基因组这个国际大工程研究中抢占一席之地。如今,谈家桢先生已年届九旬,但他一刻也没有停止过思考教育改革和遗传学与国际接轨等问题,并身体力行地推动和促成一些事情。

作为中国遗传学的奠基人之一,谈家桢成就卓著。他先后发表了百余篇研究论文和学术论述方面的文章,主要汇集在《谈家桢论文选》和《谈家桢文选》中。他在果蝇种群间的演变和异色瓢虫色斑遗传变异研究领域有开创性的贡献,为奠定现代综合进化论提供了重要依据。他发现了瓢虫色斑遗传的镶嵌现行现象,引起国际遗传学界的巨大轰动,被认为是对经典遗传学发展的一大贡献。

谈家桢成果辉煌,这与他对科学的追求,对生命奥秘的探索是分不开的。谈家桢无愧于世界著名的遗传学家。

中国有机化学家和生物有机化学家——汪猷

汪猷(1910年6月7日~1997年5月6日),中国有机化学家,生物有机化学家。

汪猷,字君谋,1910年生于杭州。从小深受父亲影响,喜爱自然科学。1931年,汪猷毕业于金陵大学工业化学系,1937年获德国慕尼黑大学博士学位。1939年回国,他先后任协和医学院讲师、上海丙康药厂厂长、中央研究院医学研究所筹备处研究员。新中国成立后,历任中国科学院生理生化研究所研究员、中国科学院有机化学研究所研究员、所长、名誉所长,中国科学院上海分院副院长。1955年他当选为中国科学院学部委员。1984年当选为法国科学院外籍院士。

汪猷在国内外名师和著名学术机构的优良学风的熏陶和严格训练下,养成了严肃、严谨的学风和勇于创新的精神,这对他以后的事业产生了深远的影响。汪猷对研究工作刻意求新、求精,他大胆、积极地采用新方法、新技术。凡是汪猷直接负责的研究课题,从路线设计、合成方法、分析手段、数据处理直到撰写论文,他都亲自指导,严格把关,一丝不苟。汪猷有着为祖国科学事业彻底献身的精神,科学研究就是他的全部生活。他始终站在学科

发展的前列,勇敢地迎接挑战性的难题。他反对停滞的观点,勇于进取,不满足于已得之功,古稀之年仍壮心不已,继续攻克新的科学堡垒。汪猷十分重视人才的培养,注意培养学生的独立工作能力、扎实的基础知识和认真、严谨的研究精神,他爱护青年,提携后学,主动地、有意识地、实事求是地培养青年接班人。汪猷为人正直,品德高尚,言行一致,身体力行,宽以待人,严于律己,绝不谋一己私利。

汪猷在甾体化学、抗生素化学、糖类、多肽和蛋白质化学、核酸化学、酶的修饰和模拟、生物催化和烃类微生物氧化等领域有较深造诣。他是中国抗生素研究的奠基人之一,系统研究了链霉素和金霉素的分离、提纯以及结构和合成化学;领导并直接参加了人工合成胰岛素的研究;在淀粉化学方面,创制了新型血浆代用品;所进行的石油发酵研究获国家自然科学奖一等奖,当时在国际上居于前列;参加并参与领导酵母丙氨酸转移核糖核酸全合成工作;领导了天花粉蛋白化学结构和应用研究、模拟酶的研究和青蒿素的生物合成化学研究。

汪猷发表论著120余篇册,包括《桔霉素》《5－脱羟－L－来苏呋喃糖的合成》《新型血浆代用品羟甲基糖淀粉的研究 1》《石蜡油微生物氧化产物支链九烷酸和十二烷酸研究的初步报告》《结晶牛胰岛素的全合成》《具有合成核酸活性的多肽》《青蒿素的生物合成研究》《天花粉蛋白》等。汪猷的学术成就在国内外学术界享有很高的声誉,受到了国家的嘉奖。其中有两项获国家自然科学一等奖:《人工全合成牛胰岛素》(1982年7月)及《酵母丙氨酸转移核糖核酸的人工全合成》(1988年8月);一项获国家自然科学二等奖:《天花粉蛋白的化学结构和应用》(1988年8月);一项获中国科学院自然科学三等奖(1956年1月);以及多项全国科学大会奖(1978年)。

汪猷毕生的追求就是振兴中国的有机化学事业,进而迈向世界先进水平之列。在半个多世纪的研究生涯中,他始终站在有机化学发展的前沿,在生命基础物质的研究以及其他天然产物化学的研究方面取得多项成就,为我国有机化学的发展做出了贡献。

自学成才的数学家——华罗庚

华罗庚(1910年11月12日～1985年6月12日),中国数学家。

华罗庚出生于江苏金坛县，初中毕业后辍学在家，1928年就职于金坛初中，1931年到清华大学数学系工作，1936年受邀到剑桥大学进修，1938年回国后任西南联大教授。1946年，华罗庚前往美国，先后在普林斯顿大学和伊利诺依大学讲学，1950年回国到清华大学执教，其后又相继担任中国科学院数学研究所、应用数学研究所，中国科学院物理学数学化学部、中国科学技术大学等单位的领导职务。他还是美国国家科学院外籍院士、第三世界科学院院士、德国巴伐利亚科学院院士。

华罗庚是当代自学成才的科学巨匠。他的家境贫寒，初中毕业后就因家庭经济困难无力升入高中。后来，他虽然经过努力考进了中华职业学校，但仍因家贫在仅差一学期就毕业时而辍学，在家帮助父亲经营小店。不能去学校学，就自学！华罗庚因每天痴迷于数学，耽误了小店的工作，为此常常招来父亲的怨言，但这并没有改变他的数学理想。命运似乎也要考验他的意志，19岁那年，他生了一场大病，半年后，病虽好了，可是他的左腿却残废了，金坛初中的职位也因此没有了。维持生计已成为他的难题，他还能够继续追求他的数学理想吗？回答是肯定的，坎坷的生活并没有让华罗庚放弃他一生追求和奋斗的目标——数学，他仍然默默地奋斗着！1929年，当时中国自然科学方面最权威的杂志——上海《科学》杂志，刊登了华罗庚一篇题为《苏家驹之代数的五次方程式解法不能成立的理由》的论文。这篇论文所表现出来的数学才华，使华罗庚受到清华大学的注意，从此他有机会进入高等学府学习和研究数学。

有了清华大学的便利条件，华罗庚如饥似渴地钻研数学，每天只给自己留下五六个小时的睡眠时间，一年半之后，他攻下了数学系的全部课程，还自学了英、德、法文，到1936年，他已陆续在国外著名的数学杂志上发表了十几篇有关数论方面的论文。他的勤奋和他对数学的执著与热爱使他不仅得到清华师生的敬佩，也受到了国际数学界的瞩目。但是，在成绩面前，华罗庚并没有一点浮躁的心理，他相信追求科学真理的脚步需要踏踏实实！他到英国剑桥大学进修，只求做个 Visitor（访问者），不愿读博士学位，因为这样他就可以用更短的时间学到更多的知识，也正因为这样，初中文凭成为他一生取得的最高文凭。

华罗庚是中国解析数论、典型群、矩阵几何学、自守函数论与多复变函

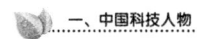

数论等很多方面研究的创始人与开拓者,一生共完成 200 篇学术论文,10 部专著,其中《堆垒素数论》《数论导引》《多复变数函数论中的典型域的调和分析》《从单位圆谈起》《数论在近似分析中的应用》(与王元合著)等在国际数学界影响深远,研究成果被命名为"华氏定理"、"布劳威尔—加当—华定理"、"华—王(元)方法"等。华罗庚还是我国最早把数学理论研究和生产实践紧密结合的科学家,用深入浅出的语言写出了《优选法平话及其补充》和《统筹法平话及补充》等 10 部科普读物。

华罗庚从自学数学的天才青年成为造诣高深、有多方面创造的数学大师,这一切靠的是他非凡的努力与惊人的毅力。

世界级的几何大师——陈省身

陈省身(1911 年 10 月 26 日～2004 年 12 月 3 日),华裔美国数学家。

陈省身出生于浙江嘉兴秀水县,15 岁考上南开大学数学系,毕业后到清华大学任助教,同时攻读研究生。1934 年,陈省身赴欧求学,先是在德国汉堡大学获得理学博士学位,后又在法国巴黎进行博士后研究。此后,他在清华大学、西南联合大学、美国普林斯顿高级研究所、美国芝加哥大学、加州大学伯克利分校等多家世界著名教学与科研机构先后任职;他是美国科学院院士,中国、法国、意大利、俄罗斯等国家科学院外籍院士;他是北京大学、南开大学、暨南大学以及其他许多大学的名誉教授;他曾先后主持、创办了中央研究院数学研究所、美国数学研究所和南开大学数学所三大数学研究所,造就了一批世界知名的数学家。

陈省身将其一生贡献给了数学,从未停止过挑战数学巅峰的征程,即便是在生命的最后时刻,他仍然在思考着数学领域的 4 个未解难题。这 4 个数学难题,是他在 93 岁生日的聚会上提出来的未来研究方向,他计划着要亲自给学生和助手们做报告,交流最新的研究进展。殊不知"每一个题目都足够耗费一个年轻人大量的时间精力,甚至要一辈子来研究,而他同时要考虑这 4 个重大问题",如此高的年纪,仍然活跃地思考数学问题"是绝无仅有的"。他的生命,是与数字和几何的艺术不可分割的。

陈省身被誉为世界级的数学大师,这不仅仅体现在他的学术造诣和所做出的成绩上,更体现在他的人品修养和道德境界上。人们从他身上同时看到了真诚的爱国者、令人爱戴的贤师、博学多才的智者、平凡质朴的长者等不同的身影。他有着淡泊名利的豁达情怀,他认为"数学中没有诺贝尔奖是幸事",因为这能让数学家停不下奋斗的脚步;他在得知自己的名字用以命名一颗小行星的时候说"得了荣誉,这个热闹热闹,看见几个有名的人也有意思,好玩就是,不怎么要紧";他还曾经说:"我只是想读懂数学。如果一个人的目的是名利,数学不是一条快捷方式"。他有着将中国建设成为"21世纪数学大国"的理想(被誉为"陈省身猜想")与实践,也有着建设"21世纪数学强国"的梦想。

陈省身的数学成就遍及射影微分几何、欧几里得微分几何、几何结构和它们的内在联络、积分几何、示性类、全纯映射、偏微分方程等众多方面。其中,最引人注目的有两项:一是"Gauss—Bonnet 公式"的内蕴证明以及陈省身示性类的提出,开创了整体微分几何的新纪元,影响了整个数学的发展,被杨振宁誉为继欧几里得、高斯、黎曼、嘉当之后又一里程碑式的人物;二是"陈—Simons"微分式,这一理论深入到数学以外的其他领域,在 20 世纪末是理论物理学研究热点。陈省身先后发表过数学论文 158 篇,出版专著《微分几何的若干论题》《微分流形》《整体几何和分析的研究》《不具位势原理的复流形》《微分几何讲义》(合著)《陈省身论文选集》等。

陈省身是 20 世纪世界级的几何大师,是有史以来唯一获得世界数学界最高荣誉"沃尔夫奖"的华人,被尊称为"当今最伟大的数学家"、"微分几何之父"。

著名力学家、应用数学家、教育家和社会活动家——钱伟长

钱伟长(1912 年 10 月 9 日～),著名力学家、应用数学家、教育家和社会活动家。

钱伟长,1912 年生于江苏省无锡县,1935 年毕业于清华大学理学院物理系,1937 年清华大学物理系研究生毕业,1942 年在加拿大多伦多大学获博士学位。后任美国加州理工学院喷射推进研究所研究员。1946 年回国历任清华大学教授、燕京大学教授、北京大学教授、清华大学校务委员会常委兼副教务长、中科院力学所副所长、自动化研究所所长,清华大学副校长,上

海工业大学校长。1956年被选为波兰科学院院士。1997年获何梁何利基金"科学与技术成就奖"。

钱伟长兼长应用数学、物理学、中文信息学,著述甚丰。特别在弹性力学、变分原理、摄动方法等领域有重要成就。早年他提出的薄板薄壳非线性内禀统一理论对欧美的固体力学和理性力学有过重大的影响。现已出版有:《圆薄板大挠度问题》《弹性力学》《变元法和有限元》《穿甲力学》《广义变分原理》《应用数学》等学术专著20余部,在国内外发表的学术论文200余篇。

钱伟长在科学理论和工程技术上都有许多开创性的成就。他的主要学术贡献是板壳非线性内禀统一理论,板壳大挠度问题的摄动解和奇异摄动解,广义变分原理,环壳解析解和汉字宏观字形编码(钱码)等。他早期提出的"浅壳大挠度方程"被国际学术界誉为"钱伟长方程";在圆薄板大挠度问题上,他提出的以中心挠度为小参数的摄动法,在国际上称"钱伟长法"。有关圆薄板大挠度问题的工作,在1955年获中国科学院颁发的国家科学奖二等奖,广义变分原理方面的工作在1982年获国家自然科学奖二等奖,此外还有多项科研成果分别获北京市、上海市科学技术进步奖。最近,钱伟长教授关于非克希霍夫——拉夫假设板壳理论的工作,是对固体力学基础理论的新贡献。

钱伟长是我国近代力学的奠基人之一。他创办了我国第一个力学研究室,筹建了中国科学院力学研究所和自动化研究所。他曾任中国力学学会第一届理事会副理事长和第二届理事会副理事长等职。钱伟长先生长期从事高等教育领导工作,为培养我国科学技术人才做出重要贡献。他社会活动十分活跃,1985~1990年任中华人民共和国香港特别行政区基本法起草委员会委员,1988年任中华人民共和国澳门特别行政区基本法起草委员会副主任委员,中国和平统一促进会执行会长,积极推动了祖国的统一大业。

核子物理女皇——吴健雄

吴健雄(1912年5月31日~1997年2月16日),美籍华裔实验原子核物理学家。

吴健雄1912年出生于江苏省太仓浏河镇。1934年毕业于南京中央大学,1940年获美国加利福尼亚大学博士学位,1958年后又获普林斯顿大学、耶鲁大学、哈佛大学等院校的理学博士学位(她是被普林斯顿大学授予名誉理学博士的第一位妇女)。曾在史密斯学院和普林斯顿大学任教。1944年进哥伦比亚大学,长期以来在该校从事科学实验,研究原子物理学。1954年加入美国籍。1958年任哥伦比亚大学教授,同年当选为美国科学院院士。1972年起担任普宾讲座教授。

吴健雄才貌出众、气质典雅,饱受中国传统文化的熏陶。她一生深受父亲和胡适先生影响,她认为自己的研究成果不过是根据胡适先生提倡的大胆假设、小心求证之科学方法所得。吴健雄的用功是有名的,功课做不完,题目想不出是不睡觉的。她非常敬业,在管理、领导上也展现出了才能。她提倡的两性平权的见识,令人折服。她的意志力和对工作的投入,使人联想到居里夫人,但她更加入世、优雅和智慧。

吴健雄主要从事核物理和弱相互作用等方面的实验研究工作。最主要的贡献是:1957年用β衰变实验证明了在弱相互作用中的宇称不守恒,证明了杨振宁、李政道两人提出的科学理论(杨、李因此获得诺贝尔奖),这在整个物理学界产生了极为深远的影响。现代物理学发展中的其他一些重要理论问题或争论,通过吴健雄的一系列实验工作,也得到了解决和证明或一定程度上的澄清。1950年吴健雄在《物理评论》发表《β衰变,容许和禁戒衰变》,1952年在《物理评论》发表《散射湮没辐射的角关联》。她对β衰变的系列实验工作证明了核β衰变中矢量流守恒定律,在物理学史上第一次由实验证实电磁相互作用与弱相互作用有密切关系,对后来电弱统一理论的提出起了重要作用。在1959年穆斯堡尔效应发现之后,吴健雄对它进行了深入的研究,将穆斯堡尔光谱法用于生物学中大分子的结构研究。为了证实轻子数在弱作用中守恒定律的有效性,吴健雄等在深达600余米的纯盐矿中安置了测量双β衰变仪器,证明了轻子数守恒到10~3以上。早在1950年以前,她已经做了一个关于量子力学的基本哲学的实验,结果表明正电子与负电子的宇称相反。1970年,她的实验小组对此做了进一步实验,在更高程度上支持了量子力学的正统法则,再次否定隐变量理论。此外,她对粒子或辐射探测器的研制也有不少贡献。

吴健雄以其卓越的贡献赢得了崇高的荣誉:1973年曾任美国物理学会

第一任女会长,并为英国爱丁堡皇家学会荣誉会员,美国国家科学院院士、美国艺术科学学会成员。1962年被美国大学妇女会选为当年"杰出女性"。1964年获美国全国科学院奖。1974年被美《工业研究》杂志选为当年"工业研究科学家"。1975年获美国总统福特颁发的国家科学勋章。1978年以色列沃尔夫基金会首次向她颁发10万美元奖金,以表彰她对科学和人类的贡献。1985年获"青云奖"。1986年获"埃利斯岛奖章"。1991年11月在美国哥伦比亚大学被授予代表理工界很高荣誉的普平奖章。1992年,4位华人诺贝尔奖得主李政道、杨振宁、丁肇中和李远哲在台北发起了"吴健雄学术基金会",以庆祝吴健雄的80大寿。1990年,中国南京紫金山天文台将其发现的编号为2752号小行星命名为"吴健雄星",吴健雄是少数在有生之年获此殊荣的科学家之一。1994年,吴健雄两次获全美华人协会的杰出成就奖;同年她和杨振宁、丁肇中等人同时获选为中国科学院第一届外籍院士;11月6日,吴健雄再获艾瑞奖科学和平奖。

吴健雄是世界公认的最杰的女性物理学家之一,被誉为"核子物理女皇"和中国的居里夫人。她的辉煌业绩一如"吴健雄星"灿烂于环宇,垂范于后世。

中国"原子弹之父"——钱三强

钱三强(1913年10月16日~1992年6月28日),中国核物理学家。

钱三强,原名钱秉穹,浙江省湖州市人,1913年出生于浙江绍兴,父亲钱玄同是中国近代著名的语言文字学家。钱三强1936年毕业于清华大学物理系,后赴法国巴黎大学居里实验室和法兰西学院原子核化学实验室从事原子核物理研究工作,1940年获博士学位,1946年获法国科学院亨利·德巴微物理学奖金。1948年回国,历任清华大学物理系教授,北平研究院原子能研究所所长,中国科学院近代物理所(后改为原子能所)所长、计划局局长、副秘书长,二机部副部长、中国科学院副院长、中国物理学会理事长、中国核学会名誉理事长、中国科学院特邀顾问。

钱三强青少年时代便从国学大师的父亲那里接受了深厚的传统文化教育,一直以"学以致用,报效祖国"这两句话作为座右铭。1955年,中央决定发展中国核力量后,他又成为规划的制定人之一。1958年,他参加了前苏联援助的原子反应堆的建设,并汇聚了一大批核科学家,他还将邓稼先等优秀人才推荐到研制核武器的队伍中。1960年,中央决定完全靠自力更生发展原子弹后,已兼任二机部副部长的钱三强担任了技术上的总负责人、总设计师。他像当年居里夫妇培养自己那样,倾注全部心血培养新一代学科带头人,在"两弹一星"的攻坚战中,涌现出一大批杰出的核专家,并在这一领域创造了世界上最快的发展速度。人们后来不仅称颂钱三强对极为复杂的各个科技领域和人才使用协调有方,也认为他领导的原子能研究所是"满门忠烈"的科技大本营。

钱三强是中国原子能事业的开拓者和奠基人之一。从新中国建立起,钱三强便全身心地投入到了原子能事业的开创之中。20世纪50年代他领导建成中国第一个重水型原子反应堆和第一台回旋加速器,以及一批重要仪器设备,使我国的堆物理、堆工程技术、钋化学放射生物学、放射性同位素制备、高能加速器技术、受控热核聚变等科研工作,都先后开展起来。在前苏联政府停止对中国的技术援助后,钱三强一方面迅速选调一批优秀核科技专家去二机部,直接负责原子弹研制中各个环节的攻坚任务,一方面会同中国科学院有关领导人,组织联合攻关,使许多关键技术得到及时解决,为第一颗原子弹和氢弹的研制成功做出重要贡献。

在现代中国技术发展史上,钱三强树立起一座不朽的丰碑。他是我国原子能科学事业的创始人之一,被誉为"中国原子弹之父"。他用执著求索的一生,为中华民族的原子能事业奠定了宝贵的基础,并以自己的智慧为党中央确定"两弹一星"的决策提供了重要依据。他的工作精神和道德风范,成为几代科技工作者的光辉楷模。国庆50周年前夕,中共中央、国务院、中央军委向钱三强追授了由515克纯金铸成的"两弹一星功勋奖章",表彰了这位科学泰斗的巨大贡献。

中国物理化学家、核化学家和化学教育家——吴征铠

吴征铠(1913年8月8日~),中国物理化学家、核化学家和化学教育家。

吴征铠,祖籍江苏扬州,1913年出生于上海。他的兄弟吴征鉴和吴征镒都是我国的著名科学家。1934年他毕业于金陵大学化学系。1936年进入

英国剑桥大学物理化学研究所,是第一个中国研究生。1939年他回国,历任湖南大学化学系教授、浙江大学化学系教授,中央研究院化学研究所研究员,复旦大学化学系教授、系主任,兼原子能系主任,并兼任中国科学院有机化学研究所和大连化学物理研究所学术委员会委员,第二机械工业部总工程师兼理化工程研究所(605所)副所长,中国科学院原子能研究所研究员、室主任,气体扩散厂总工程师、理化工程研究所副所长,原子能研究所副所长,中国核工业集团公司总工程师、科技委常务理事。中国化学会、中国核学会和中国光学会常务理事和名誉理事。第五、六、七届全国政协委员,第三届全国人大代表。1981年吴征铠当选为中国科学院化学学部委员。

吴征铠在学生时代就养成了自学和爱动脑筋的习惯,他靠不断自学成为专家。依靠广博的知识和善于动脑筋,他解决了很多核科学技术中的难题。吴征铠的学术思想十分敏捷、活跃,善于科学畅想,敢于坦率提出新想法,大家很愿意与他进行学术讨论,他也曾提出过不少有益的意见。

吴征铠早期工作以分子光谱学为主,对四氯化碳拉曼光谱的精细结构和同位素效应及有关液氮温度下固态氯化氢、磷化氢及砷化氢分子的红外光谱进行过研究。他在分子力常数与核间距关系的研究、铀酰化合物的红外及拉曼光谱的研究,以及20世纪80年代后开展的反斯托克斯拉曼光谱、低温基质隔离傅里叶红外光谱、激光四波混频光谱等方面,均有成果。20世纪60年代在核工业部工作中,吴征铠对解决六氟化铀生产及气体扩散厂生产及膜的研制等方面有较大贡献,曾获1978年全国科学大会奖,1985年国家科委发明一等奖,1998年何梁何利技术科学奖。他发表的《四氯化碳振动光谱中的同位素效应》及铀酰化合物红外和拉曼光谱的研究论文,是对铀酰离子振动光谱的先驱性研究,曾被以后不少专门著作所引用。

吴征铠长期从事大学化学教育的工作,他十分注重培养学生独立获取知识的能力。吴征铠教育思想的另一特点是十分重视对学生的实验训练。他再三告诫同仁,只想把学生培养成和自己一样的人,必然不能培养出青出于蓝而胜于蓝的学生。

吴征铠是中国早期从事红外和拉曼光谱的研究者之一,对中国的分子光谱学和激光化学的成长与发展起了推动作用,是我国分子光谱领域重要的开拓者之一。20世纪60年代他转入原子能方面的工作,从事同位素铀分离技术的研究,为加速中国原子能科学技术的发展做出了贡献。

植物区系地理学派的奠基人——吴征镒

吴征镒(1916年～),著名植物学家,植物区系地理学派的奠基人,江西九江人。

吴征镒,1937年毕业于清华大学,1950年任中国科学院植物研究所研究员,1955年被选聘为中科院院士(学部委员),1958年任中国科学院昆明植物研究所所长。1979年兼任中国科学院昆明分院院长,现为中国科学院资深院士。1980年后任美国植物学会终身外籍会员,瑞典植物地理学会名誉会员。

吴征镒自小受过良好的私塾教育,10岁时就迷上了《植物图鉴》,认识了许多植物,他还经常在自家的"百草园"中观察植物的特点、变化。在扬州中学读书时他就参加过抗日救国宣传活动。1933年,他以优异的成绩考入了清华大学。1937年,他参加西北科学考察团,到内蒙古和宁夏对草原、沙漠植物分布情况进行了科学考察。在反内战、反独裁运动中,1947年北平和天津八院校500多人向国民党当局发出了"呼吁和平宣言",吴征镒为签字者之一,他还参加了反对司徒雷登、拒领美国救济面粉的活动。

吴征镒是一个有着渊博学识的科学家。他能说出近万种植物的名字,熟悉植物的叶、花、果实的特征,准确地说出它们的科、属、种以及地理分布,被国外同行誉为"植物电脑"。朝鲜战争时期,他曾和当时的植物分类学专家一起,根据几片带菌的树叶分析出这些树木不是生在中国东北和朝鲜的种属,雄辩有力地证明了美帝国主义在朝鲜战场使用细菌武器的战争罪行。从1953年下半年开始,吴征镒在中国科学院副院长竺可桢的领导下,开始组织中国大区的综合科学考察,亲自带领一个综合考察队到云南进行考察。综合考察队在云南的任务是搞热带生物资源的调查,为橡胶和紫胶寻找科学的栽培方法。吴征镒和他的同事们一道在云南的三千大山中跋山涉水,风餐露宿,吃了不少苦,然而他们的收获是巨大的。他不辞辛苦在祖国各地考察,采集标本,穿行在高山峡谷之间……一次考察中,他因连日劳累,不小心摔了一跤,倒在地上,睁开眼睛,竟发现了当地一种新的植物品种。有一次访问日本的一个自然保护区,他说出了绝大部分珍稀植物的名称,令日同行惊异不已。他的学生在论文中介绍某地有植物1 800种,吴征镒增加到3 000种,结果这些植物果然都被找到了。

60余年来,吴征镒在植物学领域里不断探索,共发现和命名了1 300多个植物新分类群,是中国植物学家发现和命名植物最多的一位,改写了中国植物主要由国外学者命名的历史;1956年,他率先提出了建立自然保护区的建议并得到采纳;他的《中国植物区系的热带亲缘》(1964年)一文明确指出中国植物区系有三大历史成分;1998年他提出的被子植物起源理论和种子植物的新方案,是东方人在自己研究的基础上提出的被子植物起源和演化的新理论和新系统纲要;1999年他提出的建立"野生生物种质资源库"的设想得到国家的高度重视,现已在建设中。

作为一名科学家,吴征镒呕心沥血,献身祖国;作为一名党员,他无论在怎样的艰难困苦,甚至是生死关头都始终坚定和坚持自己的理想信念以及为祖国、为人民努力工作、全心全意服务的宗旨。

"中国医学界的第一位人物"——吴阶平

吴阶平(1917年~),著名医学家,江苏常州人。

吴阶平1937年于燕京大学获理学学士学位,1942年毕业于北平协和医学院,获美国纽约州立大学医学院博士学位。1947年在美国芝加哥大学进修,回国后曾任北京医学院(现北京医科大学)外科讲师、副教授和教授。1970年调任中国医学科学院,他先后任副院长、院长及中国协和医科大学校长,同时兼任北京医学院教授和泌尿外科研究所所长。

1947年吴阶平在美国芝加哥大学进修,一年多的美国进修使他学到了很多知识,同时吴阶平在临床上不俗的表现也令老师十分赞赏。就在吴阶平即将学成回国时,老师把芝加哥大学的科研大楼蓝图展现在吴阶平面前:"这是你将来的实验室,这是办公室。我可以把你的家眷都接来。"吴阶平却婉言拒绝了。说起原因,吴阶平很坦率:"我出生在一个富裕的家庭,从中学到大学都是上的美式学堂,所以到美国后并没有被他的物质生活所动。相反,他们的种族歧视、虚假的民主给我的印象很深。黄种人在美国势必要面对一种不公平的竞争。"回国后,吴阶平的医学事业取得了突飞猛进的发展,奠定了年轻的吴阶平在中国医学界的地位。1960年3月,吴阶平接受了筹建北京市第二医学院的任务。当时正是三年自然灾害时期,物质条件极差。没有校舍,吴阶平就领导大家白手起家,困难程度可想而知。但就是在这个艰苦的建校过程中,吴阶平与教师、学生结下了深厚的友谊。他不但组织教学、亲自上课,还和同学们一起劳动。平时校职工找他看病他都有求必应,而且极其认真负责。吴阶平接受了为许多中央领导人安排医疗保健的任务,这个过程中,他成为周恩来总理在医疗工作上的得力助手。从20世纪50至90年代,几乎每一次国际医疗活动或学术会议中都掺杂着或多或少的政治问题,吴阶平凭着极强的政治敏感和快速的反应能力,每一次都表现得很出色。

吴阶平教授是中国泌尿外科的奠基人和开拓者之一,为发展中国泌尿外科学和技术干部的培养做出了重要的贡献。他在泌尿外科领域的突出贡献是:对肾结核对侧肾积水的病理和诊断的创见,挽救了过去被认为是绝症的病人;确定了肾上腺髓质增生为独立疾病,得到了国际医学界的承认;对肾切除后留存肾的代偿性生长进行了系统性研究,既属于基础医学课题又直接为临床实践服务。吴阶平先后发表论文150多篇,主编《泌尿外科学》《外科学》等多部医学专著。吴阶平教授殊荣累累,蜚声中外。1984年获巴黎"宝石荣誉奖",1987年先后获北京医科大学首届伯乐奖、巴黎红宝石最高荣誉奖和世界文化协会奖状,1991年获得世界卫生组织"吸烟与健康"纪念奖章,被誉为"中国医学界的第一位人物"。

中国有句俗语:不为良相便为良医,吴阶平却是二者兼得,这似乎也显示出了他的独特。学者性情和才能使他的政治生活变得更加丰富多彩。

中国著名的理论物理学家——黄昆

黄昆(1919年9月2日~2005年7月6日),中国著名理论物理学家,固体物理、半导体物理学家。

黄昆原籍浙江嘉兴,1919年生于北京。1941年毕业于燕京大学物理系,1944年获北京大学硕士学位。毕业后,在昆明天文台任助理研究员。1945年赴英国留学,1948年获英国布里斯托大学博士学位,1948~1951年在英国利物浦大学理论物理系任博士后研究员。1951年回国,1951~1977年任北京大学物理系教授。1977~1983年任中国科学院半导体研究所所长。自1983年后,任中国科学院半导体研究所名誉所长。1955年当选为中国科学院院士(学部委员),1980年当选为瑞典皇家科学院外籍院士,1985年当选为第三世界科学院院士。

黄昆院士对固体物理学做出许多开拓性的贡献。他提出并系统发展了以晶格弛豫为基础的多声子辐射和无辐射跃迁的理论。他和M.Born合著的《晶格动力学理论》成为该学科领域的权威著作。1950年,黄昆与合作者首次提出了多声子的辐射和无辐射跃迁的量子理论,即"黄—佩卡尔理论"。1951年,黄昆首次提出了晶体中声子与电磁波的耦合振荡模式及有关的基本方程。现在极化激元已经成为分析固体某些光学性质的基础,黄昆当时提出的方程,被称为"黄方程"。近年来,黄昆和合作者对半导体超晶格的电子态和声子模开展了系统的富有成效的研究,提出的超晶格光学声子模式,对理解半导体超晶格的光学性质、光散射效应、电子和格波的相互作用起重要的作用,被称为"黄—朱模型"。他对高等学校中普通物理、固体物理和半导体的教学也做出了十分重要的贡献。

在工作中黄昆强调理论研究与实验结合,理论研究与发展新材料、新器件结合,推动了全国固体物理基础研究的发展。他还建议把固体物理列为我国物理专业的一门基础课,作为物理专业课程设置上最显著的一项改革,以赶上当代科学技术发展的步伐。黄昆院士亲自主讲了这门课,编著出版了《固体物理学》。这些措施对我国固体物理的研究和教学,起了重要的作用。

黄昆不仅是一位优秀的科学家,也是一位优秀的教育家。他对新中国高等院校物理专业的发展做出了卓越的贡献。他在普通物理课程体系、半导体物理教育体系以及固体物理等课程的教学建设方面做出了一系列奠基性的工作,为国家培养了一大批优秀的科技人才。

黄昆是一位国际知名的固体物理学家,他取得多项具有国际水平的成果,有着巨大的贡献和影响。1959年,他参加了第一届全国群英会,1959年参加中国共产党,被评为中央国家机关优秀党员、全国劳动模范。1963年当选为第三届全国人民代表大会代表,连续当选五、六、七、八届全国政协常务委员。在2001年国家科技奖励评选中,黄昆获国家最高科学技术奖,赢得了我国科学技术界最高的荣誉,江泽民同志亲自为黄昆院士颁发了证书。

中国物理化学家、化学教育家——卢嘉锡

卢嘉锡(1915年10月26日~2001年6月4日),中国物理化学家、化学教育家和科技组织领导者。

卢嘉锡,1915年出生于福建省厦门市,祖籍台湾省台南市。1934年毕业于厦门大学化学系,1939年在英国伦敦大学获博士学位,同年到美国加州理工学院学习和工作。1944年在马里兰研究室参加美国国防研究工作时,曾获美国国防研究委员会颁发的成就奖。1945年回国后历任厦门大学化学系教授兼系主任、理学院院长、副教务长、研究部副部长、部长、校长助理、副校长等职。1955年被聘为中国科学院数理化学部委员。1960年担任福州大学副校长和中国科学院福建物质结构研究所所长,并兼省科委副主任、中国科学院福建分院副院长。

卢嘉锡幼时随父读书,禀赋甚高。他学识渊博且善于表达,是一位才华横溢而又勤奋严谨的人,讲起课来生动活泼,见解独到,板书格外工整清晰,是厦门大学最受欢迎的教授之一。卢嘉锡在教学过程中,注重培养学生的思考和解决实际问题的能力。他虽然是一位数学功底很深的化学教授,却经常告诫学生,要学会对事物进行预估,思考问题时要学会先大致估计出结果的数量级,尽量避开繁琐的计算,以便迅速地抓住问题的本质,必要时再仔细计算,这样可以提高解决问题的效率。

长期以来,卢嘉锡在领导福建物质结构研究所和发展我国结构化学的实践中,逐渐形成了独特而系统的科研指导思想,这就是五重双结合:实验与理论相结合(以实验为主),化学与物理相结合(以化学为主),结构与性能相结合(以结构为主),静态与动态相结合(以静态为主),基础与应用相结合(以基础为主);四个一些:看远一些,走前一些,搞深一些,想宽一些;三个立足:立足改革,立足竞争,立足创新。这些指导思想在推动福建物质结构研究所科研工作的迅速发展和形成自己特色方面发挥了重要作用。

卢嘉锡的研究涉及物理化学、结构化学、核化学和材料科学等多种学科领域。他在结构化学研究工作中有杰出贡献,曾提出固氮酶活性中心的结构模型,从事结构与性能的关系研究等,对中国原子簇化学的发展起了重要推动作用,他所指导的新技术晶体材料科学研究,也取得了重大成绩。

卢嘉锡在国际上最早提出固氮酶活性中心网兜模型,之后又提出过渡金属原子簇化合物"自兜"合成中的"元件组装"设想等问题,为我国化学模拟生物固氮等研究跻身世界前列做出了重要贡献。1978年,他以台湾省代表团团长的身份参加了全国科学大会。1979年被授予全国劳动模范称号。他曾任中国化学会理事长、中国科协副主席。由于在结构化学研究中的杰出成就,1999年卢嘉锡获何梁何利科学成就奖。卢嘉锡当选为中国科学院院长后,领导中国科学院进行了一系列重大改革。他还先后担任第八届全国人大常委会副委员长,第七、九届全国政协副主席,中国农工民主党中央主席、名誉主席,中国和平统一促进会会长,欧美同学会会长等职。

卢嘉锡先后在国内外发表多篇重要论文,包括:《原子簇化合物的结构化学》《固氮酶催化固氮活性中心的初步模型——兼论双氮分子络合活化的结构条件》等。

卢嘉锡是一位在国际科学界享有崇高威望的科学家,获得过一系列国际荣誉和学衔:1984年被选为欧洲文理学院外域院士;1985年当选为第三世界科学院院士和该院理事会理事;1987年荣获比利时皇家科学院外籍院士称号;同年接受英国伦敦市立大学授予的理学名誉博士学位;1988年被任命为第三世界科学院副院长,是担任这一职务的第一位中国科学家。

卢嘉锡是一位较早应用结构化学理论于新技术晶体材料探索的科学家,他开拓中国原子簇化学研究领域,取得一生中最为突出的学术成就。他一生为发展祖国的科学教育事业,为坚持和完善人民代表大会制度、坚持和完善中国共产党领导的多党合作和政治协商制度、巩固和发展爱国统一战线、促进祖国的统一大业,做出了杰出的贡献。

美籍华裔理论物理学家——杨振宁

杨振宁(1922年10月1日~),美籍华裔理论物理学家。

杨振宁,1922年生于安徽合肥。1942年毕业于西南联合大学物理系,1944年毕业于清华大学研究院,1948年获芝加哥大学博士学位,1949年申请到普林斯顿大学高等学术研究所做博士后,1953~1954年杨振宁应邀到布鲁克海文实验室工作。1954年重回普林斯顿工作至1966年。1955年晋升为教授。1966年应邀至纽约大学石溪分校,创办并主持理论物理研究所,使石溪成为美国优秀的研究中心之一。1983年在香港创立中山大学高等学术研究中心基金会,任主席。1986年起,应陈省身邀请,在南开大学数学研究所组建理论物理研究室,同年任香港中文大学博文讲座教授。1993～1998年,任香港中文大学数学研究所主任。1994年,获选为中国科学院第一届外籍院士。1998年起,任北京清华大学教授。1999年,任纽约州立大学石溪分校荣誉教授。2004年他定居北京清华大学。

杨振宁对理论物理学的研究范围包括粒子物理学、统计力学和凝聚态物理学等领域,在理论结构和唯象分析等方面取得了重大成就,其中杨—米尔斯场论、弱作用中宇称不守恒的发现及杨—巴克斯特方程为最重要的学术贡献。此外,在粒子物理学方面,在弱作用的强度、费米—杨模型、G宇称、电荷共轭与时间反演不守恒、二分量中微子理论、高能中微子实验分析、中间玻色子的研究、CP不守恒的唯象分析、规范场的积分形式与纤维丛、高能碰撞中的几何模型等方面,杨振宁也取得了很高的成就。在统计学方面,在自发磁化强度和临界指数、液态相变的研究与单位圆定理、贝特假设的发展等方面他都有较多的成果。他在凝聚态物理学方面的主要成就有:磁通量量子化的解释、非对角长程序的概念和关于阿哈芮昂诺夫—玻姆实验的建议。

杨振宁的主要著作有:《基本粒子:一篇原子物理学简史》《基本粒子发现简史》《基本粒子及其相互作用》等,有《杨振宁文集》;发表论文200余篇。

杨振宁的卓越成就获得了极高的荣誉。1956年,他与李政道提出宇称不守恒理论,推翻了爱因斯坦的"宇称守恒定律"。1957年,获爱因斯坦物理奖,同年10月,因宇称不守恒理论他与李政道获得诺贝尔物理学奖。1980年获得拉姆福德(Rumford)奖,1986年获美国国家科学奖章。1993年获得富兰克林奖,1994年获鲍尔(Bower)奖,1996年获包古列波夫奖,1999年获翁萨格奖,2001年获费瑟国王国际奖。1965年任美国国家科学院物理委员会理论物理组主席;1972～1976年,任国际纯粹和应用物理联合会粒子物理和场论组主席;1970～1971年,任美国物理学会粒子物理和场论组主席;1980～1983年,任德国马克斯谱郎克研究院主席。1977～1980年,任全美华人协会会长;1989～1994年,任亚太物理学会会长;1996～2001年,任亚太理论物理中心总裁。

著名核物理学家——朱光亚

朱光亚(1924年~),湖北省武汉市人,著名核物理学家,中国科学院院士,中国工程院院士。

朱光亚,1945年毕业于西南联合大学物理系。1946年赴美国密执安大学从事实验核物理研究工作,物理学博士。曾任国防科委副主任等职。

青年时代,朱光亚胸怀科学救国的远大抱负赴美留学,在美国获博士学位后,毅然放弃国外的优越条件和待遇,于1950年初义无反顾地投身到新中国的创业热潮中。归国途中,他与51名爱国留美同学联名写下了饱含激情的《致美国留学同学的公开信》,呼吁大家回国参加祖国建设,"把我们的血汗洒在祖国的土地上,灌溉出灿烂的花朵"。20世纪50年代末,面对某些大国的核讹诈、核威胁,他坚决服从党组织的决定,毅然投身到我国核武器研制工作之中,从此隐姓埋名、忘我工作,把全部的心血和智慧献给了祖国的国防科技事业。他参与组织指挥了我国原子弹、氢弹、地下核试验和地下竖井核爆炸试验,取得了成功。为取得地下核试验的第一手资料,增加对地下核爆炸现象的感性认识,朱光亚冒着塌方和放射性的危险,亲自进入核爆炸后的坑道,实地观察爆炸后景象。在他的领导下,经过广大科技人员十多年的顽强拼搏、刻苦攻关,到20世纪80年代实现了将核试验转入地下的目标,为核武器技术快速持续的发展提供了有力支持。可以毫不夸张地说,在我国,核试验的每一次成功,都倾注着朱光亚同志的心血与汗水;核武器发展的每一点进步,都凝结着朱光亚同志的智慧和决心。我国仅用40多次核试验就达到了外国几百次乃至上千次试验才达到的技术水平,朱光亚同志功不可没。1999年9月18日,朱光亚与其他22位科学家一起荣获党中央、国务院、中央军委授予的"两弹一星"功勋奖章。

作为我国著名的科学家,朱光亚是中国核武器研制的科学技术领导人,负责并领导中国原子弹、氢弹的研制工作。1962年他主持编写的《原子弹装置科研、设计、制造与试验计划纲要及必须解决的关键问题》,对争取在两年内实现第一次原子弹爆炸试验的目标起了重要作用。他参与组织领导中国历次原子弹、氢弹的试验,为"两弹"技术突破及其武器化工作做出了重大贡献。20世纪70年代以来,朱光亚参与组织秦山核电站筹建和放射性同位素应用开发研究,80年代后参与国家高技术研究发展计划的制订与实施、国防科技发展战略研究工作。1985年朱光亚获国家科技进步奖特等奖。

朱光亚同志是老一辈科学家中才识与品行双馨的杰出代表,党和国家的许多领导同志都称赞他有"立德立功"之优秀品格。他是我国科技界的一面旗帜,他优秀的思想品质,必将激励广大科技工作者大力弘扬"两弹一星"和"载人航天"精神,开拓创新,顽强拼搏,为科技进步做出新贡献。

两弹元勋——邓稼先

邓稼先(1924年6月25日～1986年7月29日),中国核物理学家。

邓稼先,1924年生于安徽省怀宁县,1945年毕业于西南联合大学物理系,后在北京大学任教。1948年赴美国印第安纳州普度大学物理系留学,1950年获物理学博士学位,同年回国。邓稼先历任中国科学院近代物理研究所助研、副研究员,二机部第九研究所理论部主任、第九研究院副院长、院长,国防科工委科技委副主任,核工业部科技委副主任,中共第12届中央委员。

邓稼先在原子弹、氢弹研究中,领导开展了爆轰物理、流体力学、状态方程、中子输运等基础理论研究,对原子弹的物理过程进行了大量模拟计算和分析,迈出了中国独立研究核武器的第一步。他领导完成原子弹的理论方案,并参与指导核试验的爆轰模拟试验,参加了我国第一次核试验。原子弹试验成功后,邓稼先立即组织力量,探索氢弹设计原理,选定技术途径。他不仅在核武器理论研究方面做出了重大贡献,而且也十分重视核武器的实战化。他亲自参与提出和解决了许多提高核武器性能,突破核武器小型化原理等关键技术。20世纪80年代,我国核武器有几次新原理的突破,都渗透着邓稼先的智慧和心血。此外,邓稼先对高温高压状态方程的研究也做出了重要贡献。

由于所从事的工作保密的原因,邓稼先公开发表文章和著作不多。1950年写了毕业论文《氘核的光致蜕变》,1951年在《物理学报》发表《关于氢二核之光致蜕变》,1956年发表《β衰变的角关联》,以及后来他和周光召合写的《我国第一颗原子弹理论研究总结》,这是一部对核武器理论设计开创性的基础巨著,它总结了上百位科学家的研究成果,既阐述了流体力学、爆轰物理、状态方程、中子输运等有关基本理论,又详细描述了原子弹物理过程的各个发展阶段的图像,并对其中的物理规律做了深入的探讨,诸如球面爆轰波理论,冲击波与金属的相互作用,冲击波的聚焦和不稳定性,核材料压缩度的粗估方法,裂变系统深燃耗的解析表达式等。这部著作不仅对以后的理论设计起到指导作用,而且又是培养科研人员入门的教科书。为了培养年轻的科研人员,他还写了电动力学、等离子体物理、球面聚心爆轰波理论等许多讲义。

邓稼先是中国优秀知识分子的光辉榜样。他在抗日救亡的呼声喊中长大,在"千秋耻,终当雪,中兴业,须人杰"的西南联大校歌声中走上科学之路。从青少年时代起邓稼先就抱定了以科技强国的夙愿,将个人的事业与民族兴亡紧密相连。同时,他在党的教育下知道了应该如何发动群众进行科研攻关,为此而终生奋斗不惜个人的生命。为了祖国的强盛,为了国防科研事业的发展,他甘当无名英雄,默默无闻地奋斗了数十年。他中止了已有相当成就的原子核理论研究,隐姓埋名投身于核武器的研究事业。他常常在关键时刻,不顾个人安危,出现在最危险的岗位上,充分体现了他崇高无私的奉献精神。邓稼先虽身处领导职位,但谦虚真诚,能把大家团结起来。中科院近代物理所建所伊始,他是所里唯一的高级研究人员,可他从不摆领导架子,善于发扬学术民主,博采众长。在他的领导下,建立了一种可使初级人员与高级专家在学术上平等讨论的民主气氛,这种风气流传下来,对核武器理论的迅速发展和几次重要突破起到非常重要的作用。

邓稼先是我国核武器的理论研究工作的奠基者和开拓者之一,是我国研制和发展核武器在技术上的主要组织领导者之一,为中国原子弹、氢弹的研制和试验成功做出了重要贡献。从1958～1986年共28年间,我国进行了32次核试验,其中有15次是邓稼先亲自指挥的,百分之百获得成功。由于他的杰出贡献,他获得了1982年的全国自然科学奖一等奖,1986年的两项国家科学技术进步奖特等奖,1987、1989年的两项国家科学技术进步奖特等奖。1984年他被评为国家级有突出贡献的中青年专家,1986年7月被授予全国劳动模范称号,荣获国家"七五"期间第一枚全国劳动模范奖章。

美籍华裔理论物理学家——李政道

李政道(1926年11月25日~),美籍华裔理论物理学家。

李政道,1926年生于上海,1943年考入浙江大学工学院,不久转入理学院物理系。1945年,李政道辗转至西南联大物理系,插入大学二年级试读,师从吴大猷教授学习量子力学。1946年,他赴美留学,入芝加哥大学物理系,1950年获博士学位,后在普林斯顿高级研究院工作。1953年到哥伦比亚大学物理系任职至今。1955年,李政道任副教授,1956年任教授。1960~1963年受聘任普林斯顿高级研究院教授和哥伦比亚大学教授。1963年任哥伦比亚大学物理学讲座教授,1964年任该校费米物理学讲座教授,1983年任全校讲座教授。

在多年的科学研究生涯中,李政道始终认为物理是他的生活方式,认为以有限的人类智慧去认识无限的宇宙奥秘是一个永不终止的过程。他的工作表现出创造性、多面性和独特性的风格,他犀利的物理直觉和高超的解答难题的能力为物理学的发展做出了持久而明确的贡献。

李政道的研究领域广阔,涉及高能物理、粒子物理、天体物理、流体力学、统计物理、凝聚体物理和广义相对论等。他对近代物理学的杰出贡献是1956年和杨振宁合作,发现违反宇称守恒定律的现象,共同提出"弱相互作用下宇称不守恒"假设,从而对粒子物理学理论做出重大改进。1957年吴健雄小组的实验证实了他们的理论假设。因此,李政道和杨振宁共同获得1957年诺贝尔物理学奖。他们是获得这个奖项的第一批中国科学家,他们的发现被誉为"战后以来最激动人心的发现"。一项科学工作在发表的第二年就获得诺贝尔奖,这还是第一次。

李政道在其他方面的重要工作还有:1949年同罗森布卢斯及杨振宁合作,提出普适费米弱作用和中间玻色子的存在。1951年提出水力学中二维空间没有湍流。1952年同D·派尼斯合作研究固体物理中极化子的构造,同杨振宁合作提出统计物理中关于项变的杨振宁-李政道定理和李-杨单圆定理。1954年发表了量子场论中著名的"李模型"理论。1957年同奥赫梅和杨振宁合作,提出CP不守恒和时间不反演的可能性,同年同杨振宁合作提出二分量中微子理论。1959年同杨振宁合作,研究硬球玻色气体的分子运动论,对研究氦 II 的超流动性做出了贡献。同年又合作分析高能中微子的作用,确定了以后 20 多年理论研究和实验工作的方向。1962 年同杨振宁合作研究带电矢量介子电磁相互作用的不可重正化性。1964 年和 M. Nauenberg 对零质量粒子理论中的发散做了进一步分析,并引入一套系统的解决办法。有关结论被称为 KLN 定理。这是目前强相互作用实验中不可缺少的定理,也是用高能喷注发现夸克和胶子的理论基础。20 世纪 60 年代后期提出场代数理论。1969~1971 年和威克合作提出一个解决量子场论中紫外发散的方法—在希尔伯特空间引入不定度规。70 年代初期,研究 CP 自发破缺问题,又发现和研究了非拓扑性孤立子,建立了强子结构的孤立子袋模型理论,并就色禁闭现象提出真空的"色介常数"的概念。1974 年开创了相对论重离子碰撞研究领域。1978 年和 R. Friedberg 及 A. Sirlin 找到一批场论中的经典解及其量子化解,李称之为非拓扑孤子,建立了场论的一个新领域。接着和 R. Friedberg 用这种解建立了强子模型。1982 年为解决格点规范中的费米子谱倍增和平移、转动对称性破坏两大问题,和 N. H. Chirst 及 R. Friedberg 提出随机格点理论。1986 年创立孤子星研究领域。同年同 R. Friedberg 一起提出结合了玻色—爱因斯坦凝聚和 BCS 理论的波色子－费米超导模型,并和 Friedberg 及任海沧一起预言了实验观测。1986 年后的 10 年里,他的研究课题为孤子星、黑洞、凝聚体物理、多体物理、相对论重离子碰撞、粒子物理和场论等问题,1996 年前后还研究过量子色动力学真空和夸克禁闭的关系。

　　李政道对祖国怀有深厚的感情,十分关心祖国物理学的发展和科技教育事业的发展,并为之殚精竭虑,呕心沥血,做了大量卓有成效的工作。1972 年后多次回国访问讲学。1979 年李政道和 Panofsky 一起组织了第一次中美高能物理会谈,此后两国正式成立了中美高能物理合作项目。通过这个渠道,在李政道的精心安排下,美国高能物理实验室内的科学家为北京正负电子对撞机的设计和建造提供了大量技术支持。1981 年李政道向中国政府提议在北京建造区能为 3－6 吉电子伏的正负电子对撞机,并力主整个加速器和探测器都在中国制造。1984 年动工,1988 年建成并一次对撞成功。现在,这是这一区能最先进的实验装置。1992 年机上有关 τ 轻子质量的精确测量,被称为当年国际粒子物理实验中最重要的结果。1979 年他亲自设计了中美联合招考物理研究生项目,从 1979～1989 年为中国培养了 915 名世界一流的学术精英。项目实施的 10 年期间无作弊、无腐败现象。 1985～1986 年李政道建议和帮助中国建立了博士后制度,设立了自然科学基金,并首次将同行评审引入科研经费分配。1986 年他创办中国高等科学技术中心和北京现代物理学研究中心。此外,还受聘为清华、北大等 6 所中国大学的名誉教授。

据不完全统计,李政道的著述有:《场论与粒子物理学》(上册,1980 年;下册,1982 年)、《统计力学》(1984 年)、《李政道文集》(1986 年)、《对称、不对称和粒子世界》(1991 年)、《粒子物理和场论》(1996 年)、《对称与不对称》(2000 年)和《物理的挑战》(2002 年)等,其中《李政道文集》第 1～3 卷收入了 1986 年前近 200 篇论文,第 4 卷将收入此后 10 年的 70 多篇论文。

中国理论物理、粒子物理学家——周光召

周光召(1929 年 5 月 12 日～),中国理论物理、粒子物理学家。

周光召,1929 年生于湖南长沙。1951 年毕业于清华大学物理系,1954 年毕业于北京大学研究生院,同年 8 月任北京大学物理系讲师。1957 年,周光召被选派赴前苏联莫斯科杜布纳联合原子核研究所从事高能物理研究,1961 年归国,任第二机械工业部第九研究院理论部第一副主任,进行有关核应用的理论研究。1979 年起,周光召先后任九院理论研究所副所长、所长,第二机械工业部九局总工程师,中国科学院理论物理研究所研究员。1980 年 9 月应邀赴美,任弗吉尼亚大学和加州大学客座教授。同年他当选为中国科学院学部委员。1981 年 9 月赴西欧原子核研究中心任研究员,是该中心 20 世纪 60 年代就已邀请的第一位中国物理学家。1982 年回国,先后任中国科学院理论物理研究所副所长、所长。1984 年任中国科学院副院长。1985 年底,兼任清华大学理学院院长。1987 年任中国科学院院长、党组书记。1988 年兼任国务院学位委员会副主任委员。1992 年,当选为中国科学院学部委员会执行主席。

周光召在学生时代就养成独立思考和踏实进取的精神,他主要从事高能物理、核武器理论等方面的研究并取得了突出成就,在理论物理的各主要领域都有杰出的创造性成果,在国际物理学界享有盛誉。他在中国第一颗

原子弹、第一颗氢弹和战略核武器的研究设计方面做了大量重要的工作,获得国家自然科学一等奖和党中央、中央军委、国务院颁发的"两弹一星功勋奖章",为中国物理学研究、国防科技和科学事业的发展做出了突出的贡献。他严格证明了CP破坏的一个重要定理,并于1960年简明地推导出赝矢量流部分守恒定理(PCAC),成为国际公认的PCAC的奠基者之一。1980年当选为中国科学院院士。他还在多年的时间里兼任太平洋科学协会主席与理事会主席,联合国教科文组织顾问等多项重要职务。

周光召在任中国科学院院长期间,表现出了杰出的管理才能,他奉行开拓精神,促进民主气氛,为中国科学院形成浓厚的学术气氛,促进科学研究和人才培养,做出了贡献。在科研与生产结合、科研成果转化为生产力、科研与教学的结合和培养人才等方面上做出了突出成绩。近年来,周光召就国家科技创新体系、中国科学技术的发展趋势与战略、重大科技创新产业的外部条件、现代科学技术发展的历史启迪等重大问题提出了独特的见解。周光召十分重视青年人才的培养,在身兼数职的情况下,仍抽出时间辅导研究生,指导他们的读书和研究。每次到基层,他都非常重视与青年人的座谈,关心他们的成长。

1993年周光召院士被意大利政府授予"意大利共和国爵士勋章";1994年被求是科技基金会授予"中国杰出科学家"称号;1996年,经国际小行星命名委员会审议通过,将国际编号为3462号的小行星命名为"周光召星";被美国纽约市立大学、加拿大麦吉尔大学、香港大学等六所世界知名大学授予荣誉博士。周光召目前是美国科学院、俄罗斯科学院、欧洲科学院、第三世界科学院等11个国家和地区的科学院院士,是目前我国担任外籍院士最多的科学家,蜚声中外。

杂交水稻之父——袁隆平

袁隆平(1930年~),江西德安人,中国工程院院士。1953年8月毕业后分配到湖南省安江农校任教,在长期的教学生涯中,袁隆平一面教学,一面从事生产实践、选择课题进行科学研究,开始走上了作物育种之路。

1960年7月,袁隆平在早稻常规品种试验田里,发现了一株与众不同的水稻植株。第二年春天,他把这株变异株的种子播到试验田里,结果证明了上年发现的那个"鹤立鸡群"的稻株,是地地道道的"天然杂交稻"。他想:既然自然界客观存在着"天然杂交稻",只要我们能探索其中的规律与奥秘,就一定可以按照我们的要求,培育出人工杂交稻来,从而利用其杂交优势,提高水稻的产量。这样,袁隆平从实践及推理中突破了水稻为自花传粉植物而无杂种优势的传统观念的束缚。于是,袁隆平立即把精力转到培育人工杂交水稻这一崭新课题上来。在1964年到1965年两年的水稻开花季节里,他和助手们每天头顶烈日,脚踩烂泥,低头弯腰,终于在稻田里找到了6株天然雄性不育的植株。经过两个春秋的观察试验,袁隆平对水稻雄性不育材料有了较丰富的认识。他根据所积累的科学数据,撰写成了论文《水稻的雄性不孕性》,发表在《科学通报》上。这是国内第一次论述水稻雄性不育性的论文,不仅详尽叙述水稻雄性不育株的特点,并就当时发现的材料区分为无花粉、花粉败育和部分雄性不育三种类型。从1964年发现"天然雄性不育株"算起,袁隆平和助手们整整花了6年时间,先后用1 000多个品种,做了3 000多个杂交组合,仍然没有培育出完全的不育系来。袁隆平总结了6年来的经验教训,并根据自己观察到的不育现象,认识到必须跳出栽培稻的小圈子,重新选用亲本材料,提出利用"远缘的野生稻与栽培稻杂交"的新设想。在这一思想指导下,袁隆平于1973年10月,发表了题为《利用野败选育三系的进展》的论文,正式宣告我国籼型杂交水稻"三系"配套成功。这是我国水稻育种的一个重大突破。

袁隆平并不满足,他认为杂交水稻每进入一个新阶段都是一次新突破,都将把水稻产量推向一个更高的水平。1995年8月,袁隆平郑重宣布:我国历经9年的两系法杂交水稻研究已取得突破性进展,可以在生产上大面积推广。正如袁隆平在育种战略上所设想的,两系法杂交水稻确实表现出更好的增产效果,普遍比同期的三系杂交稻每公顷增产750～1 500千克,且米质有了较大的提高。1998年8月,袁隆平又向新的制高点发起冲击。他向朱总理提出选育超级杂交水稻的研究课题。朱总理闻讯后非常高兴,当即划拨1 000万元予以支持。袁隆平为此深受鼓舞。经过近一年的艰苦努力,超级杂交稻在小面积试种获得成功,亩产达到800千克,并在西南农业大学等地引种成功。目前,超级杂交稻正走向大面积试种推广中。

袁隆平认为科学研究最基本的特色,就是要创新,要不断地创新,不断

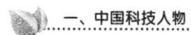

向新的领域,新的高峰攀登,这才是科学研究的本色。袁隆平院士热爱祖国,品德高尚。他的成就和贡献,在国内外产生了强烈反响。杂交水稻的研究成果获得我国迄今为止唯一的发明特等奖,并先后荣获联合国教科文组织、粮农组织等多项国际奖励。袁隆平院士虽 70 多岁,但他仍然一如既往的活跃在科研与生产实践第一线,从不间断地进行着研究、试验与应用。

距离摘取数论皇冠明珠一步之遥者——陈景润

陈景润(1933 年 5 月 22 日~1996 年 3 月 19 日),中国数学家。

陈景润生于福建省福州市。他 1945 年进入福州市英华中学读书。1950 年考入厦门大学数学系,1957 年,由于他对塔利问题的一个结果做了改进,受到华罗庚的重视,被调到中国科学院数学研究所工作,先任实习研究员、助理研究员,再越级提升为研究员,并当选为中国科学院学部委员。

"攀登科学高峰,就像登山运动员攀登珠穆朗玛峰一样,要克服无数艰难险阻,懦夫和懒汉是不可能享受到胜利的喜悦和幸福的",陈景润是这样说的,也是这样实践的。首先他不是个懦夫,他敢于向科学权威和旧的理论体系挑战。1955 年,陈景润发现华罗庚的《堆垒素数论》一书中所述的"塔利问题"存在着错误,经过反复验算,陈景润确信自己的判断准确无误。他写了一篇论文,并附了一封信寄给华罗庚。信中说:"明星上落下的微尘,我愿帮您拭去。"此时,陈景润刚刚大学毕业,而华罗庚堪称数学权威。陈景润没有因为华罗庚是权威而放弃真理,他的大无畏精神令人钦佩!

同时,任何艰苦的条件都没能阻挡陈景润执著的步伐。哥德巴赫猜想[任意的大偶数恒可表述为两个素数之和即(1+1)]自 1742 年提出以来,至今没有得到完全证明,19 世纪许多国家的数学家虽做过无数次努力,但都未能获得有价值的进展,因而被称为数学皇冠上的明珠。陈景润在第一次接触到哥德巴赫猜想的时刻起,就下定决心要沿着长满荆棘的道路攀登去摘取这颗"数学皇冠上的明珠"。"文革"中,陈景润住在"只有六平方米大小还缺了一只角"的小小房间里,对筛选法进行了改进,完全靠纸、笔和头脑证明了(1+2),用去了整整 6 麻袋稿纸。与外国数学家在证明(1+3)时用了大型高速计算机相比,陈景润的伟大足以令人惊叹!

陈景润是世界著名解析数论学家之一。他在 20 世纪 50 年代即对高斯圆内格点问题、球内格点问题、塔利问题与华林问题的以往结果,做出了重要改进。20世纪60年代后,他又对筛选法及其有关重要问题,进行广泛深入的研究。1966年攻克了世界著名数学难题"哥德巴赫猜想"中的(1+2),证明了"每个大偶数都是一个素数及一个不超过两个素数的乘积之和",使他在哥德巴赫猜想的研究上居世界领先地位。陈景润共发表学术论文《大偶数表为一个素数及一个不超过二个素数的乘积之和》等70余篇,出版专著《初等数论》《组合数学》等。

陈景润创造了距摘取这颗数论皇冠上的明珠(1+1)只是一步之遥的辉煌,被外国数学家敬佩和感慨地赞誉:"他移动了群山!"

潘承洞与哥德巴赫猜想

潘承洞(1934年5月26日~1997年12月27日),中国数学家。

潘承洞生于江苏省苏州市。1952年考入北京大学数学力学系,毕业后留校工作。第二年,他考取了数学家闵嗣鹤的研究生。1961年分配至山东大学数学系任教,历任助教、讲师、教授、数学系主任、数学研究所所长、山东大学副校长,1986年起任校长。1991年,潘承洞当选为中国科学院院士。潘承洞还担任了一些社会工作,曾任山东省科协主席、中国数学会副理事长。

熟悉潘承洞的人都被他大数学家的风采所折服。首先他淡泊名利。他曾与陈景润合作一篇论文,发表时,陈景润要署上他的名字,但他几次打去电话,说自己只是与陈先生交流了一些看法,并无实质性的工作,不要署名。在他一再坚持下,陈景润无奈划去了他的名字,但在论文最后,陈景润感动地写到:本论文潘承洞先生亦有能力独立获得。而他的学生在国外数学界只要一提起潘承洞的名字,就会受到啧啧称赞,可见他成就巨大而胸怀坦荡,在数学界有很好口碑。

潘承洞对数学的执著与痴迷,是不顾一切的。上研究生时,潘承洞有缘参加了中科院数学所举办的哥德巴赫猜想讨论班,与陈景润、王元等一起交流、学习。不幸的是,1958年,陈景润受政治运动的影响,被调离原职,无法再进行正常的数学研究工作。中科院数学所数论组的其他人也都受到冲击,纷纷改行了。但是潘承洞仍然矢志不渝,为此,他被"流放"到山东大学。

潘承洞在证明了（1＋5）之后，数学家王元提出了质疑，他就反复与之解释。王元曾说"承洞总共给我写了六十几封信，而他给未婚妻淑英大概只写了两封信，可见其拼搏之激烈。"潘承洞的身体一直不是很好，但他无论是在"吃饱都是问题的年代"，还是在做手术住进医院的日子里，都放不下他热爱的数学，他把数学看得比生命还重。

潘承洞专长于解析数论的研究，尤以对哥德巴赫猜想的卓越研究成就为中外数学家所赞誉。他首先得出关于算术级数中最小素数的上界定量估计，先后证明了哥德巴赫猜想中的（1＋5）和（1＋4），又与王元等人合作，首先给出了"陈（景润）氏定理（1＋2）"的简化证明。潘承洞一生在国内外重要学术刊物发表论文《表大偶数为素数及一个素数因子不超过5个的数之和》《表大偶数为素数与一个不超过4个素数乘积之和》《（1＋2）的简化证明》《研究哥德巴赫猜想的一个新尝试》等50多篇，出版专著《解析数论基础》《哥德巴赫猜想》（与潘承彪合著）等。

潘承洞是中国数论派的代表之一。他两次使中国在哥德巴赫猜想这一著名世界难题研究中居于国际领先地位。

美籍华裔实验物理学家——丁肇中

丁肇中（1936年1月27日～），美籍华裔实验物理学家。

丁肇中祖籍山东日照。1936年生于美国密歇根州，3个月后随父母回中国。1956年丁肇中到美国密执安大学，在物理系和数学系学习，1960年获硕士学位，1962年获物理学博士学位。1963年到瑞士日内瓦欧洲核子研究中心（CERN）工作。1964年起在美国哥伦比亚大学工作。1965年成为纽约哥伦比亚大学讲师。1967年起任麻省理工学院物理学系教授。1994年获选为中国科学院第一届外籍院士。

丁肇中受家庭的影响，对学习一丝不苟，读书专心致志，遇到疑难问题便找遍书本，务必得到答案才肯罢休。他的课余时间大部分是在图书馆度过的。丁肇中勤奋刻苦，各门功课成绩优良，尤其突出的是数理化，这为他实现终身的奋斗目标打下了扎实的基础。在大学期间，丁肇中能打破书本的局限去理解物理现象。他认为作为一个科学家，最重要的是不断探寻教科书之外的事物。丁肇中在科学研究中非常重视实验，他根据近四分之一世纪以来物理学的历史和他亲身的经验指出，物理学是在实验与理论紧密相互作用的基础上发展起来的，理论进展的基础在于理论能够解释现有的实验事实，并且还能够预言可以由实验证实的新现象。

丁肇中的研究方向是高能实验粒子物理学，包括量子电动力学、电弱统一理论、量子色动力学等方面的研究。研究工作以实验粒子物理、量子电动力学及光与物质相互作用为中心。到目前为止，他的主要贡献有：发现丁粒子，于1976年获得诺贝尔物理学奖；发现反氘核；25年来进行了一系列检验量子电动力学的实验，表明电子、μ子和τ子是半径小于10^{-16}厘米的点粒子；精确研究矢量介子的实验；研究光生矢量介子，证实了光子与矢量介子的相似性；J粒子的发现；μ子对产生的研究；胶子喷注的发现；胶子物理的系统研究；μ子电荷不对称性的精确测量，首次表明标准电弱模型的正确性；在标准模型框架内，证实了宇宙中只存在三代中微子；领导"阿尔法磁谱仪"实验探索反物质。他的著作包括《Discovery of three-jet events and a test of quentun chromodymanamics》等，他也是《原子核物理B》《核仪器方法》和《数学模型》等科学期刊的编委。他曾获得过许多奖章，如1977年获美国工程科学学会的埃林金奖章，1988年获意大利陶尔米纳市的金豹优秀奖及意大利布雷西亚市的科学金奖章。

丁肇中热心培养中国高能物理学人才，他经常回国选拔年青科学工作者去他所领导的小组工作，并受聘为中国科学技术大学名誉教授，中国科学院高能物理研究所学术委员会委员。

由于丁肇中对物理学的贡献，他在1976年被授予诺贝尔物理奖，并被美国政府授予洛仑兹奖，1988年被意大利政府授予特卡斯佩里科学奖。他是美国国家科学院院士，美国文理科学院院士，前苏联科学院外籍院士，巴基斯坦科学院院士。他曾被密歇根大学（1978年）、香港中文大学（1987年）、意大利波洛格那大学（1988年）和哥伦比亚大学（1990年）授予名誉博士学位。他是中国上海交通大学和北京师范大学的名誉教授。

二、世界科技人物

数 学 家

毕达哥拉斯学派的开创者——毕达哥拉斯

毕达哥拉斯,Pythagoras(约前580～前500年),生于小亚细亚西岸的萨摩斯岛。数学家、哲学家、音乐理论家。

毕达哥拉斯,这位西方的巨人与中国的孔子属于同一时代。他早年曾游历埃及、巴比伦等地,学到了很多古代流传下来的数学、天文、哲学等知识,后又回到家乡萨摩斯岛。但为了摆脱当时执政者的残暴统治,毕达哥拉斯与母亲及一名信徒先于公元前520年左右移居西西里岛,最后又定居在意大利半岛南端的克罗托内。他在那儿讲学布道,听者云集。他漂亮的妻子雅娜,就曾经是他的一位热心听众。毕达哥拉斯广收门徒,最终创立了一个集宗教、政治与学术为一体的团体,后世称之为"毕达哥拉斯学派"。

人们在谈及毕达哥拉斯时,不能不将他与他的学派联系在一起。这个学派组织严密,在研究学术的同时,又具有很强的宗教和政治色彩。他曾经在大希腊赢得很高的声誉,兴盛繁荣达一个世纪之久。毕达哥拉斯学派非常重视对数学的研究。他们认为万物不仅包含数,而且本身即是数。他们把抽象意义上的数当作世界的本原,认为上帝是用数来统御宇宙的,所以研究数学可使人的灵魂升华,与上帝融为一体。这些都表明毕达哥拉斯学派对数学的研究,由于所处时代的局限,具有浓郁的宗教神秘色彩。同时,这也在一定程度上反映了早期数学发展的特征。

毕达哥拉斯学派注意到数与音乐和谐的关系,数与几何图形的关系,以及数与天体运行的关系。这样再加上纯粹的数的研究,他们将研习分为四大部分:数的绝对理论——算术;数的应用——音乐;静止的量——几何;运动的量——天文,合称"四艺"。这一称法一直在欧洲沿用到中世纪,后来又加上文法、修辞、逻辑,合称"七艺"。这与中国古代的"六艺"极为类似。

勾股定理在西方又被称为"毕达哥拉斯定理",传统的观念认为这一定理是由毕达哥拉斯首先发现的,但早在成书于中国周代的《周髀算经》里,就有关于这一定理的文字记载了。而现在更有充足的证据表明,早在公元前1 700多年前的古巴比伦人就已知道了这一定理。一块巴比伦泥板上还记载了 15 组符合这一定理的数字。虽然如此,也有可能是毕达哥拉斯独立发现了这一定理或者首次找到了证明的方法。

从很多科学家身上我们不难看到,他们在专注于自己科学领域里的研究时,往往对音乐、绘画等艺术门类有着极大的兴趣与独到的研究。艺术上的享受无疑在使他们休息的同时,也启发了他们科学创造上的灵感。毕达哥拉斯发现,取一根绷紧的弦可弹出一个音调,分别取原弦长的 1/2、2/3、3/4,那么这组弦一起弹奏时声音就会非常悦耳。他以这个简单的例子为基点,从数学上加以研究,并进而创造了一整套的音乐理论。

毕达哥拉斯一生对数学的研究成果很多,诸如完全数和亲和数、形数、正多面体等。近现代数学的特点之一是高度的抽象性。但人类最初认识的数却是实物的,人类意识中从实物的数到抽象的数,是一次巨大的飞跃,而这一飞跃首先要归功于毕达哥拉斯学派。这一学派继伊奥尼亚学派后在数学中进一步引入逻辑证明的方法,为数学的科学化发展起了巨大的推动作用。

几何学之父——欧几里得

欧几里得,Euclid(约前 330～前 275 年),雅典人,据传出生于麦加拉,古希腊数学家。

虽然欧几里得以他的《几何原本》著称于世,很少有人能像他那样声誉经久不衰,但他的生平后人却所知甚少。欧几里得曾入柏拉图学院学习数学、天文等知识,深知柏拉图的学说。他深感于古代希腊数学知识的渐渐淹沦,于是发奋研习数学,终于成为一位当时知名的大学者。公元前 300 年左

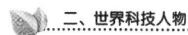

右,欧几里得受托勒密王的邀请,到达埃及的亚历山大,并长期在那里进行数学研究和讲学。

亚历山大当时是希腊文化的中心,汇集了大批的学者,而欧几里得无疑是最炫目的明星之一。他不仅以渊博的学识为人景仰,他的踏实而严谨的治学态度与高尚的人格也同样令人折服。当时的托勒密王曾经问欧几里得学习几何有无捷径,欧几里得做了一个颇富哲理的回答:"几何无王者之道。"这句话在西方逐渐演变成"学无坦途",成为千古流传的箴言。作为一名教育家,欧几里得又总是诲人不倦,对有志于数学的人循循善诱。同时他也反对不肯刻苦钻研,只想投机取巧、急于近功的学风,反对狭隘的实用主义。曾经有一个学生开始学了第一个几何命题,就问学了几何后能得到些什么。欧几里得说:"给他三个钱币(让他走吧),因为他只想在学习中获取实利。"此外,欧几里得接物处世时谦逊的态度,以及尊重先贤劳动成果的诚实,都深受希腊学者赞誉。

欧几里得对后世的影响,主要是他的鸿著《几何原本》。《几何原本》的出现是建立在对希腊先前数学家的工作继承上的。他对数学的最大贡献是开始了命题的严密证明,为建立几何的演绎体系迈出了可贵的第一步。在他之前也有几位数学家也尝试过这项工作,但无一经得住历史的风霜,唯有欧几里得的《几何原本》历尽沧桑,流传千代。

《几何原本》因流传久远,也出现过很多不同的版本,重要的有赛翁的修订本、希腊文本、拉丁文本、阿拉伯文本等,现在最流行的英译本是 T. L. 希思译著的《欧几里得几何原本13卷》。从13世纪中叶到19世纪末,《几何原本》仅以阿拉伯文就印刷1 000版以上,从来没有一本科学书能像《几何原本》这样广为学子传诵学习。他的流传之广,影响之大,仅次于《圣经》。《几何原本》不但在西方广为流传,早在明朝时期它便被意大利传教士利马窦介绍到中国,并对我国数学的发展产生了一定的影响。

《几何原本》中涵盖的几何学知识非常广泛,书中界定了点线面等的基本概念,给出了关于三角形、垂直、平行、面积以及立体几何等的许多命题,并一一给以证明。同时《几何原本》也涉及了很多代数学内容,阐述了比例论、数论、无理量、极限等问题。

《几何原本》是一部划时代的巨著,它是对当时数学成果的系统总结与进一步发展,其伟大的历史意义就在于它是用公理方法建立起演绎体系的最早典范,是西方数学发展的基础,对整个数学的发展产生了深远的影响。欧几里得也因其对几何学的贡献,被后世尊称为"几何学之父"。

解析几何的创始人——笛卡尔

笛卡尔,René Descartes(公元1596～1650年),法国数学家,物理学家,自然哲学家。

笛卡尔的故乡在图赖纳地区的拉艾镇,他出身于社会上层。他的父亲是布列塔尼省地方上的一位议员,母亲也身系名门。笛卡尔从小过着优裕的生活,但身体却非常病弱。少年的笛卡尔总是对周围的一切充满好奇心,因此被他的父亲称为"小哲学家"。笛卡尔8岁时,到一所在欧洲颇负盛名的耶稣会学校读书。笛卡尔在学习中逐渐发现,书本上的知识有许多都是模棱两可、含糊不清的,甚至多有纰误。在学业结束时,笛卡尔便暗下决心,以后不再迷信于书本和过去的知识,而要通过对自身的认知、对世界的探索,来获取真知。

中学毕业后进入大学,1616年,笛卡尔获普瓦捷大学的法律学位。当时欧洲历史上爆发了大规模的国际战争,笛卡尔也自1618～1628年。度过了长达10年的漫游和军旅生活。他多次从军,想以此来弥补学校教育的不足。笛卡尔从来没有停止思考过,许多后来发表的成果,在这段时间内就已具雏形。在思考哲学与方法论等问题的同时,笛卡尔也逐渐认识到自己在数学与物理学研究上的天分。1628年,为了能够远离世嚣,潜心研究,笛卡尔移居荷兰,开始了长达20年的隐居生活。在此期间,笛卡尔取得了斐然的成就。

笛卡尔是一位善思的智者,他的一生总是在不停地思考,再思考。他想从根本上打破旧的经院哲学的全部内容,建立起一种全新的科学体系。他在从哲学到自然科学的诸多领域里广泛地进行思考与研究,并最终取得了极大的成功。他不仅成为一名哲学家,同时也成为数学家、物理学家和生理学家。其实,不管是人文哲学还是自然科学,都包含了对宇宙的探求,对世界本质的探索,因此二者在这一层面上而言是共通的。

笛卡尔的治学精神,在他的著作中也很好地体现了出来。他在1637年发表的《方法论》，是他长时间思考与研究成果的结晶。书中，笛卡尔为了从根本上给科学研究奠定牢固的基础，提出了一种批判的怀疑方法，即用批判的、怀疑的态度去真正地认识问题、解决问题，而不是一味地盲从于教会经院中的科学。笛卡尔还强调了就如同数学中的推理演绎一样的理性思维的重要性，理性判断成为认知体系的最高准则。实验方法也在笛卡尔的认知体系中占有重要地位。

笛卡尔在数学上的成就，主要是解析几何学的创立。笛卡尔将逻辑、几何、代数进行统一，将代数方法应用于分析和解决几何问题，用代数方程研究曲线，从而开创了解析几何学。笛卡尔对光学、力学及生理学的发展也做出了突出的贡献。

笛卡尔的著作主要有：《方法论》《几何学》《论光》等。他一生注重对普遍的认知方法的研究，着力于构建一个全新的知识体系，他是欧洲近代哲学的主要开拓者之一，被称为"近代哲学之父"。他所创立的解析几何学，在科学发展史上具有划时代的意义。为后来牛顿、莱布尼茨等的新研究开拓了道路。

数学王子——高斯

高斯，Carl Friedrich Gauss（1777年4月30日～1855年2月23日），德国数学家、天文学家、物理学家。

高斯生于德国布伦瑞克一个普通的工人家庭。据说他在3岁时就发现过父亲算账时的计算错误。高斯上小学时，一次课上不假思索就算出了从1加到100的和，令他的老师惊诧不已。1792年，高斯在费迪南德公爵的资助下，入卡洛林学院学习，在校3年，取得了一系列重要的数学发现。1796年，已就读于哥廷根大学的高斯证明了正十七边形可用尺规进行作图，从此之后盛名之下的高斯便走上了科学之路。1799年，高斯获海尔姆斯台特大学的博士学位。自1796～1801年，这是高斯数学创造最旺盛的时间。此后他的研究方向逐渐转向天文学、测地学及物理学。1807年，高斯出任哥廷根天文台台长，他全家迁往哥廷根。1818～1825年，高斯受命对丹麦全境和当时哥廷根所在的汉诺威公国进行了大地测量。1828年，高斯在物理学家韦伯的协助下，开始投入到物理学领域的研究。晚年的高斯对生活与科研都看得比较平淡,于 1855 年在哥廷根大学平静地去世。

高斯是一位伟大的数学家。早在卡洛林学院时,他一生研究精神的一个重要方面便已形成,那就是通过不停地观察和大量地实例剖析,从经验性质的研究中获取灵感,并大胆猜想进而取得新的发现。高斯总是全身心地投入到学习和思考当中,并根据观察对许多问题提出假想,然后通过逻辑推理寻求证明。这种学术研究的方法,使他一生取得的了许多创新性的发现。单从 1796～1801 年,高斯提出的假设、猜想、定理与概念等就有 150 条之多。高斯学术精神的另一个特征是极为强调严密的逻辑推理,这也是他区别于 18 世纪大部分数学家的主要特征。高斯强调数学作为一门严谨的科学,必须要追求明确的定义、清楚的假设、严谨的证明以及学科知识的系统化。他倡导了延续至今近 200 年的现代数学传统,他的这种精神在《算术研究》中得到很好的体现。《算术研究》是高斯最具代表性的著作,它把过去一直是零星的数论研究织成一张自成体系的网,被誉为现代数学史上第一部结构严谨的数论巨著。

高斯一生取得的成就非常广泛,他在数学领域除了对数论的创造性贡献外,还实现了非欧几何和内蕴微分几何这两项伟大的几何创造。他在天文学中用最小二乘法计算行星轨道,在测地学中首次对保形映射理论做了一般性描述并给出了实例,他还在磁学中确立了度量磁场强度的标准,并进一步定义了磁位势。1833 年,他与韦伯合作,发明了电磁电报。

高斯被后人誉为"数学王子"。他是数学史上一个转折时期的最杰出的代表人物。高斯所取得的许多成果,都具有划时代的意义。

数学分析的开拓者——柯西

柯西,Augustin-Louis Cauchy(1789～1857 年),法国数学家、物理学家。

柯西在小时候,父亲弗朗索瓦就对他进行了诗歌、历史、拉丁文和古希腊文等的启蒙教育。大数学家拉格朗日,对这位天才少年极为器重。1805 年秋,柯西考入著名的综合工科学校。1807 年,他又以第一名的成绩被道路桥梁工程学校录取。1812 年,柯西向巴黎科学院递交了关于对称函数的论文,从此他便开始了自己的科学生涯。1816 年,复辟的波旁王朝任命柯西为巴黎科学院院士,之后又任命他为综合工科学校教授,讲授数学分析。1830

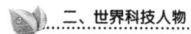

年,法国七月革命推翻了波旁王朝的统治,作为保王党人,柯西拒绝向新国王宣誓效忠,并最终离开了法国。他先后到达当时的瑞士弗里堡、意大利都灵及捷克的布拉格等地。1838年,柯西在家人朋友的劝说下返回巴黎,并重新活跃于巴黎科学院。1849年,柯西被任命为巴黎理学院的天文学教授,并在那里度过了晚年。

柯西工作勤奋而态度严谨。他一生对数学的研究极为广泛,几乎涉及了所有的数学分支。他一生著述极丰,发表论文在800篇以上,是一位仅次于欧拉的多产数学家。柯西学术成果的取得,与其长期孜孜不倦的研究是分不开的。

18世纪,数学的主流是随着微积分而发展起来的数学分析,但由于当时一些基本的概念含糊,缺乏统一的定义。再加上推理缺乏严密性,导致分析学产生许多悖论。正是基于此,柯西怀着严谨的明确目标,以前人的工作为基点,于1821～1829年先后出版了《分析教程》《微积分概要》《微积分在几何学中的应用教程》《微分学教程》四书,使微积分构成了由定义、定理及其证明和有关的各种应用组成的统一有机整体。柯西首次成功地为微积分奠定了比较严格的基础,从而为数学分析建立了一个基本严谨的完整体系。柯西的分析教程成为严格分析诞生的起点,为以后数学分析朝着严密化方向的发展产生了巨大的影响。阿贝尔在1826年曾评价说:"柯西的书应当为每一个在数学研究中热爱严谨性的分析学家研读。"

柯西不仅是数学分析严格化的开拓者,也为复变函数论这一独立数学分支做了奠基性的工作。柯西还是弹性力学理论基础的建立者,这使他成为19世纪继拉普拉斯之后法国数学物理学派最杰出的代表。此外,柯西在群论、数论、解析几何及误差论等领域也取得了重大的成就。1882年起,巴黎科学院开始出版了《柯西全集》,集中收集了他的科研成果。

需要一提的是,柯西在为人处世上过于孤介,在培养后起之秀上也失于冷淡,这受到别人的批评。虽然如此,他仍不失为一位贡献卓著的数学家。

非欧几何的创始人之一——罗巴切夫斯基

尼古拉·伊万诺维奇·罗巴切夫斯基,Н. и. Лобачевский,НиколайИванович(1792年12月1日～1856年2月14日),俄国数学家。

罗巴切夫斯基出生在俄国下诺夫哥罗德（今高尔基城）的一个土地测量员的家庭。父亲伊万·马克西莫维奇是一个天主教徒，从外埠移居到下诺夫哥罗德，在当地的奉献节教堂供职。母亲普拉斯科维亚·亚历山德罗娃是一位顽强而开明的妇女，在丈夫去世后，竭尽全力维持家计，并送三个儿子到喀山中学寄读。

罗巴切夫斯基在读中学期间得到数学教师 T·N·卡尔塔舍夫斯基的特别指导，激发了他对数学的兴趣。1807 年春他进入喀山大学就读，对数学的兴趣依然没有减退，并且在数学方面表现出特殊的才能。在喀山大学的一些著名教授特别是数学教授 J·M·Ch·巴特尔斯和天文学教授 N·A·利特罗夫的指导下，罗巴切夫斯基系统地研读了一些数学家的原著，对他后来在数学上取得巨大成就产生了重要影响。1811 年罗巴切夫斯基顺利结束大学生活，获得物理数学硕士学位，并留校工作，经过短短的 8 年时间，由教授助理升为喀山大学的常任教授。并从 1818 年起开始担任学校的多种行政职务，因工作成绩卓著，在 1827 年被大学校委会选举担任喀山大学校长。在罗巴切夫斯基担任大学校长期间（1827～1846 年），不仅显示出他卓越的行政管理才能，而且表现了他所独具的教育家的才干。在他的领导下，喀山大学建造了许多基础设施，如教学楼、图书馆、天文台等，充实了图书馆的藏书；他还专门研究并撰写有关教学法的著作，对学校的教学工作给予极大的支持和影响。罗巴切夫斯基的这些工作，使他成为喀山大学全体师生思想上的鼓舞者，从而奠定了喀山大学兴盛和发达的基础，数年之后喀山大学成为俄国的第一流学府。

当然，罗巴切夫斯基一生最重要的贡献就是创立了一种新的几何体系——非欧几何学，现在通称为罗巴切夫斯基几何学。非欧几何是人类认识史上一个富有创造性的伟大成果。它的创立，不仅带来了近百年来数学的巨大进步，而且对现代物理学、天文学以及人类时空观念的变革都产生了深远的影响。

罗巴切夫斯基创立非欧几何，是在尝试解决欧氏第五公设问题的过程中，从失败中找到启迪，从而走上创新之路的。欧氏第五公设问题是数学史上最古老的著名难题之一。公元前 3 世纪，希腊的欧几里得发表了数学发展史上具有极其深远影响的数学巨著《几何原本》，给出了五个公理（适用于所有科学)和五个公设(只应用于几何学),作为逻辑推演的前提。历代数学家都对其中第五个公设(即平行公理)提出了质疑,而欧几里得自己也没有对此给出令人满意的证明。一直到19世纪初,历代数学家投入了无尽的精力,尝试用各种方法来证明,但是都遭到了失败。罗巴切夫斯基从1815年开始着手研究平行线理论。最初他也是循着前人的思路,试图给出第五公设的证明,但很快他便意识到自己的证明是错误的。前人和自己的失败从反面启迪了他,使他调转思路,创造性地运用了处理复杂数学问题常用的一种逻辑方法——反证法,着手寻求第五公设不可证的解答。

这种反证法的基本思想是:首先对第五公设加以否定,然后用这个否定命题和其他公理公设组成新的公理系统,由此展开逻辑推演。假设第五公设是可证的,即第五公设可由其他公理公设推演出来,那么,在新公理系统的推演过程中一定能出现逻辑矛盾,至少第五公设和它的否定命题就是一对逻辑矛盾;反之,如果推演不出矛盾,就反驳了"第五公设可证"这一假设,从而也就间接证得"第五公设不可证"。依照这个逻辑思路,罗巴切夫斯基确立了平行公设不依赖于欧几里得其他公设的信念。他提出了与欧几里得平行公设对立的平行公设,并由此经过严密的推导得到一系列命题,构成了逻辑上无矛盾且与绝对几何学不相冲突,但又和欧几里得几何不同的新几何体系。他慎重地称这种新的体系为"虚几何学"。

1826年2月23日,罗巴切夫斯基在喀山大学物理数学系的学术会议上宣读了他的第一篇关于非欧几何的论文《几何学原理及平行线定理严格证明的摘要》。这篇首创性论文的问世,被后人公认为是非欧几何诞生的标志。然而,这一重大成果却不断遭到权威的冷漠、讥讽与匿名者的攻击、反对。但罗巴切夫斯基并没有因此灰心丧气,而是顽强地继续独自探索新几何的奥秘,先后发表了《几何学原理》《平行线理论的几何研究》等数篇论文,系统地论述非欧几何学的原理及应用。

罗巴切夫斯基为非欧几何的发展奋斗了30多年。除了用俄文外,他还用法文、德文发表了自己的著作,同时发展了非欧几何的解析和微分部分,使之成为一个完整的、有系统的理论体系。即使在身患重病、卧床不起的困境下,他也没停止对非欧几何的研究。在他双目失明的情况下,口述完成了他的最后一部巨著《论几何学》。

历史是最公允的。1868年,意大利数学家贝特拉米发表了《非欧几何解释的尝试》,证明了非欧几何可以在欧几里得空间的曲面(例如拟球曲面)上实现。至此,罗巴切夫斯基独创的、长期无人问津的非欧几何。在他去世12年之后才开始获得学术界的普遍注意和深入研究,罗巴切夫斯基也因此得到学术界的高度评价,被人们赞誉为"几何学中的哥白尼"。1893年,在喀山大学树立起世界上第一个数学家的塑像,这位数学家就是俄国的伟大学者、非欧几何的创始人之一罗巴切夫斯基。

群论的创立者——伽罗瓦

伽罗瓦,Galois,Evariste(1811年10月25日～1832年5月31日),法国数学家。

伽罗瓦出生于巴黎近郊,家境较富裕。父亲是当地的一位镇长,为人正直和蔼,是法国资产阶级革命的支持者。母亲是当地一位法官的女儿,受过良好的教育,但个性很强,甚至有些古怪。伽罗瓦从小就在母亲的教育和指导下学习希腊语和拉丁语,受到了良好的启蒙教育,同时也继承了母亲对传统宗教的怀疑态度。伽罗瓦从小就有强烈的好奇心和求知欲。1823年10月,12岁的伽罗瓦进入当地著名的路易·勒格兰皇家中学学习,把兴趣转向了数学方面,并迅速学完了通常的数学课程。但当时他并不为师生所注目,甚至被说成是笨蛋。一开始伽罗瓦就对只注重形式和技巧问题而不谈推理方法的教科书感到厌倦,于是15岁的伽罗瓦毅然抛开教科书,直接向数学大师们的专著求教,他大胆地自学了数学大师勒让德、拉格朗日、欧拉、高斯和柯西等人的经典著作和论文,为自己打下了坚实的数学基础,这也是伽罗瓦取得成功的重要途径。同时他也被深深地吸引到了美妙的数学宫殿中,感受到了数学思维的内在的美。这些数学大师们的著作使他感到充实,感到自信,他认为自己能做到的,决不会比他们少。1828年,伽罗瓦才17岁,这也是他关键的一年。他遇到了一位博学多才且具有高度责任感的数学教师里查德。里查德很快发现了伽罗瓦的数学才能,认为他只适宜在数学的尖端领域中工作,事实证明他是对的。在里查德的指导下,伽罗瓦开始着手研究关于方程理论、整数理论和椭圆理论的最新著作,并于1829年3月发表了他的第一篇论文《循环连分数理论的一个证明》。在以后的两年内他不断进行代数理论的研究,并得出了许多后来被称为"伽罗瓦理论"的重要结论。其间,伽罗瓦两次报考当时法国的名牌大学巴黎综合工科学校,均遭失败。1829年他才进入巴黎高等师范学院学习,后因参加政治斗争,公开反对国王制度等原因被学校除名,并因参加革命斗争两次被捕入狱,直到1832年4月最后出狱。出狱后不久,伽罗瓦就因政治和爱情的原因,于1832年5月在一次决斗中被打死,年仅21岁。

伽罗瓦是一位天才的青年数学家,他最大的成就是提出了群的概念,用群论思想彻底解决了数百年间悬而未决的代数方程的可解性问题。对于这个问题,在1770年前后,拉格朗日详细分析了二次、三次、四次方程的根式解法,提出了方程根的排列置换理论,但他的方法对于五次以上的高次方程却无能为力。P.鲁菲尼于1799年曾试图证明用根式解决高于四次的一般方程的不可解问题,但他的证明并不完善。1824年阿贝尔修正了鲁菲尼证明中的缺陷,但他也只是证明了不能用根式解决高于四次的一般方程的问题,并没有对如何求解做出分析。伽罗瓦深入研究了方程根的排列置换的性质,提出用群论的方法解决代数方程的可解性问题,这是一种不同于低于五次的方程的根的解法。这是一项伟大的发现,但由于当时人们认识上的不足,伽罗瓦生前并未获得应有的荣誉。他投入到巴黎科学院的论文曾三次被遗失,直到他去世14年后的1846年,刘维尔编辑出版了他的部分文章,伽罗瓦的理论才逐渐地被人们所认识和理解。1870年若尔当出版的《置换和代数方程专论》,全面介绍了伽罗瓦的理论,从此伽罗瓦和他的群论思想才真正被人们重视并进一步研究和发展。

可以说伽罗瓦提出的被后人称为"伽罗瓦域"、"伽罗瓦群"、"伽罗瓦理论"都成为近世代数研究的重要课题,并由此导致了抽象代数学的兴起。而且伽罗瓦理论也是其他数学分支和近代物理、理论化学等科学上广泛应用的数学工具。这种理论,甚至对于20世纪的结构主义哲学的产生和发展,都发生了巨大影响。由此,伽罗瓦被公认为19世纪最杰出的数学家之一。

伽罗瓦不仅是一个天才的青年数学家,也是一位坚定的革命者。他不是一位独自在书房里钻研的学者,一开始他就以战士的姿态积极投身于争取社会进步和人民福利的革命斗争中,并视死如归,坚强不屈,令人肃然起敬。他是个勇敢追求真理的科学家和战士。在他两次被捕入狱期间,身体受到了严重摧残。但他在狱中仍坚持写作,准备获释后发表。他是一个把科学理想和社会理想结合起来,不论在数学王国还是在现实斗争中始终面向未来的不屈斗士。

集合论的创立者——康托尔

康托尔,Georg Cantor,(1845年3月3日～1918年1月6日),德国数学家。

康托尔的父亲是一位商人,母亲出身于音乐世家。1856年康托尔全家从圣彼得堡迁至德国威斯巴登。他先在当地一所学校读书,后又转至阿姆斯特丹读六年制中学。1863年,康托尔的父亲突然病逝,之后他开始就读于柏林大学。在那里,他从克罗内克、魏尔斯特拉斯、库默尔等几位数学教授身上学到了丰富的数学知识,从此他便选择数学研究作为职业。1866年,康托尔获得了博士学位,1869年,他开始执教于哈雷大学。1870年开始任教授,直至去世。在此期间,1891年时在康托尔的倡导下,德国数学家联合会成立,他成为第一任主席。1897年,他还筹办了在苏黎世召开的第一届国际数学家大会。

康托尔从最初选择以数学为职业时,就下定了为数学而献身的信念。这是他在数学研究中不断创新与进取的原动力。康托尔对数学的贡献不是在于一直解决问题,而在于提出问题的特殊方法,也正基于此,康托尔开辟了大量的研究领域。康托尔一生中最大的成就是创立了超穷集合论,这震惊了整个数学界。他所从事的关于连续性和无穷的研究,从根本上打破了以往数学中关于无穷的使用和解释的传统,因此招致了许多数学家、哲学家乃至神学家的激烈批评甚至严厉谴责。但是,康托尔坚信自己的理论是正确的,他为了回应这些人的抨击,做了大量更加深入的研究工作,对它的理论做出进一步的阐释,并对批评者各种不同意见的根源进行分析。正是康托尔始终坚持真理的信念,使他取得了最终的成功,他工作的价值后来获得了充分的肯定。

康托尔为了坚持真理,付出的代价是沉重的。由于它的研究开始时不能为人理解,他所招致的抨击甚至来自他的老师克罗内克。克罗内克是一位有穷论者,竭力反对康托尔无穷论的观点。他不仅对康托尔的工作横加指责，还以自己当时的权利阻止康托尔到柏林工作。康托尔有五个孩子，他的一家也一直处于经济困顿之中。1884年，康托尔开始患上了抑郁症，此后家庭的不幸也接二连三地发生。先是康托尔的母亲去世，接着他的弟弟也突然去世了，而他所钟爱的13岁小儿子的夭折更使康托尔无法承受。他的病症在反复中一次比一次加剧。由于精神长期处于极度的抑郁中，1917年12月，康托尔在哈雷的一家精神病医院与世长辞了。

从1874～1897年，康托尔发表了关于集合理论和超穷数理论的一系列论文与专著，其中最著名的有：《集合通论基础》和《超穷数理论基础》等。康托尔在书中给出了集合的定义，对有穷集和无穷集做出了新的解释，详细地阐释了超穷数理论。康托尔在研究中，还提出了点集理论、全序集理论、良序集理论、连续统假设及康托尔定理等。

康托尔是数学史上最富有想象力的数学家之一，他敢于打破数学成见和哲学教条，从而创立了集合论。集合论今天已成为整个数学的基础。

数理逻辑的奠基人——弗雷格

弗雷格，Friedrich Ludwig Gottlob Frege(1848～1925年)，德国数学家、逻辑学家、哲学家。

弗雷格的父亲是维斯马小镇的一个中产者，开办了一所女子学校，但很早便去世了。1869年，弗雷格的母亲把他送到耶拿大学学习。耶拿大学的数学家兼物理学家阿贝发现了弗雷格在数学上的天分，成为弗雷格一生事业上的支持者。在阿贝的帮助下，弗雷格到哥廷根大学继续深造。1873年，弗雷格获得了博士学位。其后他回到耶拿大学，并在阿贝的帮助下获得了讲师资格。1879年，弗雷格成为耶拿大学的编外教授，1896年又成为荣誉教授，直到1918年退休。弗雷格在耶拿大学执教40余年，由于他的学说长期得不到理解，他的学术成果长期得不到专业上的承认，因此他一生的事业可谓并不如意。

弗雷格作为一名数理逻辑和分析哲学的奠基人，他的治学方法与精神体现在他的著作之中。弗雷格的著作主要有：《概念语言》《算术的基础》《函项与概念》及《算术的基本规律》等。

弗雷格经过5年的沉思，在总结莱布尼茨、特伦德伦堡、康德等人关于逻辑学和数学哲学的研究成果基础上，于1879年发表了划时代的巨著《概念语言》。弗雷格认为，在进行逻辑推理时，必须绝对严格，不能有主观因素的掺入。而在表述严密而复杂的推理时，日常的语言就无法满足要求。因此，弗雷格创造出一种严格表意的语言，即"纯粹思想的语言"。他在书中建立起许多公理与规则，从而第一次给出了现代的逻辑系统，成为数理逻辑的基础。但不幸的是，弗雷格的《概念语言》未能马上被人理解和接受，他的工作没有得到重视和关注。弗雷格没有因此而放弃自己的研究，他重新思考和深刻挖掘自己数学哲学的思想，并逐渐形成了他关于数学哲学的三个观点：首先，他反对数学来源的经验基础，强调数学真理的先天性；其次，他认为数学真理的客观性是基于数学非经验的基础之上的；再次，他认为一切数学都可以最终归化为逻辑，数学概念可以归化逻辑上的概念，数学公理可以从逻辑原则中得到证明。弗雷格几年后又发表了《算术的基础》与《算术的基本规律》等，这是对《概念语言》的完善与进一步拓展。他力图将算术归化为逻辑，他从逻辑出发定义了数和自然数，借助于这些定义，自然数的理论通过逻辑得到建立，于是，算术理论就被逻辑化了。

弗雷格开创性的工作，对数学和哲学的发展都产生了重大的影响。他使数学体系更加精确与完善，确立了算术演算的基本原则，从而首次确立了现代意义下的一个数理逻辑系统。他被称为数理逻辑的奠基人。同时，他的数学可以归化为逻辑的思想，也使他成为逻辑主义的创始人。弗雷格那种在屡受挫折之下仍然坚持自己的学说，执著探索真理的精神，也令后人钦佩。

代数拓扑学的奠基人——彭加勒

彭加勒，Jules Henri poincaré(1854～1912年)，法国数学家、物理学家、天体力学家。

彭加勒的父亲是一位生理学家与医生，兼南锡医科大学教授。他的叔父曾担任国家道路桥梁部检察官。他的堂弟雷蒙曾几度担任内阁总理兼外交部长，1913～1920年还当选为法兰西第三共和国总统。虽然出生于这样一个显赫的家族，彭加勒的童年却是极其不幸的。由于很小时就患了运动神经疾病以及喉头麻痹症等，彭加勒从小就身体非常虚弱，他做事的信心也常常显得不足。因为无法剧烈运动,彭加勒便在读书中寻找乐趣,他的过人的天资也逐渐显露了出来。15岁时,彭加勒开始着迷于数学,阅读了很多的数学著作。1873年,他进入综合工科学校学习,1875年又进入国立高等矿业学校。1879年,他获得了数学博士学位。1881年,27岁的彭加勒便成为巴黎大学的教授。1887年,他被选为法国科学院院士,1906年时又当选为院长,1908年,彭加勒被选为法兰西科学院院士,这是法国科学家所能得到的最高荣誉。

彭加勒虽然从小就体弱多病,但他对科学研究的投入却是忘我的。他的一生是在攀登科学之峰中奋斗不息的一生。从1878~1912年,他在34年的科学生涯中,发表了近500篇科学论文和30本科学专著,囊括了数学、物理学和天文学的诸多分支。若不是彭加勒夜以继日地拼搏,这些成果是不可能取得的。许多问题的解决,背后都包含着他无数次失败的酸涩。1911年,也就是彭加勒去世前的第二年,他已经觉出身体状况开始恶化,精力也逐渐开始衰退。他认识到自己在世的日子不会太多了,但彭加勒没有想到停下来休息,而是以更大的热情投入到工作中去。他觉得脑中有很多思想没有表达出来,手中有很多工作没有完成,于是他抓紧时间撰写论文,发表演讲。1912年7月,彭加勒因血管栓塞溘然去世,此时他还正处在科学创作的巅峰时期。就在彭加勒去世的前三周,他在抱病参加的一次大会上发表了最后一次的公开演讲。他说:"人生就是持续的斗争!"这也正是他一生的写照。彭加勒这种献身科学的精神深深地为人们所敬仰,沃尔泰拉曾说:"彭加勒一生中没有片刻休息,他永远是一位朝气蓬勃、意气风发的战士,直至逝世。"

彭加勒最先系统地探讨了几何学图形的组合理论,被公认为是代数拓扑学的奠基人。单是这一项贡献便足以使他在数学史上不朽了。在代数领域,彭加勒发明了自守函数,提出了多复变解析函数理论,被称为多复变解析函数的创始人。彭加勒在其他很多数学分支中也广有建树。

彭加勒一生赢得了法国政府所能授予的一切荣誉。在欧洲各国也广受褒奖,他被认为是19世纪后期和20世纪初数学界的领军人物,是一位对数学及其应用具有全面了解的大师。当代数学的很多研究课题,都是建立在彭加勒的工作之上的。

四维时空概念的提出者——闵科夫斯基

闵科夫斯基,Minkowski,Hermann(1864年6月22日~1909年1月12日),德国数学家。

闵科夫斯基出生于俄国阿列克索塔斯(今属立陶宛)的一个有犹太血统的商人家庭,父母都是德国人,8岁时全家迁到柯尼斯堡定居。在当地读完中学后,闵科夫斯基进入柏林大学学习,后转入柯尼斯堡大学,在那里与数学家希尔伯特、胡尔维茨结为终生挚友,共同探讨当时数学中的实际问题和各自的想法及研究计划。这种真挚的友谊对他们各自的科学工作产生了重要的影响。1885年获得柯尼斯堡大学博士学位,经过短暂的服兵役之后,1886年被聘为波恩大学讲师,1892年升任副教授,1895年接替希尔伯特担任柯尼斯堡大学教授,1896年到苏黎世任教,1902年起担任哥廷根大学教授。在此期间,与希尔伯特一起领导过数学研讨班。1909年1月12日,闵科夫斯基因患急性阑尾炎不幸去世,年仅44岁。

在大学期间,闵科夫斯基对数学的特殊的天赋就曾因几次出色的数学工作而得到突出展示。1881年巴黎科学院悬赏公布了征求解答的题目:求一个整数分解为5个平方数之和的表示法的数目。当时年仅18岁还是一名大学生的闵科夫斯基被这个问题深深吸引住,开始潜心这项研究之中。他的工作远远超出了原问题所研究的范围,他向巴黎科学院递交了长达140页的论文,建立了n个变量的整系数二次型的理论体系,提出了更一般、更自然的定义,这比当时英国著名数学家史密斯得出的研究结果更好。终于在1883年同史密斯同获巴黎科学院数学大奖。此后的很长时间内,闵科夫斯基继续研究n元二次型的理论,他用几何方法去研究数论,建立起一种更简洁的证明,并称这种理论为"数的几何"。1896年,闵科夫斯基系统地总结了他在这一领域的开创性工作,出版了专著《数的几何》,并将数论中型的理论提升到一个新的高度。闵科夫斯基对数学物理也很有兴趣。他在波恩大学任职期间,就曾协助过物理学家赫兹研究电磁波理论。1905年他和希尔伯特决定在联合主持的讨论班上将主要课题转向运动物体的电动力学。1908年在德国科学家和医学协会年会上,闵科夫斯基以《时间和空间》为题报告了他在电动力学方面研究的最新成果。他提出一种四维的时空概念,取代了过去孤立的三维空间外加一维时间的不相容概念,为爱因斯坦的狭义相对论提供了四维时空的数学结构,这种结构后来被称为"闵科夫斯基世界"。诺贝尔物理学奖获得者波恩曾指出,他在闵科夫斯基的工作中找到了"相对论数学的整个武器库"。

闵科夫斯基生命虽短,但一生勤勉、刻苦、热爱科学,为世界留下了丰厚的遗产。他一生共发表29种论著,其中包括二次型理论、数的几何、凸体的几何学和数学物理等方面。1911年,由他的好友希尔伯特编辑出版了闵科夫斯基全集。

闵科夫斯基是19世纪末20世纪初德国著名的数学家,是同著名的物理学家爱因斯坦同时奠定相对论基础的科学家。

控制论之父——维纳

维纳,N. Wiener,Norbert(1894年11月26日～1964年3月18日),美国数学家。

维纳出生于密苏里州的哥伦比亚,1964年3月18日卒于斯德哥尔摩。1913年在哈佛大学获哲学博士学位后赴欧洲,在英国剑桥大学和德国哥廷根大学研究数理逻辑,1915年他返回美国,在缅因大学执教。1919年到马萨诸塞州理工学院任教,1932年升为教授,直至退休。他曾于1934～1935年到中国任清华大学客座教授。

维纳自幼聪明,素有"神童"之称。他3岁半开始读书,生物学和天文学的初级科学读物就是他在科学方面的启蒙书籍。在其他小男孩想当警察和火车司机的时候,维纳就渴望当一名博物学家,立志献身于科学了。维纳不到12岁就进了塔夫茨学院数学系就读,不满15岁获学士学位,刚到19岁就成了博士。维纳兴趣广泛,对物理、化学、哲学、心理学、生物学等各方面、各领域都颇有研究,并且在各个领域中都取得了丰硕的成果,可称得上是20世纪多才多艺、学识渊博的科学巨人。

维纳自己学习多门科学,而他父亲则坚持以数学和语言学为核心的教学方法,他的多学科学习和研究的经历,促使他的才能横向发展。他对哲学、心理学、数理逻辑、生物学、科学史等各学科都有比较精深的了解,能够同天文学家、电气工程师、神经生理学家、计算机设计专家等进行深入的学术交流和卓有成效的合作。从数学到生物学再到哲学，实际上就是维纳整个科学生涯所经历的道路。

维纳自身拥有较高的天赋，他从小就接受严格的跨学科教育，再加上大学期间包括罗素、哈代、希尔伯特等著名数学家在内的名师的指导和熏陶，对于维纳未来的数学家生涯有重要影响。罗素的数理逻辑和数学哲学，哈代等人的实变函数基础和复变函数引论，兰道教授的群论课，希尔伯特的微分方程，所有这些使维纳终生受益。从这些名师身上，他认识到科学力量和知识深度，标志着他开始由一个神童成长为青年数学家。

1913年，19岁的维纳在《剑桥哲学学会会刊》上发表了一篇关于集合论的论文，标志着维纳从此开始步入学术生涯。同年，他以一篇有些怀疑论味道的哲学论文《至善》，获得哈佛大学授予的鲍多因奖。直到1918年，维纳通过研读一位病逝的数学博士格林遗留的数学著作，开始为函数分析所吸引，才对现代数学有了进一步理解，并决心把自己的一生贡献给它。维纳一生的主要成就集中在八个方面：建立维纳测度、引进巴拿赫-维纳空间、位势理论、发展调和分析、发现维纳-霍普夫方法、提出维纳滤波理论、开创维纳信息论、创立控制论。

维纳是信息论的创始人之一。他从带直流电流或者至少可看作直流电流的电路出发来研究信息论，将统计方法引入通信工程，奠定了信息论的理论基础。他把消息看作可测事件的时间序列，把通信看作统计问题，在数学上作为平稳随机过程及其变换来研究。他阐明了信息定量化的原则和方法，类似地用"熵"定义了连续信号的信息量，提出了度量信息量的申农-维纳公式：单位信息量就是对具有相等概念的二中择一的事物作单一选择时所传递出去的信息。信息论创立者申农对维纳在开创信息论方面的贡献评价说："光荣应归于维纳教授"。

维纳对科学发展所做出的最大贡献就是创立控制论。这门学科是在一些学科领域的边缘地带发展起来的，是以数学为纽带，把研究自动调节、通信工程、计算机和计算技术以及生物科学中的神经生理学和病理学等学科，共同关心的共性问题联系起来而形成的一门边缘学科。1947年10月维纳划时代的著作《控制论》的发表，宣告了这门新兴学科的诞生，这是他长期艰苦努力并与生理学家罗森勃吕特等人多方面合作的伟大科学成果。它揭示了机器中的通信和控制机能与人的神经、感觉机能的共同规律,为现代科学技术研究提供了崭新的科学方法;它突破了传统思想的束缚,有力地促进了现代科学思维方式和当代哲学观念的一系列变革。维纳的控制论是一项跨学科合作的成果,因而维纳的思想方法也就成了发展边缘学科思想方法的代名词。

在科学技术日新月异的今天,控制论已有了许多重大发展,但维纳用吉布斯统计力学处理某些数学模型的思想仍然处于中心地位。而维纳作为科学家,他的多学科学习和研究的背景、他在研究领域的又"博"又"专"以及在此基础上取得的巨大成就,给我们以深刻地启示。

20世纪最伟大的数理逻辑学家——哥德尔

哥德尔,Gödel,Kurt Friedrich(1906年4月28日～1978年1月14日),奥地利—美国的数学家、逻辑学家和数学哲学家。

哥德尔出生于现捷克斯洛伐克的布尔诺(原属奥地利),卒于美国新泽西州的普林斯顿。哥德尔自小便很好学,经常提出各式各样的问题。家里人常称他为"为什么先生"。他青少年时就对数学、哲学、语言和历史产生了浓厚的学习兴趣。1924年哥德尔进入维也纳大学,先是学习物理,后主攻数学,并参加了数学讨论班和石里克的哲学小组,对数学和哲学进行探索。1929年23岁的哥德尔就解决了希尔伯特和阿克曼合著的《理论逻辑原理》当中提出的一阶谓词演算的完全性问题,并写成了博士论文,通过了答辩,于1930年获得了博士学位。1933～1938年担任维也纳大学的讲师,1940年定居美国,在普林斯顿高级研究院任职,并于1953年晋升为该院的教授。在此期间,哥德尔与著名的物理学家A.爱因斯坦和数理经济学家摩根斯顿成为最亲密的朋友。自1951年起,哥德尔获得过多种奖项和荣誉称号,如爱因斯坦的首次奖、美国总统奖、哈佛大学、洛克菲勒大学的荣誉博士等。

哥德尔是一位神奇的人,他不仅以精湛优雅的逻辑和数学工作为人类做出了巨大贡献,同时还以卓然深刻的思想留给世人一笔丰厚的哲学遗产,也因此留给后人无数不解之谜。他在数学上的最重要的贡献就是提出了著名的哥德尔不完全性定理。哥德尔证明不完全性定理是从考虑希尔伯特计划中数学分析的无矛盾性问题开始的。1930年秋,在哥尼斯堡会议上他宣布了第一不完全性定理,1931年又在数学物理杂志上以《论〈数学原理〉及有关系统的形式不可判定命题》的论文公开发表,打开了"潘多拉的盒子"。不久又宣布了他的第二不完全性定理。哥德尔的不完全性定理指出,在任何一个严格的数学系统中,必定有用本系统内的公理不能证明其成立或不成立的命题,因此不能说算术的基本公理不会出现矛盾。哥德尔的证明对希尔伯特来说是一个巨大的打击,它结束了近一个世纪来数学家们寻求能为全部数学提供严密基础公理的企图,平息了当时各数学哲学学派的争端,是数理逻辑、人工智能、集合论的基石,标志着 20 世纪数学的新开端。1940 年哥德尔发表的《选择公理及广义连续假设同集合论公理的相容性》的论文,提出的关于连续假设的相容性定理,对公理集合论有重要影响,并且直接导致了集合和序数上的递归论的产生。哥德尔的工作也影响和推动了数理逻辑论的发展,是亚里士多德、莱布尼茨以来最伟大的逻辑学家。另外,哥德尔在数理逻辑的各个领域以及哲学方面也都有重要贡献。

哥德尔一直是一位被神秘所笼罩的传奇人物。他的生活特异独行,超然遁世。他的思想深邃,意蕴广远。哥德尔的科学工作非常令人赞叹,他做学问坚韧刻苦,矢志不移,锲而不舍地寻求根本原理。他一生惜墨如金,只留下为数不多的论文和著作,但却是 20 世纪最伟大的数理逻辑学家。

现代计算机之父——冯·诺伊曼

冯·诺伊曼,John von Neumann(1903～1957 年),生于匈牙利布达佩斯,卒于美国华盛顿,数学家、物理学家。

冯·诺伊曼生于犹太家庭,自幼受到了良好的教育。冯·诺伊曼很早便表现出天才的记忆力和理解力,他凡是读过的东西便能复述出来,8 岁时便掌握了微积分。1914 年,10 岁的冯·诺伊曼便被送到大学预科学习。1925 年和 1926 年春,他先后获得苏黎世大学的化学工程学位和布达佩斯大学的数学博士学位。1927～1929 年,冯·诺伊曼被聘为柏林大学的义务讲师。其间他取得了丰硕的研究成果。1930 年,他到达美国普林斯顿大学,翌年被聘为终身教授。二战期间,他受聘解决关于原子弹设计等的技术问题,战后他又转向计算机的研究。1954 年,他因工作需要迁居华盛顿。1955 年,他被确诊患有骨癌,两年后去世。

冯·诺伊曼在数学的研究中认为,数学的发展与自然科学有着密切的联系,数学方法渗透并支配着自然科学的所有分支。数学一方面有其经验

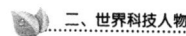

来源,不可能存在着绝对的脱离所有人经验的严密性概念;另一方面,数学发展必须防止纯粹美学化的方向,数学虽然受审美观的影响,但它是创造性科学,因此应不断地在数学发展中加入一些大胆的假设和猜想。冯·诺伊曼的研究正是在这种数学观念支配下进行的,他不光对纯粹的数学加以研究,还涉及了众多的科学领域,他力求将数学理论与物理学及其他自然科学的发展有机地联系起来,以实现数学的普遍适用性和有机统一性。

冯·诺伊曼在研究中对许多问题的解决在很大程度上也归功于他对形式化逻辑的运用。他认为,形式化逻辑在某种程度上刻画了事物的抽象本质,它在很大程度上有利于问题的解决。冯·诺伊曼在接触到实际问题时,总能快速地用适当的数学形式表述出来,并进行纯形式的抽象推理。这种思维模式成为他的科学禀赋。冯·诺伊曼还进一步认为,形式逻辑的运用不仅对数学基础、量子理论和计算机构造等研究工作大有裨益,通过它还能了解整个世界,包括社会生活和意识形态。

冯·诺伊曼纯粹的数学研究集中于1925～1940年。他致力于集合论公理化的研究,其所建立的公理化体系经完善形成了NBG系统。他提出了平均遍历定理,极大地发展了遍历理论。他还解决了希尔伯特的第五问题。对算子理论所进行的深入研究,使他在这一领域中20多年处于领先地位。在应用数学中,冯·诺伊曼对数值分析提出了许多新思想和新方法,他还提出了对策论。而对后世影响最大的,是他提出的计算机的最主要结构原理——存储程序原理。1951年,由他组织建造的新型计算机成功,运算速度达每秒百万次以上。冯·诺伊曼被公认为"现代计算机之父"。他结合计算机的应用开辟了现代科学计算的新天地。

冯·诺伊曼一生获得过许多的褒奖。他以其超人的才智和非凡的学术成果,成为科学史上的一位巨匠。

物理学家

古希腊杰出的力学家——阿基米德

阿基米德,Archimedes(公元前287～前212年),古希腊杰出的数学家、力学家。

阿基米德出生于叙拉古,父亲是古希腊天文学家和数学家。阿基米德从小深受父亲影响,耳濡目染,逐渐对天文学和数学产生浓厚兴趣。他很早就开始学习古希腊著名数学家欧几里得的《几何原本》。阿基米德曾在亚历山大里亚求学,在这期间他发明了阿基米德螺旋提水器,解决了利用尼罗河水灌溉的问题,今天在埃及仍旧使用着。这以后,他生命中的大部分时光都是在叙拉古度过的,主要致力于数学和物理学的研究,取得了一系列的成果。在物理方面,他在《论平面的平衡》一书中,从一系列不证自明的公理出发,推证出了著名的杠杆原理。在《论浮体》一书中,他提出了比重的概念并发现了著名的浮力定律,他还发现了确定不同几何形体重心的方法。在数学方面,他在《圆的度量》一书中,证明了圆周率 π 的小数点后数值在 $\frac{10}{71}$ 和 $\frac{1}{7}$ 之间;他还得出了球体、圆柱体、椭球体以及锥体等的表面积和体积公式;他最引为自豪的是发现了圆柱体积和它的内接球体的体积的比例。在实用技术方面,他曾做过一台行星仪,一台包括有太阳、月亮、地球和五大行星的模型,把天体的表面运动复制得相当详细,连日食、月食都可以表现出来;他发展了天文学测量用的十字测角器,并制成了一架测算太阳对向地球角度的仪器;他曾发明了螺旋提水器、复滑车、火镜、威力巨大的投射器等。他特别善于用自己所掌握的科学技术解决实际难题:他曾借助于杠杆和滑轮组使已建成的大船顺利地下水,他曾帮助国王检验出工匠自称是用纯金制成的王冠掺了银。阿基米德不仅是一位杰出的科学家,而且是一位伟大的爱国者。当罗马军队攻打叙拉古时,他设计制造了各种投石机,敌人到达城下,一按动机关,石块自动抛出,砸向敌人;他用滑轮组把敌船的船头拉起,使敌船倾倒、沉没或撞在石头上;他让守城人用镜子把阳光聚到焦点引火烧毁敌船……这一切对保卫叙拉古都起到了极大的作用。公元前212年,古罗马军队攻进叙拉古城,年已75岁的阿基米德正在地上画着几何图形,潜心思考几何问题。当罗马士兵走近时,他叫道:"别靠近,不要把图弄坏了!"罗马士兵毫不理会,并把寒光闪闪的利剑指向阿基米德。这时阿基米德才从数学的迷梦中惊醒,明白了将要发生什么事情。但他毫无惧色,坦然自若地说:"等一下杀我的头,让我把这条几何定理证完!"无知而又残暴的罗马士兵拔剑刺死了这位75岁的科学巨人。在阿基米德死后,人们把一个含有内接球体的圆柱体图案镌刻在他的墓碑上,还整理出版了《阿基米德遗著全集》,以纪

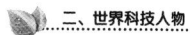

念这位古希腊杰出的科学家。

在科技极不发达的古代,阿基米德之所以能在数学、物理、技术诸多领域取得如此巨大的成果,与他酷爱科学、废寝忘食地钻研科学是分不开的,更与他采用的科学研究方法密不可分。他继承和发扬了欧几里得几何学的演绎方法,最突出的优点是把数学与实验研究有机结合起来,注重用自己所掌握的科学技术解决实际问题,怀着极大的兴趣把自己的理论发现付诸于实际应用,既重视观察和实验,又重视逻辑推理;既重视物理现象分析,又重视数学方法运用。近代科学研究方法在阿基米德那里已经初见端倪。

阿基米德是古代希腊文明所产生的杰出数学家和科学家,是力学的创始人,是技术科学的奠基人。

弹性定律的发现者——胡克

胡克,Robert Hooke(1635年7月18日~1703年3月3日),英国物理学家、天文学家。

胡克生于英格兰怀特岛上的弗雷什沃特镇,父亲是一位牧师。胡克幼年身体虚弱,但很聪明,动手能力很强。10岁开始他就跟一位家庭女教师学习文化,在伦敦上中学时对数学有特殊的爱好。1653年,胡克进入牛津大学学习,毕业后在波义耳的实验室里当助手,为波义耳制造真空泵。1662年,波义耳安排胡克担任皇家学会第一位掌管实验的干事。1663年被选为英国皇家学会会员,1677年被任命为皇家学会秘书长。

胡克主要从事物理学和天文学的实验研究,并致力于实验仪器制造。在力学、光学、万有引力等研究中都取得了一定的成就。1660年,胡克对弹簧的弹性进行了深入研究,发现"在弹性限度内,弹性物体的应力与应变成正比",从而建立了弹性定律(又称胡克定律)。该项目研究成果于1676年发表在《论恢复势》一书中。1674年,在一次题为"证明地球周年运动的尝试"的演讲中,胡克提出了关于引力问题的三条假设,已经定性地论及到万有引力问题,但缺乏定量的表述和论证。胡克首先使用了"万有引力"一词。1680年1月6日,胡克在给牛顿的一封信中,明确提出了引力与距离平方成反比的思想。胡克的这些研究成果为万有引力定律的发现做出了贡献。1665年,胡克出版了他的主要著作《放大镜下微小物体的显微术或某些生理学的描述》(简称《显微术》),书中详细描述了他用改进的显微镜所做的观察和研究,并有完备精美的插图。1665 年,胡克用显微镜观察了木栓的结构,发现了细胞,"cell"一词为他所定名,至今仍在沿用。胡克对光学也有一定研究,他认为光的本质是一种波动,1672 年他还明确指出光波是一种横波。胡克特别擅长研制和改进科学仪器:1659 年,他在格里凯(Otto Von Guericke)真空泵的基础上研制成一台改进的真空泵,波义耳就是利用这台真空泵发现了波义耳定律;他还研制成了第一架反射式望远镜,发明了第一台复式显微镜和轮式气压计,并改进了观测天文所用的摆。1703 年 3 月 3 日,胡克在伦敦逝世。

胡克是 17 世纪英国著名科学家之一,他是胡克定律的发现者,是光的波动学说的创始人之一,是用显微镜进行生物学研究的奠基人之一,并为万有引力定律的发现做出了重要的贡献。胡克的科学研究工作既能立足于自己的条件而起步,又不被已有的条件所束缚。为了进行科学研究,他不断研制和改进科学仪器,同时他又善于利用新研制和改进的科学仪器进行新的科学研究,从而使科学仪器的研制、改进与科学研究密切配合、互相促进。这是一种应当永远坚持的好方法。

经典力学体系的建立者——牛顿

牛顿,Isaac Newton(1642 年 12 月 25 日~1727 年 3 月 20 日),英国物理学家、数学家和天文学家。

牛顿出生于英国林肯郡格兰瑟姆附近的伍尔斯索普村的一个农民家庭,父亲在他出生前的 1642 年 10 月 6 日病逝。牛顿是平民的后裔,父母双方的祖先都是名不见经传的小人物。牛顿还是个早产儿,刚出生时体重只有 1.360 8 千克(3 磅),家里人当时对他能否活下来都非常担心。在牛顿 3 岁时,母亲改嫁了,将他交给年迈的外祖母抚养。1648 年,6 岁的牛顿进入邻村的乡村小学读书。1654 年,12 岁的牛顿以优异成绩考入格兰瑟姆皇家文科学校,开始接受正规中学教育。除学校教育外,牛顿从小就受到了从英国剑桥大学三一学院毕业的学识渊博的舅父威廉·艾丝考夫牧师的启蒙教育。威廉·艾丝考夫有意识地向牛顿传授一些人文及自然知识,并注意培养牛顿的动手能力,使少年时代的牛顿对机械制作很感兴趣。心灵手巧的

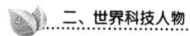

牛顿自己动手制作了水车模型、灯笼、风筝和许多精巧玩具。在上学和手工制作之余,牛顿还读遍了身边能找到的各种书籍,在阅读的广度和理解的深度上都远远超出了同龄人。在牛顿上中学的前一年(1653年),继父史密斯牧师病逝,母亲带着与牛顿同母异父的两个妹妹和一个弟弟回到伍尔斯索普,母亲一人承担着抚养四个孩子的重担。到了1659年,为减轻家庭负担和克服家中困难,母亲强令牛顿辍学回家务农。但由于牛顿对学习着了迷,对农活总是心不在焉,放羊时不是看书就是思考问题,结果造成羊群吃光了邻居的庄稼,母亲只好给予赔偿。在舅父和格兰瑟姆皇家文科学校校长约翰·斯托克斯的支持、鼓励和推荐下,牛顿又重新回到学校继续上学,并在中学毕业后于1661年6月5日被剑桥大学三一学院录取。由于母亲每年给牛顿的学费和生活费只有10英镑,牛顿不得不靠勤工俭学来维持生存。他做了一位名叫汉弗莱·巴宾顿先生的仆人。1664年,牛顿在三一学院举行的奖学金考试中成绩优异,成为奖学金获得者,从此便结束了勤工俭学生涯。1663年,三一学院创办了"卢卡斯自然科学讲座",由著名数学家艾萨克·巴罗(Isaac Bsrrow)担任该讲座的第一任教授,讲座内容包括地理、天文、物理和数学。牛顿酷爱这个讲座,通过如饥似渴地学习,很快就初露锋芒。巴罗教授不愧是一位独具慧眼的伯乐,很快就发现了牛顿的非凡才华和明显缺陷,于是便指导牛顿在大学本科时期先后钻研了开普勒的《光学》、欧几里得的《几何原本》、笛卡尔的《几何学》等名著。巴罗教授的言传身教,不仅使牛顿的知识结构得到了健全和优化,而且使牛顿走上了自然科学研究的道路。1665年1月,牛顿从剑桥大学毕业,获得文学学士学位,并被选拔为剑桥大学有薪金的研究生。正当牛顿踌躇满志准备全力投入自然科学研究时,伦敦爆发了一场毁灭性的鼠疫,剑桥大学被迫关闭。为躲避瘟疫,1665年6月以后,牛顿回到故乡住了大约18个月,这18个月正是牛顿发现力最旺盛的时期,他在数学、光学、天体力学方面都进行了开创性的研究,并做出了划时代的重大发现。鼠疫过后,牛顿于1667年又回到剑桥大学读研究生。1667年10月1日,牛顿被选为三一学院的选修课研究员,1668年3月16日升为专修课研究员,1668年7月7日获硕士学位。由于巴罗教授主动让贤和全力推荐,1669年10月29日,年仅27岁的牛顿被任命为卢卡斯讲座教授。1672年牛顿当选为英国伦敦皇家学会会员,1689年和1701年他两次以剑桥大学代表的身份当选为英国国会议员,1696年出任皇家造币厂总监,1699年又成为巴黎科学院院士,1703年起牛顿被选为皇家学会会长,并一直连选连任到逝世为止。由于牛顿在科学研究和币制改革中的功绩,1705年被英国女王加封为艾萨克爵士。1727年3月20日牛顿在伦敦病逝,英国人民为这位科学巨人举行了庄严盛大的国葬。牛顿的遗体被安葬在威斯敏斯特大教堂伟人公墓。

牛顿是近代自然科学的集大成者和奠基者之一,他进行科学研究的广度和深度都是空前的、惊人的。他对科学发展所做出的贡献主要集中在数学、光学、天文学和力学四大领域。在数学上,1665年发现了牛顿二项式定理和无穷级数法,1665～1666年创立了微积分。在光学上,1666年做了日光通过三棱镜片的色散实验,发现日光是由波长和折射率均不相同的红、橙、黄、绿、青、蓝、紫七种单色光所组成的。1675年观察到"牛顿环"现象;1704年出版《光学》一书,系统地阐述了光的现象、理论和本性,提出了光的微粒说。在天文学上,1684年发现了万有引力定律;1668年研制成第一架反射望远镜;1671年研制成第二架反射望远镜,并运用这些望远镜初步观察了行星运动的规律。在力学上,1687年出版了科学巨著《自然哲学的数学原理》,书中不仅给出了质量、动量、惯性、力和向心力的定义,阐释了时间、空间、运动、位置、静止诸概念的内涵,系统地表述了机械运动的三个基本定律、力的合成与分解法则、运动叠加性原理、动量守恒原理和伽利略相对性原理,而且系统地阐述了万有引力定律并解释了天体运行的原因、潮汐现象、岁差现象和彗星现象,预言了地球的形状是扁圆的,这些解释和预言都被实验观察所证实。可以毫不夸张地说,《自然哲学的数学原理》这部经典著作是经典力学的百科全书,它的出版标志着经典力学体系的建立。此外,牛顿还对化学、磁学、热学、地质学等领域也进行了一些有益的研究,并对哲学、神学等问题进行了长期思索。

牛顿在近代自然科学发展史上占有特殊的重要地位,他对自然科学发展的突出贡献不仅表现在他所取得的丰硕成果上,而且表现在他所运用的科学方法上,还表现在他所提出的科学思想和哲学思想上。牛顿经典力学体系的建立实现了物理学发展史上第一次理论大综合,是近代自然科学的一场深刻革命,对尔后两个多世纪自然科学的发展都产生了广泛、巨大而深刻的影响，使力学在 200 年内一直都是带头学科。其实，牛顿成长过程和科学人生本身就是一个创造、一个奇迹，认真研究和深入分析牛顿的成长过程和科学人生，可以使人们得到多方面的有益启迪。的确，牛顿之所以能够由一个普通的农家孩子成长为举世瞩目的科学泰斗，至少有以下几个方面的因素：一是他废寝忘食地刻苦钻研和着迷思考，他认为"不花在研究上的时间都是损失"；二是他执著求索宇宙本质和追问第一原因的科学精神；三是他运用了物理研究与数学研究相统一、分析与综合相统一、归纳与演绎相统一的科学方法，发展了从经验事实概括出自然科学理论的方法；四是他精湛的数学造诣、非凡的数学创造力和极强的用数学方法解决物理问题的能力；五是他谦虚、求实的科学态度，牛顿有两段广为流传的至理名言："如果我看得更远一些，那是由于我站在巨人们的肩上。""我不知道世人对我是怎样看法，但是在我看来，我不过像一个在海滨玩耍的孩子，为时而发现了一块光滑的石子或一个美丽的贝壳而感到高兴；但是那浩瀚的真理的海洋，却还在我的前面未曾被我发现呢！"这是牛顿的切身体会和经验之谈，既是牛顿谦虚、求实的科学态度的写照，也是牛顿取得成功的秘诀。

我们所处的时代是一个需要巨人并产生巨人的时代，我们要站在已有巨人们的肩上，有所发现，有所发明，有所创新，有所前进，成为新一代的世界巨人！

电路基本定律的发现者——欧姆

欧姆，Georg Simon Ohm(1787 年 2 月 16 日～1854 年 7 月 7 日)，德国物理学家。

欧姆出生于德国巴伐利亚州的埃尔兰根城，他幼年失去母亲，父亲是一位锁匠，爱好数学。欧姆从小就受到了父亲的启蒙教育，对科学产生了兴趣。1800 年，欧姆进入埃尔兰根一所中学学习，喜欢数学。1805 年考入埃尔兰根大学，三个学期后便遵父命去瑞士一所中学教数学，1811 年又回到埃尔兰根大学继续学习，并通过考试于 1813 年获得博士学位。此后，他留校当了三个学期的编外讲师，教数学。由于贫困和提升无望，被迫离开家乡到班堡市实验中学当物理和数学教师。欧姆教书认真负责，刻苦钻研，于 1817 年出版了《作为智力教育工具的几何学大纲》一书，受到好评。1817 年 9 月受聘在科隆的一所高级文科中学教数学和物理。他在教书之余,便利用该校的实验设备从事电学研究,陆续取得并发表研究成果。欧姆在研究中运用了类比方法,受傅立叶发现的热传导规律启发,他由"导热杆中两点之间的热流正比于这两点的温度差"而推想到"导线中两点之间的电流也许正比于这两点之间的某种驱动力",欧姆把这种未知的驱动力称为"验电力",即今天所称的电势差。欧姆花了很大精力沿着这个方向进行不懈探索,并在这个设想的基础上做了一系列实验,克服了不少困难。起初,他采用伏打电堆来作为实验的电源,因电流不稳定,效果很不理想。后来,他接受波根道夫(J. C. Poggendorff)的建议改用1822年由塞贝克(T. J. Seebeck)发明的温差电池作为电源,从而保证了实验中电流的稳定性。第二个困难是如何测定电流强度,这在当时是一个尚未解决的难题。开始时他利用电流的热效应,通过热胀冷缩方法来测量电流强度,但难于取得精确结果。后来,他创造性地把电流的磁效应和库仑的扭秤法结合起来,巧妙地设计了一个电流扭秤,把电流强度这一物理量变换成力学量来测量,才有效地解决了电流强度的测量问题。通过反复多次的实验与研究,欧姆于1826年发现了电路的基本定律——欧姆定律,揭示出在有稳恒电流通过的电路中,电流和电压(或电动势)与电阻间的依存关系。欧姆把这一研究成果写成了题为"金属导电定律的测定"的论文,发表在1826年德国《化学和物理学杂志》上。但这篇论文很少为人所知。1827年欧姆出版了《动电电路的数学研究》一书,进一步阐述和论证了欧姆定律。欧姆定律的提出不仅没有得到承认和应有评价,反而遭到一些教授的诋毁和反对,不仅使欧姆想获得大学教授席位的愿望落空,就连在中学的职位也保不住,使生活陷于困境。他便在柏林做私人教师以维持生活,后来又在柏林的军事学院教数学。1833年,到纽伦堡综合技术学校任物理教师。直到19世纪30年代末和40年代初,俄国、英国、美国、法国的物理学家们才逐渐认识到欧姆研究工作的意义,1841年欧姆获英国皇家学会授予的自然科学方面的最高荣誉——柯普利奖章,第二年当选为该学会的国外会员,这才引起德国科学界的重视,1845年欧姆成为巴伐利亚科学院院士,1849年任慕尼黑大学聘任教授,1852年转为该校正式教授,两年后逝世。为了纪念欧姆对电学的贡献,1881年在巴黎召开的第一届国际电学会议做出决议,以欧姆作为电阻的单位。

欧姆不仅是一位利用业余时间和简陋仪器设备而取得成功的科学家，而且是一位深受学生爱戴的优秀教师。他终身未婚，把毕生精力都倾注在教学和科研工作上。欧姆虽一生中经济拮据，境况窘迫，但却矢志不渝地坚持科学研究，知难而进，百折不挠：缺少仪器他就自己动手制造，为了能到柏林图书馆查阅资料，他就辞去在科龙的教师职务而寄居到在柏林的弟弟家中潜心钻研；在实验中遇到困难，他就接受别人的合理化建议而创造性地改进研究工作，终于通过自己的努力奋斗而做出了重大科学发现。这种锲而不舍的科学精神既是欧姆取得成功的根本原因，也是人们学习的光辉榜样。

经典电磁理论的奠基人——法拉第

法拉第，Michael Faraday(1791年9月22日～1867年8月25日)，英国物理学家和化学家。

法拉第出生于伦敦市郊纽因顿镇上的一个普通铁匠家里。法拉第5岁那年，随全家搬到伦敦定居，一家6口人就靠体弱多病的父亲打铁为生，生活十分艰苦，常常靠接济度日。由于家境贫寒，法拉第7岁上学，9岁退学，13岁就到里波书店当送报童。法拉第从小就是一个喜欢动脑筋的孩子，他好奇心强，什么都想知道，什么都要问，经常思考一些很有意义的问题。例如，有一天他到一家租户去送报，突然对着花园的栏杆出了神，脑海里闪现了这样的问题："如果我的头伸进栏杆里，而身子还在栏杆外，那么我究竟应该算在栏杆的哪一边呢？"当了一年送报童后，书店老板里波见法拉第手脚勤快，又喜欢动脑筋，就答应正式收法拉第做装订书籍的学徒。于是，法拉第便搬进里波先生店铺楼上的一间小阁楼里，开始了对他一生产生很大影响的学徒生涯。法拉第求知欲十分强烈，利用业余时间如饥似渴、废寝忘食地阅读了大量的科学文化书籍。遇到不认识的字，他就向前来买书的顾客请教，看不懂的内容，他就反复琢磨、认真思考。他最爱看的是《大英百科全书》，特别是书中吉尔伯特、富兰克林等人的电学知识更使他倾心。他也喜欢读伦敦一个医生的妻子玛西特(Marcet)夫人所写的科普读物《化学漫谈》，尤其是书中介绍的化学实验更让他着迷。除了读书以外，法拉第还酷爱实验。他跑到药房里去拣人家丢掉的瓶子，用自己节衣缩食省下的一点儿零钱买一些药品，再自己动手做些工具，在书店小阁楼建立起了一个家庭实验室。一有时间,他就按照书上介绍的方法一个一个地去做实验,并将实验中所观察到的现象同书上的记载进行对照比较,既加深了对书本知识的理解,又提高了科学实验能力。这样,书店就成了法拉第的启蒙学校。通过读书和实验,他不仅摘掉了文盲的帽子,积累了不少电学和化学的知识,而且对自然科学产生了浓厚的兴趣,从此走上了科学探索之路。

随着时间的流逝,法拉第的知识在不断增长,而他对科学的兴趣和热情则以更快的速度在增长,他迫切想走出书店去参加更多的科学活动。1810年2月至1811年9月,他听了十几次塔特姆先生的自然哲学演讲。1812年2月29日至4月9日,他又去英国皇家学院听了著名化学家戴维(H. Davy)的四次精彩学术讲演,更激起了他想从事科学工作的热切愿望。于是,法拉第鼓起勇气,毛遂自荐,他先给英国皇家学会会长班克斯(S. J. Banks)写信,没有回音。1812年12月他又给戴维教授写信,并把自己精心整理装订的戴维讲演录和信一起寄到了英国皇家学院,恳切希望戴维能帮助他实现进入科学部门工作的愿望。戴维很快给法拉第写了回信并约见了法拉第。在戴维的帮助下,法拉第于1813年3月正式进入英国皇家学院实验室做戴维的助手。1813年10月,法拉第作为实验助手、文书和仆人随戴维夫妇一起去欧洲进行了历时18个月的学术考察,游历了法国、意大利和瑞士。在这次考察中,法拉第详细记载了戴维在各地讲学的内容,参观了各国科学家的实验室,结识了安培、伏特、盖·吕萨克等知名科学家,亲自观摩了第一流实验大师们的实验,亲眼目睹了欧洲各国科学发展的最新水平,使法拉第开了眼界、见了世面,长了知识,学习了科学研究方法。1815年春,法拉第回到英国皇家学院,此时他的职务是实验室助手兼矿物标本管理员和设备总管员,开始独立进行科学研究工作。在他的科学生涯初期主要是进行化学研究,1816年发表第一篇化学论文,1817年发表6篇论文,1818年发表11篇论文,到1821年已发表论文30余篇。1820年受丹麦物理学家奥斯特(H. C. Oersted)发现电流磁效应的影响,把兴趣转到电磁学方面,主要从事电磁学方面的实验研究。1821年法拉第成功完成了电磁转动实验,并把这一重要发现写成题为"论某些新的电磁运动兼论磁的理论"的论文于1821年10月21日发表,立即引起了欧洲各国科学家的注意。1822年,提出把磁转化为电的设想,1823年通过实验发现了氯气液化的方法。法拉第于1824年当选

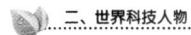

为英国皇家学会会员,1825年2月7日被任命为皇家学院实验室主任,同年通过实验发现了苯。1826年,在研究丁烯和丙烯时发现了同分异构体的事实。在1822～1831年,他经过10年探索、实验和多次失败,终于在1831年发现了电磁感应现象,制成了第一台感应发电机。1833年他证明了电的普遍性,指出不同来源、不同形式的电本质是相同的。1834年发表"关于电的实验研究"一文,提出了两条电解定律。1835年独立发现了自感现象,1836年发现静电屏蔽现象。1837年提出了电场、磁场和力线的概念,否定了超距作用,建立起一种崭新的物理模型——近距作用。1843年,用实验证明了电荷守恒定律。1845年发现了强磁场使光的偏振面旋转的效应(后来称为法拉第效应)和物质的抗磁性。1851年发表"论磁力线"一文,提出了电磁感应定律的完善表述……一个科学家在一生中能取得这么多重大成果,这在科学史上是罕见的。

法拉第还是一位勤奋的科技作家,从1831年开始,到1855年为止,他利用长达24年的时间撰写了由3 000多节组成的三卷本巨著《电学的实验研究》,分别于1837年、1844年、1855年出版第一卷、第二卷、第三卷。这部巨著记载了他多年来的主要研究成果,汇集了他的精巧实验、形象描述和深刻见解,是一部电学实验的百科全书,也是物理学史上具有划时代意义的一部经典名著。从1820年开始,法拉第还写了大量的日记,1855年出版了八卷《法拉第日记》,这是他献身科学的真实写照。此外,法拉第的主要著作还有:《化学操作方法》《化学与物理的实验研究》《蜡烛的故事》等。

法拉第不仅在科学研究上是我们学习的榜样,在道德修养上也是我们效仿的楷模。他谢绝了许多公司和厂家的重金聘请,主动辞去了报酬丰厚的商业性技术工作,全力投入到科学研究工作,终生过着清贫的生活。他没有因为地位的变化而改变自己对科学的追求,从不羡慕荣华富贵,始终保持着一个正直的、勤恳的科学家的本色。英国官方多次想封他为爵士,给他加一个贵族的头衔,但每一次试探都遭到法拉第的拒绝。他总是答复说:"法拉第教授出身平民,他不想变成贵族。"法拉第不追求荣誉,只喜欢科学,他三次谢绝了英国皇家学会会长的桂冠,主动让出了一个英国科学家所能享受的最高荣誉,终身坚持在第一线从事具体科学研究工作,1859年,68岁高龄的法拉第还迈着蹒跚的步子到泰晤士河畔滑铁卢大桥附近的一座高塔上进行科学实验;1862年71岁的法拉第做了最后一个实验,研究磁场对光源的影响,并写下了最后一条实验日记,编号为16041。1867年8月25日,法拉第坐在他工作的椅子上与世长辞。

法拉第是一位自学成才的伟大科学家。法拉第的一生是德、才、识的美妙结合,是真、善、美的光辉象征。可以毫不夸张地说,法拉第在一生中登上了两座高峰——科学技术高峰和道德修养高峰。法拉第是科学史上值得称颂的重要人物,是杰出科学家的典型代表,是卓越的科学实验大师、杰出的自然哲学家和天才的科学思想家。他不仅在实验上才能非凡、捷报频传,而且在理论思维上也才华出众、卓有建树,是科学史上罕见的多产科学家。在科学的征途上,法拉第不愧是一位不知畏惧的探索者、不知疲倦的攀登者、不知满足的进取者和不知索取的奉献者。

通过对动物热的研究而发现能量守恒定律的科学家——迈尔

迈尔,Julius Robert Von Mayer(1814年11月25日～1878年3月20日),德国物理学家、医生。

迈尔生于德国的海尔布隆,父亲是一位药剂师。迈尔在海尔布隆上小学、中学,接受正规教育,在学校里是个很平常的学生,成绩并不突出。受家庭影响,少年时代的迈尔对制作各种药品的试验很感兴趣,在父亲的鼓励下,他终于走上了医学的道路。1832年迈尔考入蒂宾根大学学习医学,1838年获得医学博士学位,1839年便正式开业行医。1840年,迈尔在一艘由荷兰驶往印度尼西亚的商船上做随船医生,正是在这次航行中,迈尔做出了物理学上的重大发现。当船驶到热带地区的爪哇,迈尔在给患病的船员放血时,发现海员静脉的血液要比在欧洲时更鲜红。当地医生告诉他,这种现象在辽阔的热带地区到处可见。这一现象引起了迈尔的极大注意和认真思考。受拉瓦锡氧化燃烧理论的启发,他认为这可能是由于血液中含氧量增多的缘故。在热带高温条件下人体需要的热少,人体只需要吸收食物中较少的热量,因而体内食物的燃烧过程减弱,体内消耗氧气减少,在血液中便留下较多的氧气,使血液更鲜红。由此他认识到:食物中所含的化学能可以转化为热能。他还听到海员们说,在暴风雨时海水比海面平静时要热些。

特别是当他用实验证明水因振动而变热之后,更使他认识到机械能可以转化为热能这一设想,并逐步形成了一切运动都可以相互转化的思想。1841年迈尔从爪哇回德国后,作为一个普通的开业医生定居在海尔布隆,继续研究力的守恒问题,并发表了一系列论文。1841年,迈尔将自己的发现写成题为"论力的量和质的测定"的论文,并寄给了德国的《物理学年鉴》杂志,但主编波根道夫(J. C. Poggendorff)以文章有思辨内容和缺少实验根据为理由非但不予发表,而且没有退稿。波根道夫的拒绝并没有使迈尔泄气,他决心用实验方法来证明自己想法的正确性。1842年,迈尔又写了题为"论无机界的力"的第二篇论文,此文提出了"无不生有,有不变无"的思想,进一步论证了物理、化学过程中力的守恒观点,认为"力是不灭的、能转化的、无重量的客体"。特别是在论文的结束处,提出了建立不同的力之间数值上的当量关系的必要性。这篇论文发表在李比希主编的《化学与药学年鉴》上,但没有引起人们的重视。1845年,迈尔又自费出版了题为"与有机运动相联系的新陈代谢"的小册子,进一步发展了他的思想,并进一步论证了他的观点。此文明确指出:"物体的量,守恒不变,这是一条最高自然法则,它既适用于物质,也适用于力。"迈尔列举了运动相互转化的25种情况,不仅明确提出了热功当量的概念,而且具体地进行了热功当量的计算,他得出的热功当量的数值是:$J=365$ 千克米/千卡$=3.48$ 焦耳/卡。1848年,迈尔出版了《天体动力学》一书,试图研究太阳能量的来源问题。

迈尔的重大发现长期得不到社会的承认,不仅没有得到支持和鼓励,反而遭到压制和诽谤,这使迈尔的精神受到严重打击,1849年5月28日跳楼自杀未遂,但康复后却成了一个跛子,留下终生残疾。1851年,他写成了一本名为《关于热的机械当量的说明》的小册子,来回答对他的攻击。1851年秋天,迈尔患了脑炎,后又被送进了精神病院,受到残酷折磨。1853年恢复自由,但精神从此再未恢复正常,在痛苦中度过了20多年的余生,于1878年3月20日在海尔布隆去世。

迈尔的经历说明一个新科学发现的确认往往要经历一个坎坷悲壮的蒙难历程。有时,承认一个科学发现比做出一个科学发现还要困难和曲折。但只要是科学真理,终将被社会所公认。由于迈尔对能量守恒与转化定律的开创性研究,他被后人公认为是能量守恒与转化定律的主要发现者之一,

1871年他获得英国皇家学会的伦福德奖章。特别是迈尔能抓住意外发现的现象，进行锲而不舍的长期思考与研究。这种善于识别科学发现的机遇并及时抓住科学发现机遇的能力是他取得成功的根本原因，反映出他良好的科研素质和扎实的科研基本功。

用40多年时间对热功当量进行测量的科学家——焦耳

焦耳，James Prescott Joule(1818年12月24日～1889年10月11日)，英国物理学家。

焦耳出生在英国曼彻斯特附近索尔福特的一个啤酒酿造商的家里。由于他自幼身体孱弱，没有送进学校接受正规教育，而是在家里接受父母的启蒙教育，一边跟父亲学习酿酒技术，一边自学。1834年，父亲请年近70的著名化学家道尔顿给16岁的焦耳当家庭教师，指导他学习数学、化学和物理学，这对焦耳的成长起到了很关键的作用。1838年，焦耳把全部精力都投注到发明电动机方面，因而对电学和磁学产生了浓厚的兴趣，利用他父亲的实验室，开始了对电磁现象的研究，做了一系列物理实验，取得了一些重要成果。在1840～1841年期间，他集中精力研究了电流的热效应，反复多次地测量了通电导体放出的热量，结果发现电流通过导体所产生的热量与电流强度I的平方、导体的电阻R和通电时间t三者的乘积成正比，通常用关系式$Q=0.24I^2Rt$表示，这就是焦耳电热定律。焦耳总结了自己的研究成果，写成了题为"论电流生热"的论文，发表在1841年10月的《哲学杂志》上。在这一发现的基础上，焦耳继续探讨各种运动形式之间能量的守恒和转换关系。1843年，焦耳在题为"论磁电的热效应和热的机械值"的论文中，明确提出热量与机械功之间存在着恒定的比例关系，他测得的第一个热功当量的值为460千克米/千卡。证明热只是能的一种形式，从而否定了热质说的观点。焦耳的主要工作和最大贡献是通过各种途径、运用各种实验方法精确测定了热功当量，为建立能量守恒和转化定律提供了有力证明。从1843年起，焦耳用了40多年的时间，先后共进行了400多次实验，以惊人的耐心和高超的技术在当时的实验条件下测得了比较精确的热功当量值——423.85千克米/千卡，很接近现在热功当量的公认值427千克米/千卡，这在物理学史上是罕见的。此外,焦耳对研究气体的特性也很感兴趣,1845年,焦耳写成了"论由空气的胀缩所产生的温度变化"一文,使他成为从分子动力学立场出发进行深入研究的先驱者。

除了从事科学研究工作,焦耳还与哥哥共同经营父亲留给他们的一家啤酒厂。1854年,在丧妻之后,焦耳把啤酒厂中属于自己的股份卖掉,此后就专心投入到科学研究之中。焦耳还有幸与英国著名物理学家威廉·汤姆孙(开尔文勋爵)一起进行热力学实验和能量守恒等问题的研究,在焦耳发表的97篇科学论文中有20篇是他们两人合作的成果。1850年焦耳当选为英国皇家学会会员,1866年获英国皇家学会柯普利奖章,1882～1887年任英国科学技术协会主席。1889年10月11日在英格兰的塞尔逝世。后人为了纪念他,用焦耳作为能量的单位,用焦耳的拉丁文拼法的第一个字母"J"来标记热功当量。

焦耳既未上过大学,也从未获得过任何学术职称,而是一位靠自学成才的科学家。他取得成功的道路是极其艰辛、坎坷、曲折的。1843年,在朋友的鼓励下,焦耳前往苏格兰报考自然哲学教授,但因没有正式学历而未获准;1844年,他要求在皇家学会宣读自己的论文,遭到了拒绝;1847年4月,焦耳在曼彻斯特做了一次通俗的学术讲演,介绍了他测定热功当量的新实验,阐述了能量守恒原理。地方报纸起初不予理睬,有一家报纸甚至拒绝报道这件事,经过很长时间的争论,《曼彻斯特信使报》才全文刊登了焦耳的讲演;1847年6月在牛津举行的英国科学促进协会上,当焦耳又要求宣读论文时,会议主席以会议内容太多为理由只准许他作简要介绍,而不准对他的发言进行讨论。只是由于威廉·汤姆孙在焦耳报告结束后做了即席发言,才引起与会者对焦耳新思想的重视。直到1850年,焦耳的科学发现才终于得到科学界的公认,焦耳也作为能量守恒与转化定律的主要发现者之一而被载入史册。焦耳主要依靠自己的努力,排除各种困难和干扰,持之以恒地进行科学实验和科学研究,为科学的发展做出了重要贡献。他这种知难而进、百折不挠的科学精神和巧妙的实验设计、高超的实验方法得到了人们的充分肯定和高度赞扬。

热力学第二定律的提出者——克劳修斯

克劳修斯,Rudolf Julius Emanuel Clausius(1822年1月2日~1888年8月24日),德国物理学家。

克劳修斯出生于普鲁士的克斯林(今波兰科沙林)的一个知识分子家庭。1840年进入柏林大学攻读数学和物理学,1847年获哈雷大学哲学博士学位。1842年在柏林炮兵工程学校讲授物理学,1855年任苏黎世工业大学物理学教授,1867年返回德国任维尔茨堡大学物理学教授,1869年起任波恩大学物理学教授。1888年8月24日在波恩逝世。克劳修斯从理论研究和实验研究两方面对热力学和统计物理学做出了重要的贡献。1850年,克劳修斯发表了题为"论热的动力和由此得出的热学理论的普遍规律"的著名论文,他从焦耳用实验方法确立的热功当量出发,从研究卡诺的热机理论入手,批判并否定了热质说,分清了热能与内能这两个概念的联系与区别,给出了理想气体热力学第一定律的表达式:$dQ=dU+dw$(其中dQ表示传递给物体的热量,dU表示内能,dw表示所做的功)。他还指出了卡诺定理结论的正确性及其推导中的失误,进而明确提出了热力学第二定律的克氏表述:"热不可能自动地从冷的物体传到热的物体"。1854年,克劳修斯在题为"论热的动力理论的第二原理的另一形式"中,进一步证明了在任意可逆循环过程中:$\varphi \dfrac{dQ}{T}=0$。1865年克劳修斯在题为"论热的动力理论的主要方程的各种应用形式"中,得出:$\varphi \dfrac{dQ}{T} \leqslant 0$(等号适用于可逆循环过程,小于号适应于实际的不可逆循环过程)。引入并定义了一个重要的概念——熵,如果用S表示熵,则$dS=dQ/T$,还进一步用熵的概念表述了热力学第二定律:"任何孤立系统,它的熵永远不会减少;换言之,自然界里的一切自发过程,总是沿着熵不减少的方向进行的。"这就是熵增加原理。熵增加原理揭示出自然过程的不可逆性,表明了与热运动形式联系着的能量转化的新特点,即揭示了自发过程的方向性和限度,明确指出:"不平衡状态可以自动地趋向平衡状态,平衡状态却不能自动地转化为非平衡状态。"从而使人类对自然过程中能量转化的表征和认识更全面了。需要指出的是,克劳修斯在1865年的论文中还推断出"宇宙的能量恒定不变"、"宇宙的熵趋于一个极大值",并提出了宇宙热寂说,这虽是用物理来探讨宇宙问题的一个尝试,但结论却是不正确的。此外,克劳修斯对分子运动论的建立也做出了重要贡献:1857年克劳修斯在"论热运动形式"一文中阐述了气体动理学理论的基本思想,进而推导出了理想气体压强公式,又由这一公式推导出了波义耳——马略特定律和盖·吕萨克定律。在推导理想气体压强公式时,克劳修斯第一次明确提出了物理学中的统计概念,为后来统计物理学的发展做出了重要贡献。1858年克劳修斯在"关于气体分子运动的平均自由程"一文中,引进了气体分子运动的平均自由程的概念,初步回答了当时一些科学家对分子运动论的责难,捍卫并发展了气体动理学理论的思想。

克劳修斯是热力学的奠基人之一,也是统计物理学的先驱者之一。他敢于突破传统观念并善于从物理概念上进行创新的科学精神是值得人们学习的。

经典电磁理论的集大成者——麦克斯韦

麦克斯韦,James Clerk Maxwell(1831年6月13日～1879年11月5日),英国物理学家、数学家。

麦克斯韦诞生于爱丁堡,父亲是一位爱好科学技术的律师,也是爱丁堡皇家学会会员。麦克斯韦小时候由母亲教他读书,8岁时母亲因病去世,就由父亲担负起抚养和教育的重担。麦克斯韦从小就有强烈的求知欲和丰富的想象力,勤学好问,爱思考,记忆力强,能背诵一些长诗。10岁进爱丁堡中学学习,酷爱数学,经常做一些课本以外的数学难题。在全校的数学竞赛和诗歌比赛中都获得了第一名,显示出了非凡的数学才华和超常的想象力,使他在中学时代就成了有名的"神童"。14岁时就在爱丁堡皇家学会会刊上发表了题为"谈椭圆之制图法"的论文。1847年进入爱丁堡大学学习物理,三年内学完了四年的课程。1850年进入英国剑桥大学,先在彼得豪斯学院,一学期后转入三一学院,在此期间受到著名电学家霍普金斯(William Kopkins)和物理学家斯托克斯的指导,在1854年的数学优等生考试中,他以与第一名同样的成绩却居第二名数学优等生毕业,并获得史密斯奖第一名。1854年毕业,获得博士学位。1855年,成为剑桥大学三一学院的研究员。1856年起在亚伯丁的马里夏尔学院任自然哲学教授,1860年起在伦敦国王学院任自然哲学和天文学教授。1865年自动辞职回到苏格兰老家专心从事写作。1871年起任剑桥大学实验物理学教授并创建了举世闻名的卡文迪什实验室。他是首任卡文迪什教授,并在1871~1879年间,一直任卡文迪什教授。麦克斯韦对物理学的突出贡献是建立了统一的经典电磁场理论和光的电磁理论,并预言了电磁波的存在。麦克斯韦年轻时就研读过法拉第的《电学的实验研究》等著作,对法拉第的成就和思想十分敬佩,同时也发现法拉第的工作缺乏严格的数学表达,他立志要用精确的数学语言来表述法拉第的物理思想。1855年发表了关于电磁学的第一篇论文《论法拉第的力线》,采用与流体类比的方法,对法拉第的场、力线做了深入系统的研究,把法拉第的物理语言翻译成数学语言。1862年发表了关于电磁学的第二篇论文"论物理的力线",进一步明确论述了他在1861年提出的两个重要假设:一是假设变化的磁场通过媒质也会在其周围激发出一种感应电场(或称涡旋电场),二是假设除传导电流外,还存在位移电流。1864年12月8日在英国皇家学会上宣读了关于电磁学的第三篇论文《电磁场的动力理论》,这篇论文于1865年公开发表,这是麦克斯韦研究电磁现象的总结性论文,他总结了前人和自己对电磁理论的研究成果,运用矢量分析的数学手段,建立了电磁场的基本方程——麦克斯韦方程组,提出了统一的电磁场理论,预言了电磁波的存在。1868年又发表了"关于光的电磁理论"的论文,创立了光的电磁波学说。特别是在1873年他出版了一部集电磁理论之大成的经典巨著《电磁通论》,它犹如一部电磁学百科全书,几乎囊括了从库仑到麦克斯韦这100多年间的全部电磁学知识,代表了当时人类认识电磁现象所达到的最高成就。这是一部可以与牛顿的《自然哲学的数学原理》相媲美的著作,它的出版标志着经典电磁理论的宏伟大厦经过几代人的努力已经建立起来了。但是,麦克斯韦的电磁理论提出后并没有立刻得到公认。不少知名物理学家都表示怀疑或反对,直到1888年德国物理学家赫兹用实验证实了电磁波的存在及其具有的反射、折射、干涉等性质时,反对意见才销声匿迹。麦克斯韦的电磁理论彻底否定了超距作用的错误观点,揭示了电、磁、光的统一性,实现了物理学史上的又一次理论大综合,这是人类科学认识的一次重大飞跃。它是物理学发展的一个里程碑,标志着经典物理学的成熟。同时,它也揭开了人类利用电磁波的序幕,为无线电通讯的发展开辟了道路。这是物理学自牛顿以来的一次最深刻、最富有成效的变革。

麦克斯韦在气体分子运动理论方面也做出了重要贡献。他在写于1859年、发表于1860年的"气体动力理论的说明"这篇著名论文中,采用了数学统计的方法,运用了几率概念,导出了分子运动的麦克斯韦速度分布律。1870年出版了《热学理论》一书,汇集了麦克斯韦关于气体动力学的理论。这样,麦克斯韦又成为气体分子运动理论的奠基人和统计物理学的主要奠基人之一。此外,他在土星环理论、热力学、光学、分子物理学和液体性质的理论等方面都取得了一定成就。

麦克斯韦不仅是一位天才的理论物理学家,而且也是一位杰出的实验物理学家。他发现了流动液体的双折射现象,发明了混色陀螺、实像体视镜和麦克斯韦电桥。在麦克斯韦任卡文迪什实验物理教授时期,承担并完成了大英科学促进会交给的精测电阻标准和欧姆值大小的工作,还花大量时间整理了卡文迪什留下的实验手稿,与学生一起重做卡文迪什的大量实验,逐个验证、订正,然后编辑成书,于1879年出版。

1879年11月5日,麦克斯韦因癌症医治无效而去世,年仅48岁。在三一学院的教堂内举行追悼仪式后,他的遗体被运回老家格伦莱尔,葬在帕尔顿教堂的墓地内。1931年在纪念这位科学伟人诞生100周年时,英国政府和科学界决定将它的遗骨葬在伦敦的威斯敏斯特教堂的公墓中,在牛顿墓的侧面,并与法拉第的墓并排。这里是埋葬英国近代史上最著名的科学家的地方。这说明麦克斯韦的学说已经得到证实和产生了巨大而深远的影响,他本人在科学史上也获得了应有的科学地位和高度评价。

麦克斯韦童年丧母,青年时丧父,到了中年时妻子又患病卧床不起,晚年自己又患癌症。但他能以顽强的意志克服家庭生活中的重重困难,争分夺秒地从事科学研究工作。在他48年的短暂人生中,他发表了约100篇论文,出版了两部著作,在诸多科学领域中都有出色表现,不仅是经典电磁理论的集大成者、气体分子运动理论的奠基人,而且成为英国历史上第一个建立公立的和正规的物理实验室和开拓英国实验物理研究领域的人。麦克斯韦留给后人的不仅是他的科学发现和科学论文、著作,也不仅仅是卡文迪什实验室,更有他严谨治学的科学作风、勇于并善于创新的科学精神和献身科学的高尚品质。

统计力学的奠基者——玻耳兹曼

玻耳兹曼,Ludwig Boltzmann(1844年2月20日～1906年9月5日),奥地利物理学家。

玻耳兹曼出生于奥地利闻名遐迩的音乐之都维也纳。维也纳的文化、艺术传统对玻耳兹曼的成长产生了巨大而深刻的影响。玻尔兹曼的父亲路德维希(Ludwig)是德裔奥地利的文职官员,特别重视对子女的教育与培养;母亲卡特琳那·玻恩芬德(C Pauernfeind)是一位很有思想的基督教徒,在玻尔兹曼父亲病逝、弟弟夭折、家庭经济极端困难的情况下,母亲仍竭尽全力保证玻耳兹曼受到良好的教育。青少年时代的玻耳兹曼聪明好学,兴趣广泛,刻苦读书,不仅喜欢音乐和文学,而且对大自然有强烈的好奇心和敏锐的洞察力,学习成绩在班上名列前茅。1863年玻耳兹曼进入维也纳大学攻读物理学和数学,深受物理学院院长、数学和物理学教授约瑟福·斯特藩(J Stefan)的赏识和影响。1866年以题为"力学在热力学第二定律中的地位和作用"的博士论文获得博士学位。1867年在维也纳大学物理研究所任斯特藩的助教,1869年受聘到奥地利的格拉茨(Graz)大学继任马赫的数学物理学讲师职位,以后又去慕尼黑大学和莱比锡大学任教。1902年回到维也纳大学任教,同时主持物理讲座和自然哲学讲座。

玻耳兹曼涉足的研究领域非常广泛,在气体动理学理论、热力学、统计物理学、电磁理论等方面都有重要贡献。1868年玻耳兹曼推广了麦克斯韦的气体分子速度分布律,得出了平衡态气体分子的能量分布定律。他把统计学的思想引入分子运动论,证明了麦克斯韦分布律是最可能的分布,即分子运动速度有归于这一分布的趋向。1872年,玻耳兹曼还进一步建立了非平衡态气体分子速度分布函数的运动方程,即著名的玻耳兹曼积分—微分方程。该方程可以解决各种输运过程问题,现在这一方程经常被用于研究流体、等离子体和中子的输运过程。1875年玻耳兹曼引进并定义了一个热力学函数 $H=\int f(v,t)\ln f(v,t)dv$,并进一步证明了 $\frac{dH}{dt}\leq 0$,即在气体经过分子碰撞达到平衡时,函数 H 取极小值,$\frac{dH}{dt}=0$;而在未达到平衡以前,函数

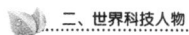

H 的值随时间持续下降，$\frac{dH}{dT}<0$。这样，玻耳兹曼就证明了：任何孤立系统，H 总是随时间减少或不增加。换言之，自然界里的一切自发过程总是沿着 H 不增加的方向进行的。这一原理被称为"玻耳兹曼最小定理"，亦称为"H 定理"。H 定理从微观角度表征了自然过程的不可逆性。1877 年，玻耳兹曼把熵 S 与系统相应的热力学状态的几率 W 联系起来，得出：S∞lnW；1900 年德国物理学家普朗克引进了比例系数，将玻耳兹曼得出的熵与几率的关系写成：S＝Klnw（其中 K 为玻耳兹曼常数），这一公式称为玻耳兹曼——普朗克公式。这样，玻耳兹曼通过熵与几率的联系揭示了热力学系统宏观与微观的联系，从而揭示了热力学第二定律的统计本质，给出了热力学第二定律的微观解释：函数 H 和 S 都是同热力学状态的几率相联系着的，H 定理或熵增加原理所揭示的孤立系统中自发过程的方向，正相应于系统从热力学几率小的状态向热力学几率大的状态的过渡。1844 年，玻耳兹曼在理论上证明了斯特藩关于黑体辐射总能量与该物体绝对温度的四次方成正比的放射量的经验定律，这个由斯特藩和玻耳兹曼共同建立起来的定律称为斯特藩——玻耳兹曼定律，这一定律对量子物理学的建立起到了奠基作用。1905 年，玻耳兹曼指出根据论述整个宇宙的热力学第二定律的不规律外推法而得出"宇宙热寂说"的论点是错误的。在多年精心研究的基础上，玻耳兹曼撰写出版了《力学原理》和《气体理论讲义》两部经典名著，至今仍具有重要学术价值。晚年，玻耳兹曼在与马赫的经验主义和奥斯特瓦尔德的唯能论的论战中身心俱疲，于 1906 年 9 月 5 日逝世，在墓碑上刻着"S＝Klnw"这一公式。

玻耳兹曼是热力学和统计力学的奠基人之一，他被伦敦、柏林、巴黎、彼得堡等科学院吸收为会员或院士。玻耳兹曼敢于突破传统观念和勇于坚持真理的科学精神是值得人们学习的。

第一个获得诺贝尔物理学奖的科学家——伦琴

伦琴，Wilhelm Conrad Röntgen，(1845 年 3 月 27 日～1923 年 2 月 10 日)，德国物理学家。

伦琴出生于普鲁士莱茵河流域靠近荷兰边界的伦内普(Lennep)，父亲是一个布织品工厂的厂主,母亲出生于荷兰,是个贤良聪明的女人。伦琴3岁时随父母迁居到荷兰的阿佩尔多恩,他就在这里的一所私立学校读书,喜欢野外活动和手工劳动。1865年,伦琴考入瑞士苏黎世联邦工业大学,1868年毕业,并以优异的成绩获得了机械工程师学位。1869年,以论文"气体的态"获得博士学位。凭这些合格证件,他当上了物理学教授孔特(A. Kundt)的助教。在孔特的指导和影响下,伦琴转向了纯科学(主要是物理学)研究。1870年,孔特应聘去维尔茨堡大学,并带了伦琴作自己的助教。1872年,伦琴又随孔特到斯特拉斯堡大学,并于1874年成为该大学编外讲师。1875年,伦琴任霍恩海姆农学院物理学教授,由于这里缺少实验条件,他又作为特约教授返回斯特拉斯堡大学讲授理论物理。1879～1888年,伦琴任吉森大学物理学教授,在这关键的10年里,伦琴主要从事电磁学和光学方面的理论和实验研究,取得了一系列成果,发表了18篇论文,为他后来的成功奠定了坚实的基础。1889年,伦琴任维尔茨堡大学物理学教授和物理研究所所长,1894年任维尔茨堡大学校长。正是在维尔茨堡大学,伦琴完成了X射线的发现工作。

1895年11月8日晚,伦琴用克鲁克斯管继续做研究阴极射线穿透能力的实验。为了防止紫外线和可见光的影响,和避免管内的可见光漏出管外,他用黑色硬纸板把放电管严密地套封起来。当他在暗室内接上高压电流进行实验时,意外地发现1米以外的荧光屏上有闪光。这一新奇的现象立即引起了伦琴的高度注意,他顾不上吃饭,全神贯注地重复刚才的实验,并把荧光屏一步步移远,发现即使在两米左右,屏上仍有荧光出现。伦琴确信,无法用已发现的阴极射线的性质来解释这一现象,因为别人和他本人的实验都已证明,阴极射线只能穿透几厘米空气,不可能使一二米处的荧光屏闪光。经过连续六七个星期废寝忘食的反复实验和研究,他确认这种现象是由一种新射线引起的。由于这种射线及其性质尚未为人所知,因而取名X射线。为了检验这种射线的穿透本领,他选用了多种物质,逐一放在放电管和荧光屏之间进行实验。这些实验表明,X射线是从克鲁克斯管发出的人眼看不见的射线,具有比阴极射线强得多的穿透能力,并且对不同物质穿透程度不同。在完成了一系列实验研究之后,伦琴于1895年12月28日向维尔茨堡物理学医学学会递交了他的第一篇论文"论一种新的射线",宣布他发现了 X 射线。1896 年元旦，伦琴又将他的论文和第一批 X 射线照片复制件分送给了一些著名物理学家。这个发现很快就传遍了全世界，立刻引起了轰动。发现 X 射线后，伦琴继续深入研究了 X 射线的性质，在 1896 年 3 月 9 日发表了第二篇论文"论一种新的射线（续篇）"，1897 年 3 月又发表了第三篇论文"关于 X 射线性质的进一步观察"，随后就回到他自己原来的研究课题上。

1900 年，应巴伐利亚政府的邀请，伦琴从维尔茨堡迁往慕尼黑，任慕尼黑物理研究所教授和所长。1920 年辞退了慕尼黑的职务，1923 年 2 月 10 日在慕尼黑自己的家中逝世。

X 射线的发现具有划时代的意义：首先，他消除了当时物理学家的自满情绪，重新激起了人们进行新发现的兴趣和热情，在科学技术领域中产生了一系列连锁反应，在全世界范围内引起了强烈反响；其次，它对当时盛行的原子不可分观点是一次致命的打击，使人类的认识开始深入到原子内部；此外，这一发现不仅为现代实验物理学和理论物理学开辟了新的研究途径，提供了新的研究方法，而且具有广泛的实用价值，如医疗透视、金属探伤、晶体结构分析等。正因为如此，X 射线和放射性、电子的发现一起被称为 19 世纪末物理学的三大发现，三大发现共同揭开了现代物理学革命的序幕，标志着现代物理学的开端。X 射线的发现，也给伦琴带来了国际声誉。1896 年，伦琴成为维尔茨堡大学的荣誉医学博士和他出生地伦内普的荣誉公民，并且成为柏林科学院和慕尼黑科学院通讯院士；1896 年 11 月 30 日获英国皇家学会伦福德奖章，1900 年获哥伦比亚大学巴纳德（Barnard）奖章；1901 年 12 月 10 日荣获诺贝尔物理学奖，成为第一个获得诺贝尔物理学奖的科学家。为了纪念伦琴对科学发展所做出的重大贡献，德国人民在柏林市的波茨坦桥上树起了伦琴的塑像，国际学术界决定用伦琴作为射线照射量的单位。

伦琴成名后，从不追求金钱和名利。他拒绝了巴伐利亚贵族院授予他的贵族封号，并把自己获得的诺贝尔奖金全部捐给了维尔茨堡大学，以促进大学的科学研究事业，表现出了一个杰出科学家所具有的高尚的科学道德。伦琴先后在 6 所大学里任职，不管在哪所大学里他都孜孜不倦地从事科学研究工作，一生共发表学术论文 356 篇，表现出了为科学而献身的可贵精神。特别是他能抓住偶然发现的意外现象连续进行深入研究，从而做出重大发现的生动史实,更为人们的科学研究提供了宝贵的经验和有益的启迪。

天然放射性的发现者——贝克勒耳

贝克勒耳,Antoine Henri Becquerel(1852年12月15日~1908年8月25日),法国物理学家。

贝克勒耳出生于法国巴黎的一个科学世家,祖父和父亲都是法国科学院院士,曾在巴黎自然史博物馆担任物理学教授,都是以研究磷光和荧光而闻名的物理学家。贝克勒耳从路易中学毕业后,1872~1874年在巴黎工业大学学习,1874~1877年在公路桥梁学院学习,在这里他得到了工程技术方面训练,从而取得了工程师的职位。毕业后进国家公路桥梁工程局当工程师,1878年任巴黎自然史博物馆助理研究员,1888年获得博士学位,1889年当选为法国科学院院士,同年又被晋升为公路桥梁方面的高级工程师。1892年任巴黎工业大学和巴黎自然史博物馆教授。1894年任国家公路桥梁工程局总工程师,1895年任国立工艺学院教授。

1896年初,法国物理学家彭加勒收到了伦琴寄来的关于X射线的第一篇论文和有关照片。在1896年1月20日的法国科学院每周例会上展示了这些照片,使当时在场的贝克勒耳产生了浓厚的兴趣,并得到了极大的启发。第二天他就开始进行系统研究,看荧光物质在受到光照时会不会发出X射线。他选用硫酸铀盐作为实验材料,先把它放在日光下曝晒,使它发出很强的荧光,然后把它放在用黑纸包严的照相底片上,结果发现密封的照相底片感光了。他改用反射光、折射光反复进行实验,都得到了同样结果。1896年2月24日,他向法国科学院报告了这一实验结果,认为X射线与荧光有关。2月26日当他准备进一步实验时,恰遇一连几个阴雨天,无法进行实验,他就把铀盐和密封的底片一起放进了抽屉。3月1日,细心的贝克勒耳为检查底片先冲洗了其中一张,竟意外地发现底片已经感光,上面有很明显的铀盐的像。这使他认识到日晒和荧光都与底片感光无关。他由此推断,感光是由于铀盐自身发出的一种射线所致。第二天他就在科学院例会上公布了这一重大发现,并且声明原先他的推断是错误的。此后,他又精心地做了一系列实验,发现只要有铀元素存在,就有这种射线产生,并进而发现这种射线具有穿透能力,能使气体电离和引起验电器放电,后人把这种射线称为贝克勒耳射线。

贝克勒耳关于天然放射性的发现是 19 世纪末物理学的三大发现之一，它与 X 射线和电子的发现一起开拓了物理学研究的新领域，标志着物理学的发展进入了崭新的现代物理学阶段。贝克勒耳对天然放射性的开拓性研究，使他成为放射性研究的先驱者，吸引了一些物理学家继续沿着这一方向进行探索，又导致了一系列重大发现。由于对放射性研究的贡献，贝克勒耳和居里夫妇共同荣获了 1903 年诺贝尔物理学奖。1906 年 12 月 31 日贝克勒耳当选为法国科学院副院长，1908 年荣升为院长，同年 6 月 29 日又当选为更有影响的科学院常务秘书。贝克勒耳还荣任英国皇家学会外国会员和柏林科学院外国院士。但是，由于在没有防护的情况下长期接触放射性物质，使贝克勒耳的健康受到严重损害，于 1908 年 8 月 25 日为科学献出了他的生命，年仅 56 岁。为纪念这位放射性研究的先驱者，把放射性强度的单位命名为"贝克勒耳"。

贝克勒耳成功的经验是抓住意外发现的现象及时进行深入研究，做到手与脑并用，既勤于动手实验，又善于动脑思考。特别是他能大胆承认并勇于放弃自己已经公布的错误推断，表现出了他实事求是的科学态度和一心追求真理的科学精神。

电子的发现者——约瑟夫·约翰·汤姆孙

约瑟夫·约翰·汤姆孙，Joseph John Thomson（1856 年 12 月 18 日～1940 年 8 月 30 日），英国物理学家。

约瑟夫·约翰·汤姆孙出生于英国曼彻斯特郊区齐萨姆的一个书商家庭，从小就养成了爱书的习惯。1871 年进入欧文斯学院（即后来的曼彻斯特大学）学习，学了 3 年工程之后改学物理。为了学习课堂上学不到的知识，他经常到学校的物理实验室做实验。有一次烧瓶发生爆炸，几乎使他双目失明，但他毫不畏惧，好了之后继续做实验，并就此事写了一篇研究文章发表在皇家学会的《议事录》上。这第一次实验和第一次发表论文使他增强了从事科学研究的信心，激发了研究物理的兴趣。1876 年汤姆孙考取奖学金到剑桥大学三一学院攻读数学，1880 年以数学优等生第二名毕业，取得学士学位并获得斯密斯奖学金。同年，他通过考试当选为三一学院的研究员，进入卡文迪什实验室工作，在瑞利（Rayleigh）教授指导下进行电磁理论研究。1883年任三一学院讲师，1884年接替瑞利任卡文迪什实验物理教授。1906年因发现电子并测出了电子的电荷与质量的比值而荣获诺贝尔物理学奖。1908年被封为爵士，1915～1920年任英国皇家学会会长。1918年任剑桥大学三一学院院长，1919年辞去卡文迪什教授但仍兼任卡文迪什实验室无薪教授，三一学院院长和无薪教授这两个职务一直任职到他1940年8月30日逝世为止。

1897年10月约瑟夫·约翰·汤姆孙在《哲学杂志》上发表了题为"阴极射线"的著名论文，宣布了电子的发现。从19世纪80年代开始，约瑟夫·约翰·汤姆孙就从事气体放电现象的理论和实验研究，1893年出版了《电学与磁学的新近研究》一书，对气体放电的理论问题做出了阐述；1903年出版了《气体导电》一书，反映了卡文迪什实验室研究人员和研究生研究气体放电的新成果。由于长期从事气体放电研究和所取得的成果，约瑟夫·约翰·汤姆孙成为国际科学界公认的气体放电研究权威。德国物理学家和英国物理学家关于阴极射线是以太波还是粒子的激烈争论引起了约瑟夫·约翰·汤姆孙的关注，为了彻底弄清阴极射线的组成，他于1897年集中精力对阴极射线进行了系统的定性和定量研究。首先，他设计了一个巧妙的实验，证明阴极射线和带负电的粒子在电场和磁场作用下路径相同，有力地证实了阴极射线是由带负电荷的粒子组成的。因而，这一实验成了关于阴极射线本性的波动说与粒子说之争的判决性实验，从而结束了这场长达20多年的争论。接着，他又通过实验进一步测定了组成阴极射线的粒子所带电荷e与其质量m的比值（e/m，简称比荷）是氢离子比荷的1 000倍左右，此外，他还用不同材料作阴极，并用各种不同气体充入放电管，多次重复实验，结果发现阴极射线粒子的比荷都不变，从而证明来自各种不同物质的阴极射线粒子都是一样的。根据对这些实验事实的分析，约瑟夫·约翰·汤姆孙推断，阴极射线粒子比原子小得多，并认为这种粒子是所有物质所共有的组成部分。但这一推断的论据还不充分，因为阴极射线的比荷是氢离子比荷的1 000倍还有两种可能，一种可能是阴极射线粒子的电荷e很大，另一种可能是阴极射线粒子的质量m很小。因此，测定基本电荷e的绝对值就成为当务之急。1897～1898年，约瑟夫·约翰·汤姆孙和他的学生用云雾法测定阴极射线粒子的电荷与电解中氢离子所带的电荷是同一数量级,从而直接证明了阴极射线粒子的质量是氢离子质量的千分之一。这样就确证了阴极射线粒子是组成一切原子的一个基本粒子,他起初把这种粒子称为微粒,后来改称为电子。

电子的发现是科学史上具有划时代意义的重大事件,它打破了2 000多年来原子不可分的传统观念,使人类的认识第一次深入到原子内部,标志着人类对物质结构的认识进入到一个新的阶段。从此,探索原子内部结构就成为科学家们的奋斗目标。此外,约瑟夫·约翰·汤姆孙还于1912年首先指出了同位素的存在,他发现天然存在的氖气是由两种质量不同的同位素原子所组成,原子量为20的原子占90%,原子量为22的原子占10%,因此氖原子的平均原子量为20.2,这个数值和氖的已知原子量20.183相当一致,从而证明,氖的已知原子量只不过是氖同位素原子量的算术平均值。

从1880年进入卡文迪什实验室工作开始一直到1940年去世,约瑟夫·约翰·汤姆孙在卡文迪什实验室连续工作长达60年之久,他担任卡文迪什实验物理教授长达35年之久,这在卡文迪什实验室是史无前例的。在任卡文迪什教授期间,他不但将剑桥大学传统的数学优等生制和自然科学优等生制改革为硕士学位研究生制、后来又扩大到博士学位研究生制,而且采用了一系列的民主治学和活跃学术气氛的措施,使卡文迪什实验室人才辈出,硕果累累,蜚声世界。仅约瑟夫·约翰·汤姆孙本人就培养出8个诺贝尔奖获得者、27个英国皇家学会会员,并为各国的37所大学培养了82名物理教授。为世界各国物理学的发展培养了大量优秀人才,为卡文迪什实验室的现代化和走向世界做出了决定性的贡献。

约瑟夫·约翰·汤姆孙一生不仅发表了大量论文,而且出版了许多著作,主要有:《论涡环的运动》(1884年)、《电学与磁学的新近研究》(1893年)、《气体的放电》(1897年)、《化学中的电子》(1923年)、《重集合与反射》(1936年)。

约瑟夫·约翰·汤姆孙是在英国科学史上占有特殊地位的科学家之一,他担任过英国科学界的许多要职,如英国皇家学会会长、大英科学促进会主席等。同时,约瑟夫·约翰·汤姆孙也是一位享誉世界的科学家,曾获得国内外23个科学团体的荣誉博士,被21个国外科学院聘为院士或通讯院士。

约瑟夫·约翰·汤姆孙发现电子是用普通仪器做出重大发现的典范,他在发现电子的著名实验中所使用的主要仪器——气体导电仪,就是他利用废旧材料自己制作的。这种自己动手设计制作或加工改造实验仪器的做法应当在科学研究中大力提倡和鼓励。特别是他不为原子不可分的传统观念所束缚、敢于大胆创新的科学精神更应发扬光大。

电磁波存在的证实者——赫兹

赫兹,Heinrich Rudolf Hertz(1857年2月22日～1894年1月1日),德国物理学家。

出生于德国汉堡的一个富裕而有文化的家庭,父亲是一名律师。赫兹6岁上小学,成绩名列前茅。从小就喜欢动手做实验,12岁时就能利用家里的木工工具和车床制作一些物理仪器。上中学时各科成绩都很优秀,外语尤其突出。1875年中学毕业后,他一心想当工程师,为取得工程实践经验,他到法兰克福设计局工作了一年。1876年春天去德雷斯顿高等技术学院学习工程学,秋天应召去柏林的铁道兵团服役一年。1877年进慕尼黑工业学院学习,一年后发现最具吸引力的是物理学领域的科学研究工作,便决定放弃工程职业,于1878年转入柏林大学,成为赫尔姆霍兹和基尔霍夫的学生。赫尔姆霍兹发现他既勤奋又有才能,便让他以实习生的身份参加自己实验室的工作。1879年赫兹在物理竞赛中荣获金质奖章,年底完成了题为"论旋转体中的感应"的博士论文,1880年获得博士学位。1880～1883年任赫尔姆霍兹的助手,1883年任吉尔大学副教授,讲授数学、物理学,同时深入研究麦克斯韦的电磁理论,并发表了有关论文。

1885年,赫兹任卡尔斯鲁厄工业学院的物理学编内教授,利用该校设备良好的物理研究所,出色地进行了电磁波实验研究工作,做出了震惊世界的重大发现。1886～1887年,赫兹通过一系列重要实验,证实了麦克斯韦所预言的电磁波的存在,从而有力证实了麦克斯韦电磁场理论的正确性。1887年11月5日赫兹给赫尔姆霍兹一篇题为"论在绝缘体中电过程引起的感应现象"的论文,总结了这一重要发现。1887年,赫兹还首先发现了光电效应现象。1888年,赫兹又做了一系列研究电磁波性质的实验,证实了电磁波的传播速度等于光速,还证实了电磁波与光波一样具有反射、折射、衍射、干涉、偏振等性质,确认电磁波是横波,从而有力证实了麦克斯韦光的电磁理论的正确性。赫兹将这些研究成果汇集在1889年出版的《论电力射线》一书中。

1889年赫兹接替克劳修斯的职位任波恩大学物理学教授,除授课外,他继续深入研究麦克斯韦的电磁理论,重点探究这个理论的实质和它的确切表述。1890年以后,赫兹用较多的时间和精力系统地整理了麦克斯韦的电磁场理论,进一步完善了麦克斯韦方程组,使它更加优美、对称,并给出了麦克斯韦方程组的现代形式。赫兹在1890年发表的两篇论文,对麦克斯韦电磁场理论的完善发展起到了重要作用。

1894年1月1日,赫兹因病在波恩逝世,年仅37岁。人们为了纪念他,用赫兹作为频率的单位。

赫兹是一位才华横溢的实验物理学家,他终身酷爱实验,特别是他设计实验的创造天才和巧夺天工的实验技巧为人们树立了光辉的榜样。他发现的电磁波使麦克斯韦电磁场理论得到证实和公认,他创造的电磁波的发射器和接收器为人类打开了进入无线电通讯时代的大门。赫兹用极其短暂的一生为物理学乃至人类的发展做出了极其重要的贡献。

量子论的创立者——普朗克

普朗克,Max Karl Ernst Ludwig Planck(1858年4月23日~1947年10月3日),德国物理学家。

普朗克出生于德国基尔的一个高级知识分子世家,祖辈多是牧师、律师、学者。父亲是基尔大学民法教授,他第一位妻子生有两个儿子,普朗克是他父亲第二个妻子所生的第四个儿子。普朗克从小受到严格的正规教育,在少年时期就显露出非凡的数学才能和超群的音乐才能,是一名优秀的钢琴和风琴演奏者。在基尔读完小学后,普朗克于1867年春随全家由基尔迁居慕尼黑,同年5月考入马克思米利安中学,1874年7月高中毕业,同年10月考入慕尼黑大学,攻读数学和物理学学士学位。1875年因病中断学业,病愈后转入柏林大学,在名师赫尔姆霍兹和基尔霍夫的指导下学习物理学,并自修了克劳修斯的《热力学》,在此著作的影响下开始从事热力学研究。1879年普朗克回到慕尼黑大学，以题为"论热力学第二定律"的论文获得博士学位。1880年，普朗克任慕尼黑大学物理学讲师，同年6月14日由于写了一篇题为"不同温度条件下物体的平衡熵"的论文获得了慕尼黑大学授予的特别奖状。1885年普朗克被基尔大学聘任为理论物理学特约教授。1888年11月29日，普朗克应聘接替已逝世的基尔霍夫的职位，任柏林大学理论物理助理教授和为他新设的理论物理研究所所长，1892年晋升为正教授，在此岗位上一直工作到1926年退休时为止。1894年当选为普鲁士科学院数理学部委员，1912年任普鲁士科学院常务院长。1926年当选为英国皇家学会会员，1930年任柏林威廉皇家研究所所长。

普朗克对物理学的研究主要集中在热力学、辐射理论和相对论三个领域，最杰出的贡献是提出了著名的普朗克辐射公式并进而创立了量子论。19世纪末，黑体辐射问题成为科学家关注的焦点和研究的热点。为了解释黑体辐射的实验规律，1896年，德国物理学家维恩通过半理论半经验的方法提出了一个描述黑体辐射能量分布的公式，称为维恩辐射定律。这个公式在短波部分与实验符合得很好，但在长波部分却与实验明显不符。1900年，英国物理学家瑞利根据统计力学和经典电磁理论也推导出一个描述黑体辐射能量分布的公式，1905年英国天文学家金斯纠正了瑞利的一个错误，对瑞利公式进行了修正，后来人们把这个公式统称为瑞利—金斯公式。与维恩公式相反，这一公式在长波部分与实验符合得很好，而在短波部分却与实验结果完全相反：辐射能量不是像实验曲线那样趋于零，而是趋于无限大，即在频率较高的紫外一端发散。这个公式在短波部分所遇到的困难被荷兰物理学家埃伦菲斯特（P. Ehrenfest）称为"紫外灾难"。普朗克从1894年开始把注意力转向黑体辐射问题，他在1899年5月从热力学推导出维恩辐射定律，同年底他得知德国实验物理学家鲁本斯（H. Rubens）等人在1899年9月发表的实验报告中指出了维恩辐射定律在长波部分与实验有明显偏差，表明他用来推导维恩辐射定律的理论有缺陷。正当他准备修改自己的理论的时候，鲁本斯夫妇于1900年10月7日访问了普朗克。鲁本斯告诉他，瑞利发表的辐射公式在长波部分与实验结果符合得很好，这使普朗克受到很大启发。他立即尝试用内插法去寻找新的黑体辐射能量分布公式，使它在短波部分与维恩公式符合，而在长波部分与瑞利公式符合，他当天就得到了所要求的辐射公式。1900年10月19日,在德国物理学会的会议上,普朗克在题为"维恩辐射定律的改进"的论文中宣布了他所得出的新的辐射公式,这一公式在短波和长波部分都与实验结果相符合。为了从理论上对这一公式做出令人满意的解释,普朗克经过两个月的努力,终于提出了一个完全背离经典物理学的大胆假设:物体在发射和吸收辐射时能量的变化是不连续的,其能量值只能是最小能量 ε 的整数倍。这个不可分的能量最小单元 $\varepsilon = h\nu$(其中 ν 为频率,h 称为普朗克常数),普朗克称它为"能量子"。1900年12月14日,普朗克在德国物理学会上宣读了题为"关于正常光谱的能量分布定律的理论"的论文,报告了他这个大胆的假设,标志着量子论的诞生。普朗克常数(这个常数的量纲是能量与时间的乘积,所以称为"作用量子")的引入是现代物理学中最富有革命性的事件,普朗克能量子假说的提出在物理学发展史上具有划时代的意义,它冲破了经典物理学传统观念的束缚,第一次把能量不连续的思想引入物理学,提出了具有深远意义的崭新的量子化观念,为人类探索微观物体运动规律奠定了重要基础。因此,量子论的提出,不仅使经典物理学遇到的许多困难问题得到解决,而且开辟了量子物理学的新纪元。由于创立了量子论,普朗克荣获了1918年诺贝尔物理学奖。

由于量子论与经典物理学格格不入,人们只承认普朗克那个与实验相符的辐射公式,而不接受他提出的量子假说。普朗克本人也没有乘胜对量子论进行发展与应用,而是长期惴惴不安,总想回到经典物理学的立场上去,为此他徘徊了长达15年之久,企图使基本作用量子与经典物理理论调和起来。就在普朗克多年的徘徊中,量子理论却取得了突飞猛进的发展。1905年爱因斯坦提出了光量子假说,揭示了光的波粒二象性并成功解释了光电效应的规律;1913年玻尔大胆而又巧妙地把卢瑟福的原子有核行星模型与普朗克的量子论结合起来,建立了新的原子结构模型,成功地解释了原子的稳定性和氢光谱的规律。直到1915年,普朗克才放弃了徘徊、倒退的立场,认识到基本作用量子在物理学中的地位和价值远比最初所设想的要重要得多。普朗克的经历说明经典物理理论对物理学家的影响是多么根深蒂固,要突破经典物理学传统观念的束缚又是何等困难与艰辛。这同时也说明,要做出具有革命性的重大发现,不仅要克服来自外界的困难和阻力,也要克服来自自身的困难和阻力,尤其是要突破传统观念的束缚和克服思维定势的局限。

普朗克的科学成就是在极其困难的情况下取得的,他经历了两次世界大战,家庭中相继发生过许多不幸:妻子于1909年去世,有一个儿子于1916年在第一次世界大战中战死,两个女儿先后在1917年和1919年死于难产,长子于1944年被希特勒处死……但这些困难和挫折都没有动摇普朗克献身科学的决心,他对生活总是抱着一种纯洁、独立的信念和积极进取的态度,总是用奋发忘我的科学工作来控制自己的感情和悲痛,克服了一个又一个的困难,为发展科学做出了一个又一个的重要贡献。

普朗克于1947年10月3日在哥廷根病逝,为了纪念这位杰出的物理学家,德国政府把柏林威廉皇家研究所改名为普朗克研究所。

两次荣获诺贝尔科学奖的女科学家——居里夫人

居里夫人,Marie Sklodowska Curie(1867年11月7日～1934年7月4日),法国物理学家、化学家。

玛丽·斯可罗多夫斯卡·居里(简称居里夫人)原籍波兰,1867年11月7日出生在被沙皇俄国占领的波兰华沙市的一个中学教师家庭。父亲乌拉狄斯拉夫·斯可罗多夫斯基毕业于圣彼得堡大学,后来在华沙的一所国立中学教数学和物理,是一位品德高尚、知识渊博、怀有强烈爱国思想和正义感的知识分子;母亲布罗尼斯洛娃·柏古斯卡·斯可罗多夫斯卡是华沙弗瑞达路一所寄宿女子中学校长,是一位受过良好教育、多才多艺、聪明娴雅的善良女性。玛丽是家里五兄妹中最小的一个,她有一个哥哥和三个姐姐。玛丽从小受到良好的家庭教育,家中对她最具吸引力的房间是父亲的书房,家中她最喜欢的物品是那些奇异而优美的物理仪器。1873年,6岁的玛丽进私立寄宿学校读书,虽然她年龄比同学小两岁,但学习很出色,对任何科目都不觉得困难,各科成绩都名列前茅。1876年,年仅14岁的大姐因患伤寒医治无效而去世;1878年,年仅42岁的母亲因长期患肺结核病医治无效而去世。这两次不幸对全家的打击太大了,但玛丽是一个坚贞不屈的女孩,她从不向困难低头,决不听天由命。在家里,她是既懂事听话又能干家务活的好孩子;在学校,她是令老师称赞、令同学钦佩的好学生。1881年,14岁的玛丽以优异的成绩从小学毕业,为了得到当局承认的官定文凭,进入俄国人管理的公立中学读书。她以超群的聪颖和非凡的毅力用功学习，成为全校有名的高材生，1883年6月以最优异的成绩从中学毕业，并获得一枚金质奖章。根据父亲的安排，1883年7月～1884年8月到乡间亲戚家度假休息，不仅使身体恢复了健康，精力更加充沛，而且对农村和农民产生了深厚的感情，特别是产生了一种终生如一的激情——对大自然的热爱。1884年9月，玛丽回到华沙，在城内担任家庭教师，参加了波兰爱国青年定期秘密聚会的"流动大学"，听课、做实验，并参加扫盲工作。为了资助二姐布罗妮雅前往巴黎深造，为了给自己积攒学费，在1885～1891年间，玛丽先后在普罗克、斯茨初基、索波特等地担任家庭教师。在长达六年的漫长岁月中，她不得不在陌生世界里过着举目无亲的孤独生活，但却以惊人的毅力和勇气战胜了教书生涯中的各种困难，虽历经坎坷，饱尝辛酸，备受煎熬，却很受锻炼，大有提高，颇有收获。尽管每天必须做的事情很多，从早到晚忙个不停，但她始终坚持学习，阅读了丹尼尔著的《物理学》、斯宾塞著的《社会学》（法文本）和保罗·柏特著的《解剖学及生理学教程》（俄文本），不断地充实和提高自己。通过自己家庭与担任教师家庭的鲜明对比，玛丽深为自己所生长的清贫、高尚的家庭及所受到的良好教育而感到自豪。她对那些有钱雇主的恶习越轻蔑，对高贵品质的追求也就越强烈，虽在各式各样的有钱人家中担任家庭教师，却始终一尘不染。从1867年出生到1891年赴巴黎求学，玛丽整整经历了24年的艰辛岁月，既是忧患的童年、劳苦的少年、贫困的青年，又是不屈的童年、发奋的少年、有志的青年，这就是她科学生命孕育和萌发的青少年时代。这一时期虽然使玛丽耗费了最宝贵的青春年华，却使她养成了许多优秀的品质，为一生的发展奠定了坚实的基础。

1891年9月，玛丽自费来到法国巴黎，11月考入巴黎大学理学院学习，这是她科学生涯的真正开端。1893年7月，以第一名的优异成绩获得物理学硕士学位，并在女友迪金斯卡小姐的帮助下从华沙方面获得金额为600卢布的"亚历山大奖学金"，解决了经济上的困难，得以继续在法国深造。1894年7月以第二名的优异成绩获得数学硕士学位，从而为大学时代画上了圆满的句号。1894年，玛丽接受国家工业促进协会有报酬的研究各种钢铁磁性的任务，以补充学习费用的不足。为完成这一研究任务，需要找一个理想的实验室，经波兰学者、瑞士福利堡大学物理学教授约瑟夫·科瓦尔斯基介绍，认识了有才华的法国物理学家皮埃尔·居里。两人志同道合，于1895年7月26日结婚，成为科学史上著名的科学伴侣。从此，玛丽便有了一个人们更加熟悉的名字——居里夫人。这是居里夫人科学生命的旺盛时期和科学生涯的高峰时期，两位伟大天才的美满结合、密切合作使他们在科学研究上捷报频传、硕果累累：1898年7月向法国科学院提交了居里夫妇共同撰写的题为"论沥青铀矿中的一种放射性新物质"的论文，宣布发现了新的放射性元素钋；1898年12月向法国科学院提交了居里夫妇和贝蒙共同撰写的题为"论沥青铀矿中含有一种放射性很强的新物质"的论文，宣布发现了新的放射性元素镭。1899~1902年，在一个简陋的棚屋中，经过45个月的奋战，从8吨沥青铀矿残渣中提炼出0.12克氯化镭，并测得镭的原子量为225。由于发现了放射性元素钋和镭，居里夫妇与贝克勒耳一起荣获了1903年诺贝尔物理学奖。

  早在1896年7月，玛丽就以第一名的优异成绩通过了大学毕业生在中等教育界任职资格考试，进入巴黎市立理化学校物理实验室工作。1900年居里夫人在巴黎西南的赛福尔女子高等师范学校任教，讲授物理学。1903年以题为"放射性物质的研究"的论文获得巴黎大学物理学博士学位。1904年任巴黎大学物理学院物理研究室主任。1906年4月19日皮埃尔·居里因车祸不幸逝世，年仅47岁。这突如其来的打击像晴天霹雳一样使居里夫人悲痛欲绝。但凭着对科学的酷爱和惊人的毅力，居里夫人勇敢地挑起了事业和家庭两副重担，并在事业和家庭上都创造了新的奇迹：1906年5月继承了巴黎大学理学院为皮埃尔·居里创设的讲座职务，讲授物理学课程，将最高教职委派给一个妇女担任，这在法国还是第一次。1908年成为巴黎大学第一位女教授，在世界上第一个开设了放射学学科。1910年，提炼出纯镭元素并测定到各项物理化学性质，还测定出氡和若干其他元素的半衰期，整理出放射性元素蜕变的系统关系，由于这一杰出成就荣获了1911年度诺贝尔化学奖，成为第一位在物理和化学两个不同领域两度荣获诺贝尔奖金的科学家。1914年，巴黎镭学研究院的居里楼落成，居里夫人任理事会理事和实验室主任。第一次世界大战爆发后，她不顾疲劳和危险，把实验室所拥有的价值昂贵的1克镭密封于22.68千克重的铅罐中，乘火车送到法国商港波尔多，秘存一家银行的保险库中，以免战乱失落。她还接受法国红十字会委派，负责放射部工作，奔波于国内外各战地伤病医院，指导各地 X 射线照相工作，为战地伤患者服务。1922 年 2 月居里夫人当选为巴黎医学科学院院士，1922 年 5 月应邀出任国际文化合作委员会委员，后来当选为副主席。她因患白内障分别于 1923 年、1924 年、1930 年进行眼科手术。1934 年，在居里夫人指导下，长女伊雷娜·居里和丈夫弗雷德里克·约里奥·居里发现了人工放射性，并因这一成就而荣获 1935 年诺贝尔化学奖。从而开创了在同一个家庭中有 4 人荣获诺贝尔科学奖的传奇，这在诺贝尔奖和科学史上也是一个奇迹。1934 年 7 月 4 日居里夫人因患白血病逝世于上萨瓦省桑塞罗谟疗养院，7 月 6 日安葬于巴黎郊区梭镇居里墓地。

放射性元素钋和镭的发现具有划时代的意义，使科学爆发了一场深刻的革命，促进了放射性化学的诞生，推动了原子核物理学的发展，开创了原子能应用的研究，使人类迈向了现代文明。特别是放射性元素的许多奇异性质使它们在实践中获得了广泛的应用，从而使人类对放射性元素的研究和认识进入了蓬勃发展的崭新阶段。由于放射性元素钋和镭的发现，使居里夫人成为誉满全球的杰出女科学家，她一生中获得过 10 次重大奖励、16 枚奖章和 20 多个国家授予的 107 个名誉头衔。但朴实无华的本性使居里夫人终生都保持着惊人的谦虚，她从不以权威或名人自居，总是以普通人的身份出现，平易近人，和蔼可亲。著名物理学家爱因斯坦曾深有体会地说："在所有的著名人物中，居里夫人是唯一不为荣誉所腐蚀的人"。居里夫人也从不为金钱所诱惑，终生以苦为乐、以苦为荣。她主动放弃了能使她成为巨富的提取纯镭技术的专利权，主动偿还"亚历山大奖学金"，主动把自己和丈夫经过千辛万苦亲手提炼出的第一克镭和美国妇女界捐赠的一克镭赠送给巴黎镭学研究院，主动把第二次诺贝尔奖金全部捐献给法国以支持法国人民的正义斗争，为维护世界和平做出了突出贡献……居里夫人不仅因为取得辉煌的科学成就而被千古传颂，同时还因为具有高尚的道德情操而万世流芳。在居里夫人的一生中自始至终贯穿着一条清晰的主线——自立、自信、自强、自主，这是她旺盛的生命之线、辉煌的成功之线和灿烂的人生之线，居里夫人正是用这条主线描绘出了自己的人生轨迹。

原子有核行星模型的提出者——卢瑟福

卢瑟福,Ernest Rutherford(1871年8月30日～1937年10月19日),英籍新西兰物理学家。

卢瑟福出生于新西兰纳尔逊附近的泉林村,祖籍苏格兰,世代务农和从事手工业。父亲是位勤劳的农民并擅长手工业,母亲是位善良的、多才多艺的小学教师。卢瑟福兄弟姐妹一共12人,他排行老四。卢瑟福的父母很重视对子女的教育,尽管家中生活困难,但仍节衣缩食供孩子读书。卢瑟福5岁上泉林小学,由于家庭搬迁,又转学到福克斯希尔小学。在10岁的时候,卢瑟福从母亲那里得到了对他一生都产生重大影响的一本书——《物理学入门》,这是由曼彻斯特大学的鲍尔弗·斯图尔特教授编著的教科书。卢瑟福为书中的实验所吸引,正是在这本书的引导下,他选择并走上了科学研究的道路。更有趣的是,这本书的作者恰巧是卢瑟福在剑桥大学读研究生的导师约瑟夫·约翰·汤姆孙的老师。特殊的家庭环境使卢瑟福从小就养成了热爱劳动的好习惯,他在家经常帮父母干活,上小学时就利用暑假参加劳动挣学费,他是靠奖学金才获得中学、大学和研究生学习机会的。1886年,15岁的卢瑟福以优异成绩获得奖学金,进入纳尔逊学院(相当于中学)读书。1889年,18岁的卢瑟福以第4名的好成绩获得奖学金并于1890年进入新西兰大学坎特伯雷学院学习。由于发奋努力,1893年他以该校从未有过的数学和物理双第一的成绩毕业,并取得了文学硕士学位。为了取得理学学士学位,他在毕业后又在该大学研究无线电一年,在实验家毕克顿(A. W. Bickerton)指导下,走上了科学研究的道路。自己制造了电磁波的发射器和检波器,进行了无线电收发的实验研究,1894年以题为"高频电使铁磁化"的论文取得理学学士学位。1895年,卢瑟福参加了著名的大英博览会奖学金考试,该奖学金每两年只授予新西兰一个名额,并规定研究生在毕业后只能到非本土的大学去工作。卢瑟福考了第二名,但由于第一名已经结婚并愿意留在新西兰工作,所以基金会才决定把奖学金授予卢瑟福。这一难得的机遇使卢瑟福成为英国剑桥大学由约瑟夫·约翰·汤姆孙领导的卡文迪什实验室的研究生,这是卢瑟福人生的转折点,从此他便开始了献身科学的征程。1898年研究生毕业,获硕士学位。1898～1907年任加拿大麦吉尔大学物理教授，1907～1919 年任英国曼彻斯特大学物理教授，1919～1937 年任剑桥大学卡文迪什实验室物理教授。

卢瑟福在放射线、原子物理、原子核物理等领域都进行了一系列开拓性的实验研究和开创性的理论研究，真是捷报频传、硕果累累。1899 年发现和命名了 α 射线和 β 射线，并发现 γ 射线存在的迹象，接着又发现了新的放射性元素钍；1902 年与索迪（Frederick Soddy）一起提出了放射性元素的蜕变理论，并于 1903 年发表了著名论文"放射性的变化"，因放射性元素蜕变和放射性物质化学的研究成果，卢瑟福荣获了 1908 年诺贝尔化学奖；1911 年发表了题为"α 和 β 粒子被物质散射和原子结构"的论文，根据 α 粒子散射实验，指出了原子核的存在，并提出了关于原子结构的"原子有核行星模型"，根据这一模型从理论上推导出了 α 粒子散射的公式；1919 年用 α 粒子轰击氮原子而获得氧的同位素，第一次实现了元素的人工嬗变，这是人类历史上第一次人工打破原子核。同年，发表了《α 粒子与氢原子碰撞》一文，该文分为《氢》《氢原子的速度》《氢和氧原子》《氮中的一个反常反应》四个部分发表，被誉为"四部曲"。

卢瑟福任卡文迪什教授的 18 年被认为是卡文迪什实验室发展史上最兴盛的高峰时期，这一时期的卡文迪什实验室不仅成为世界物理研究中心，也成为培养世界物理人才的基地，特别是培养了核物理整整第一代杰出人才，仅诺贝尔物理奖获得者就达 7 人之多。此外，卢瑟福在麦吉尔大学和曼彻斯特大学也培养出了一批优秀人才，在卢瑟福的学生中一共有 12 位诺贝尔奖获得者，创造了诺贝尔科学奖史上的传奇。卢瑟福是有史以来培养第一流科研人才最多的科学家，因而也是一位伟大的教育家，正如费米所说："卢瑟福勋爵在科学史上将被怀念，不仅因为他个人的贡献，而且还因为他作为教师这个字眼的最高意义上的教师"。

卢瑟福是无线电研究的先驱者，是原子物理学和原子核物理学的奠基者之一，是 α 射线和 β 射线的发现者，是放射性元素蜕变理论和原子有核行星模型的提出者，是元素人工嬗变的实现者，是加速器的开发者，是大科学研究的组织家。著名物理学家爱因斯坦曾说过："我认为，卢瑟福是所有时代中最伟大的实验物理学家之一，并且与法拉第是同一级别的。"

卢瑟福卓有成效的科研工作和丰硕的科研成果得到举世公认，在英国乃至世界科学界都享有崇高的威望,获得了极大的荣誉:1904年获英国皇家学会伦福德奖章,1968年获意大利图林科学院布雷萨奖,1922年获英国皇家学会柯普利奖章,后又获得英国皇家学会的阿尔伯特奖章和法拉第奖章以及美国富兰克林研究所的富兰克林奖章。1914年被封为爵士,1931年又被封为勋爵,1923年当选为大英科学促进会主席,1925～1930年任英国皇家学会会长,1930年起兼任英国科学和工业研究部顾问委员会主席,为使英国科学用于工业和振兴经济做出了很大贡献。他还得到了世界各国几十个大学和科学团体授予他的荣誉学位和会籍。

卢瑟福主要靠自己的努力奋斗从一个普通农民的儿子成长为一个举世瞩目的大科学家,这本身就是一个奇迹,极具教育意义,从中人们可以得到许多有益的启迪。作为大科学时代的大科学家,他所提倡的集体主义与个人努力相结合的研究方式对处于大科学时代的科研组织和科学家更具有指导性和更富有启发性。

核裂变的发现者——哈恩

哈恩,Otto Hahn(1879年3月8日～1968年7月28日),德国物理学家、化学家。

哈恩出生在德国莱茵河畔的法兰克福,父亲是一个玻璃工场的场主。父亲为哈恩领到了国民图书馆的长期阅览证,使他阅读了许多课外读物,不仅增长了知识,而且养成了喜欢读书的好习惯。中学毕业后,哈恩进入马尔堡大学攻读有机化学,1901年获得博士学位。1904年9月,哈恩自费到英国,在英国著名化学家、剑桥大学的拉姆塞(W. Ramsay)的实验室里担任放射化学助手工作。哈恩第一次从事的放射性研究工作是从一种含镭的矿物中分离镭,结果首战告捷,哈恩在这次研究中发现了放射性元素钍。1905～1906年,哈恩又到加拿大麦吉尔大学卢瑟福实验室从事研究工作,又发现了放射性元素锕。1906年哈恩返回德国柏林,他又发现了新钍,并成功地把放射性反冲法用于分离放射性产物。1907年哈恩到柏林大学任教,从此便开始了与奥地利籍女物理学家迈特纳(Lise Meitner)长达30余年的合作——共同从事放射性衰变的研究。1910年哈恩晋升为柏林大学教授,1912年担任了威廉皇家科学促进会在柏林——达莱姆新创办的化学研究所的一个实验室的负责人，不久任所长，迈特纳任副所长。第一次世界大战期间，哈恩和迈特纳分别到部队服役和服务。每逢假期他们就回到化学研究所做放射性测试工作，并于1917年共同发现了锕的最接近的母体镤。

哈恩最主要的科学成就是关于核裂变的发现。1934年，意大利物理学家费米用中子轰击第92号元素铀时，得到了几种具有不同半衰期的 β 放射元素，其中有一种半衰期为13分钟。通过化学分析证明它不可能是靠近铀的已知元素或同位素，很可能是一种原子序数大于92的"超铀元素"。费米反复、仔细地进行实验，小心地把脑子里的第93号元素称为"铀X"。1934年5月，他们发表实验报告，引起了科学界的极大兴趣。在费米宣布发现超铀元素后，立即遭到德国女化学家依达·诺达克(Ida Noddack)的公开批评，她认为关于超铀元素的化学分析方面的证据不足，而很可能是重核俘获中子后分裂成几个大的碎片。费米没有认真考虑诺达克的意见。此时哈恩、迈特纳和德国物理学家施特拉斯曼(F·Strassmann)也一起在柏林研究用中子轰击铀的产物。他们于1937年得到了至少9种具有不同半衰期的放射性元素，确认其中3种是铀的同位素，另外6种是超铀元素。诺达克也曾向哈恩提出铀核吸收中子后可能分裂成几大块的意见，哈恩和费米一样没有接受这一意见。1938年9月，约里奥·居里夫妇同助手、南斯拉夫物理学家萨维奇(P.P.Savic)一起应用放射化学方法分析中子轰击铀的产物，发现其中有一种放射性元素，半衰期为3.5小时；其化学性质接近镧。如果按当时超铀元素的概念，这个产物的性质应接近锕。但镧的原子序数只有57，而锕的原子序数却是89，原子量也相差甚远，这显然是一个矛盾。可惜他们没有抓住这个矛盾深入研究下去就发表了实验结果。这一实验发现却引起了哈恩和施特拉斯曼的注意，他们立即用约里奥·居里夫妇同样的方法仔细地重做了他们自己以前的实验。在1938年11月的实验报告中，他们宣布，铀被中子轰击后的产物，至少有3种放射性物质的化学性质与钡相似，最初他们推测可能都是镭的同位素。经过反复实验和深入思考后他们断定：铀吸收中子后所产生的放射性物质，不是镭，而是钡的同位素。同样，他们确认约里奥·居里夫妇在实验中所发现的也不是锕，而是镧的同位素。他们自己原先所推测的铀的另一种放射性产物钍的同位素，实际上是铈的同位素。但是，钡、镧、铈的原子序数分别是56、57和58，几乎是铀的原子序数的一半,铀接受一个能量很低的慢中子轰击,怎么会得到这样的产物?这在当时是令人费解的。1938 年 12 月 22 日,哈恩和施特拉斯曼给德国《自然科学》杂志寄去了第二篇实验报告,标题是"关于用中子照射铀时产生的碱土金属的取得及其性状的证明",宣布了上述结论。但哈恩对此一直感到犹豫,甚至文章在付邮后还想设法取回来。哈恩还把他们的实验结果连同他们的疑问写信告诉了迈特纳,以征求她的意见。迈特纳接到哈恩信时,正巧碰上她的外甥——在哥本哈根玻尔理论物理研究所工作的奥地利物理学家弗立施(O. R. Frisch)利用圣诞节休假来看望她。他们对哈恩的实验结果和所提出的疑问进行了热烈的讨论,把铀核的变化与细胞分裂进行类比,并联想到玻尔不久前提出的原子核液滴模型,经过反复计算和实验验证,终于对哈恩的实验结果做出了科学的解释:铀核吸收中子后分裂成大小相近的两个原子核,假如一个是原子序数为 56 的钡,另一个则是原子序数为 36 的氪。这种现象被称为核的裂变。并根据爱因斯坦的质能联系公式 $E=mc^2$ 估算出铀核裂变时会有大量能量释放出来。1939 年 1 月 16 日,弗立施将题为"在中子轰击下重核分裂的物理证据"的论文和他与迈特纳共同署名的信"中子引起的铀裂变:新型核反应"一同寄给了英国的《自然》杂志,分别于同年 2 月 18 日和 2 月 11 日发表。弗立施回到哥本哈根后立即将哈恩的发现和迈特纳同他的解释告诉了玻尔。1939 年 1 月 27 日,玻尔在华盛顿召开的国际理论物理讨论会上宣布了哈恩和施特拉斯曼的发现以及迈特纳和弗立施的解释,立即引起轰动,当场就有人回到自己实验室或打电话给自己实验室去检验这一发现和解释,几小时后就获得肯定的结果,核裂变的发现迅速得到世界公认。原子核裂变的发现具有划时代的意义,它为人类开辟了一种新的能源——核能,使人类进入利用原子核能的新纪元。哈恩因核裂变的发现而荣获了 1944 年诺贝尔化学奖。当时由于德军溃败,哈恩被盟军俘虏,拘留在英国,他不能去斯德哥尔摩领奖,只在拘留地举行了一个很小的庆祝会。1946 年初,这些俘虏被送回德国,并同意他们参加德国自然科学重建工作。1946~1960 年,哈恩任德国普朗克科学促进会主席,1959 年荣获柏林科学院赫姆霍茨奖章,1966 年与迈特纳、施特拉斯曼一起被授予费米勋章。哈恩还是柏林、哥廷根、慕尼黑、斯德哥尔摩、马德里、赫尔辛基、哥本哈根、维也纳、波士顿等科学院的院士。1966 年退休,1968 年 7 月 28 日在哥廷根逝世。

哈恩是核裂变的主要发现者，他的突出特点是能创造性地进行科学研究，从自己的实验中做出重大发现，特别是善于同迈特纳、施特拉斯曼等科学家密切合作、共同研讨、联合攻关，这是他获得成功的关键，也是值得人们学习的典范。

相对论的创立者——爱因斯坦

爱因斯坦，Albert Einstein(1879 年 3 月 14 日～1955 年 4 月 18 日)，著名物理学家。

爱因斯坦的一生曲折坎坷，惊心动魄，颇具有传奇色彩，他的经历和他的科学成就一样神奇，创造了一个时代的神话。

爱因斯坦出生在德国南部多瑙河畔的乌尔姆市，父母都是犹太人。由于生意上的原因，在爱因斯坦出生后的第二年(1880 年)全家迁居慕尼黑，爱因斯坦的童年和少年时代就是在这里度过的。父亲赫尔曼·爱因斯坦(Hermann Einstein, 1847～1902 年)是一位电器设备制造商，爱好诗歌，极有数学天赋；母亲保莉尼·科赫(Pauline Koch, 1852～1920 年)是一位粮商的女儿，受过良好教育，文化修养很高，喜欢文学，颇具音乐天赋。爱因斯坦的家庭虽不富有，但却有着很高的精神品位和浓厚的文化氛围，这为爱因斯坦的成长提供了良好的家庭环境。如果说爱因斯坦的数学天赋源于他的父亲，那么爱因斯坦的音乐爱好则来自他的母亲。爱因斯坦一生下来确实有一点与众不同，那就是有一个硕大的有棱角的后脑勺，几周以后大脑袋才慢慢地显得正常，而那很宽的后脑勺则成为他一生的特征，正是这个大而怪的头脑才产生出了那么多伟大而奇特的意识。幼小的爱因斯坦也确实有一点与众不同，他 3 岁多才开始说话，直到 9 岁口齿尚不伶俐。他的父母曾对此非常担心，甚至还为此事咨询过医生。令父母宽慰的是爱因斯坦从小就表现出对音乐的浓厚兴趣和对新奇事物的强烈好奇心。5 岁那年，父亲拿一个罗盘给他玩。指针以如此确定的方式运动，使爱因斯坦感到非常惊奇，他想一定有什么东西深深地隐藏在这一现象的后面，这件事给他留下了深刻而持久的印象。他 4～6 岁时，父母为爱因斯坦请了家庭教师，不仅教拉丁文和希腊文，还教历史和德文。6 岁时开始学习小提琴演奏，从此小提琴就成为他终身的伴侣。由于受过家庭教育，1885 年 10 月 1 日爱因斯坦直接进入离家最近的百乐门街的一个大的天主教小学二年级学习,9岁半时修完小学课程,于1888年10月1日进入慕尼黑的路易波尔德中学(Luitpold Gymnasium)学习。在爱因斯坦的少年时代,除了父母之外,还有两个人对爱因斯坦的影响是特别深的。一个是爱因斯坦的叔叔雅各布·爱因斯坦(Jakob Einstein),他是个精明能干的工程师,也是小爱因斯坦入学前的数学启蒙者。爱因斯坦上学后,他叔叔也常常介绍一些数学书让他读或出一些数学题让他解答。有一次,雅各布把毕达哥拉斯定理告诉了爱因斯坦,爱因斯坦经过三周的冥思苦想,终于根据三角形的相似性独立地、成功地证明了这条定理,极大地激发了爱因斯坦学习数学的兴趣和积极性;另一个人是每逢星期四安息日都来爱因斯坦家吃饭的医科大学生塔尔梅(Max Talmey)。安息日请贫困犹太学生吃饭这是慕尼黑犹太人的慈善行动。塔尔梅经常给爱因斯坦带一些当时流传的科普读物。爱因斯坦聚精会神地阅读了伯恩斯坦的《自然科学通俗读本》等著作,了解了整个自然科学领域里的主要成果和方法,破除了宗教迷信思想。12岁那年,塔尔梅给爱因斯坦带来一本T·斯匹克的《平面几何学教科书》,得到了爱因斯坦狂热的喜爱,他利用短短几个月的时间他就自学了这本令他终身难忘的"神圣的几何学小书"。特别是书中明晰、可靠、精确的证明给爱因斯坦留下了无法表达的印象,使他又一次感到非常震惊,从而使他把第一次关于罗盘体验的神秘的好奇进一步向更深更远发展了。如果说温馨和谐的家庭培育了爱因斯坦的理想主义情操,那么,这种对新鲜事物的好奇则直接播下了爱因斯坦日后科学探索的种子,并成为他一生中创造性思维的原动力。

1894年,由于父亲在慕尼黑的工厂难以维系,爱因斯坦全家迁往意大利米兰,但爱因斯坦则被留在了慕尼黑。父亲希望他把高中读完、拿到毕业文凭,再接着考大学。然而,由于不喜欢死记硬背的呆板教育,厌恶德国学校单调乏味的生活,加上想家心切,爱因斯坦毅然中断了学业,只身离开慕尼黑去米兰,在家自学解析几何与微积分等功课,准备迎接大学入学考试。1895年,爱因斯坦报考瑞士苏黎世联邦工业大学工程系,未被录取,但他非凡的数学能力和渊博的物理知识却给教授们留下了很好的印象。根据校长的建议,爱因斯坦于10月26日转入瑞士阿劳(Aarau)市的阿尔高(Aargau)州立中学补习一年,1896年8月由该校毕业,同年10月考入苏黎世联邦工业大学师范系学习物理。在大学期间,他最喜欢做的事就是在物理实验室里工作,并把大部分时间都用于自学,他以浓厚的兴趣阅读了基尔霍夫、赫尔姆霍茨、赫兹等著名物理学家的著作,尤其喜欢马赫的著作,马赫那强烈的批判精神给年轻的爱因斯坦留下了持久而深刻的印象。1900 年 8 月大学毕业后便失了业,到处找工作均无结果,12 月 13 日完成了题为"由毛细管现象所得的推论"的论文,该文发表在 1901 年莱比锡《物理杂志》上,这是爱因斯坦公开发表的第一篇科学论文,1901 年 5 月回瑞士,在温特图尔(Winterthur)中等技术学校做代课教师,10 月到瑞士夏夫豪森(Schaffhausen)当家庭教师。1902 年 4 月结识索洛文(M. Solovine)和哈比特(K. Habicht),后来又加上哈比特的弟弟和爱因斯坦老同学贝索(M. Besso),他们轮流在各人家里聚会或到一家便宜的小咖啡馆"奥林匹亚"聚会,经常讨论共同感兴趣的哲学或科学问题,他们把自己的团体戏称为"奥林匹亚科学院",这一活动一直持续到 1905 年,对爱因斯坦产生了很重要的作用和影响。历经两年的失业奔波之后,经大学同学格罗斯曼(M. Grossmann)的父亲介绍,爱因斯坦受聘为伯尔尼瑞士联邦专利局的试用三级技术员,于 1902 年 6 月 23 日正式上班工作,在该单位一直工作到 1909 年。在这一时期,爱因斯坦利用业余时间进行了卓有成效的科学研究工作,进入了创造高峰期。1905 年,爱因斯坦以题为"分子大小的新测定法"的论文获得苏黎世大学博士学位。1908 年兼任伯尔尼大学编外讲师,1909 年经普朗克推荐任苏黎世大学理论物理学副教授,1911 年任布拉格德国大学理论物理学教授,1912 年回到瑞士任苏黎世联邦工业大学理论物理学教授,1913 年当选为普鲁士科学院院士、任柏林威廉皇家学会物理研究所所长兼柏林大学教授,1921 年荣获诺贝尔物理学奖。1933 年希特勒上台后,爱因斯坦被法西斯从柏林科学院除名、缺席判处死刑、家被抄、房屋被毁、财产被没收、著作被焚毁。为躲避纳粹迫害,爱因斯坦于 1933 年 10 月前往美国,定居在普林斯顿,应聘为普林斯顿高等学术研究院教授,1940 年取得美国国籍,以后一直在美国从事理论物理(尤其是统一场论)的研究工作,1955 年 4 月 18 日 1 时 25 分在普林斯顿医院逝世。

  1905 年是爱因斯坦科学创造的高峰年,也是硕果累累的大丰收年。在这一年里,他接连在德国《物理学杂志》上发表了 4 篇具有划时代意义的光辉论文,每一篇都达到了获得诺贝尔物理学奖的水平,创造了科学史上的奇迹。第一篇论文的题目是"关于光的产生和转化的一个启发性的观点"。此文完成于3月17日,提出了光量子论,圆满地解释了光电效应的规律,揭示了光的本性,第一次揭示了微观客体的波粒二象性,发展了普朗克提出的量子论;第二篇论文的题目是"热的分子运动所要求的静液体中悬浮粒子的运动"。此文完成于5月11日,以分子运动论解释了布朗运动理论,是热的分子运动论的证明;第三篇论文的题目是"论动体的电动力学"。此文完成于6月,标志着狭义相对论的创立,提出了相对性原理和光速不变原理,揭示了时间和空间的内在联系,揭示了时间、空间同物质运动的内在联系,引起了人类时空观的重大变革,开创了物理学的新纪元;第四篇论文的题目是"物体的惯性同它所含的能量有关吗?"此文完成于9月27日,提出了质能关系式:$E=mc^2$,揭示了质量与能量的本质联系,揭示了物质和运动的统一性,发展了物质和运动不可分割原理,为人类开发和利用原子能奠定了理论基础。

在绝大多数物理学家还根本无法接受狭义相对论的情况下,爱因斯坦从1907年就已经专心致志地思考和研究狭义相对论的推广问题了。在1907年发表的长篇论文"关于相对性原理和由此得出的结论"中,提出了广义相对性原理和等效原理。1912年在大学同班同学格罗斯曼帮助下找到了建立新的引力理论所必须和适用的数学工具——张量分析,又经过三年艰苦努力,爱因斯坦于1915年提出了对任何坐标变换都是协变(即广义协变)的引力场方程,标志着广义相对论的建成,1916年他发表了一篇完整的总结性论文"广义相对论基础"。为了进一步证实广义相对论的正确性,爱因斯坦于1915年11月通过复杂的计算,提出了三个可供实验验证的推论——水星近日点的进动、光谱线的引力红移、光线在引力场中的偏转,这些推论后来均被实验一一证实。1916年爱因斯坦发表了"关于辐射的量子理论",是对量子论发展第一阶段的理论总结,提出了受激辐射理论,是20世纪60年代发明激光器的理论基础。1917年爱因斯坦发表了他的第一篇宇宙学论文"根据广义相对论对宇宙学所作的考查",提出了著名的有限无边静态宇宙模型,这样,广义相对论又成为现代宇宙学理论的基础之一,它使人类的认识由宏观扩展到宇观。1929年爱因斯坦又发表了"关于统一场论"、"统一场论和哈密顿原理"等论文,此后,他几乎把后半生的全部时间和精力都投入到了统一场论的研究中去,虽未取得重大进展,但他所开辟的这一全新研究领域对后人的研究具有深远意义。

爱因斯坦不仅是一位伟大的自然科学家,而且还是一位具有强烈正义感和高度社会责任感的正直的人。早在第一次世界大战刚开始时,德国93个科学文化界名流联合发表了《文明世界的宣言》,公开为德国的军事侵略辩护。爱因斯坦则针锋相对,在包括他本人在内仅有4个人支持的反战宣言《告欧洲人书》上签了名。1933年希特勒上台后,爱因斯坦发表了一系列谴责纳粹暴行的言论,并宣布同德国脱离关系。他的好友冯·劳厄写信劝他对政治问题要采取克制态度。爱因斯坦则回信明确表示不同意冯·劳厄的看法:"试问,要是乔尔达诺·布鲁诺、斯宾诺莎、伏尔泰和洪堡也都是这样想,这样行事,那么我们的处境会怎样呢?我对我所说过的话,没有一个字感到后悔,而且相信我的行动是在为人类服务。"作为一个自然科学家,对社会政治问题的态度能够如此严肃和旗帜鲜明,确实令人钦佩。

爱因斯坦誉满全球,但他却表现出惊人的谦虚,他一生献身科学,淡泊名利。他始终认为:"人只有献身于社会,才能找出那实际上是短暂而有风险的生命的意义。"1952年,他谢绝了以色列政府和公众要求他出任以色列总统的建议。他在病危时还立下遗嘱,明确表示死后不发讣告、不举行公开葬礼、不建坟墓、不立纪念碑、遗体火化后骨灰撒向大地,切切不可把梅塞街112号变成人们"朝圣"的纪念馆。表现了一个杰出科学家的崇高精神和境界。

爱因斯坦一生共发表文章800余篇,其中科学论文400余篇,在自然科学的许多重要领域都取得了具有划时代意义的重大成果,这些辉煌成果不仅是他聪明才智的突出体现,更是他伟大人格魅力的集中反映。爱因斯坦不仅是杰出科学家的代表,也是人类传统美德的化身。爱因斯坦是20世纪物理学革命的先锋和主将,他所创立的狭义相对论和广义相对论既是现代物理学革命的丰硕成果,也是现代物理学的主要支柱。爱因斯坦是一个富有哲学探索精神的杰出思想家,他的许多深邃思想和远见卓识都耐人寻味、发人深省、引人入胜,他的许多名言都成为启迪人们奋发向上的座右铭。爱因斯坦是人类历史上最富创造性才智的科学家之一,被誉为20世纪的哥白尼和牛顿。爱因斯坦不仅因为取得辉煌的科学成就而被千古传颂,同时还因为具有高尚的道德情操而万世流芳。

波函数统计解释的提出者——玻恩

玻恩，Max Born（1882年12月11日～1970年1月5日），德国物理学家。

玻恩出生在德国布雷斯劳市华尔街8号的一个犹太人知识分子家庭，父亲是布雷斯劳大学解剖学教授，母亲很有音乐素养，是个出色的钢琴家。玻恩先在家里接受家庭教师为期一年的单独教育，然后被送进范科尔男童学校，后转入皇家威廉皇帝大学预科。在中学，玻恩数学学得相当出色，对物理课也很感兴趣。物理老师马胥凯博士经常邀玻恩帮他准备第二天的实验，有一次在实验室里他们两人成功地重复了马可尼的实验，把莫尔斯信号从一个房间发送到另一个房间。这件事激起了玻恩对物理研究的极大好奇心、浓厚兴趣和强烈愿望。玻恩的大学生活是在4所大学里度过的，1901～1902年先在布雷斯劳大学学习两年，打下了坚实的数学基础，后来又去海德堡大学和苏黎世大学学习，1904年考入哥廷根大学，在著名数学家希尔伯特和闵可夫斯基的指导下攻读数学。1907年获得哥廷根大学哲学博士学位，毕业后按当时德国政府的规定在柏林的一个骑兵团服役一年。为了学习物理学的基本理论，玻恩于1907年4月赴英国剑桥大学，成为冈维尔和凯叶斯学院的进修生。1908年玻恩随闵可夫斯基研究相对论。1909年任哥廷根大学讲师，1919年调到法兰克福大学搞研究工作，1921年任哥廷根大学物理系主任、理论物理学教授。1933年，由于纳粹迫害，玻恩被迫离开德国，前往英国剑桥大学任教一年。1935年应邀前往印度班加罗尔科学院讲学。1936年起任英国爱丁堡大学自然哲学教授，长达17年之久。1948年他应邀在牛津大学玛格德伦学院主持韦恩弗利特讲座，直到1953年退休后才回到德国，1970年1月5日在哥廷根逝世，享年88岁。

玻恩一生对晶体物理学进行了持续不断地研究，1912年他与冯·卡门合作发表的"论点阵振动"长期受到学术界重视，玻恩被誉为是点阵动力学的奠基人。1921年写了《固体的原子理论》一书，开创了晶格动力学这门新学科，1954年和中国物理学家黄昆合著的《晶格动力学》一书已成为该学科的经典著作。在玻恩的领导下，哥廷根大学物理系很快就成为当时世界理论物理学研究的一个中心,很多年轻学者都向往到此深造。玻恩培养了海森伯、泡利等一大批著名的青年物理学家,后来在量子力学的创立和发展中起到了极其重要的作用。玻恩对物理学发展所做出的最主要贡献就是创立矩阵力学和对波函数做出统计解释。1925 年 7 月,海森伯写了一篇具有历史意义的论文"关于运动学和动力学关系的量子论新解释",海森伯自己感到没把握,就把论文交给他的老师玻恩审阅。经过八天的冥思苦想,玻恩终于发现海森伯创造的这套数学就是矩阵论,它的最奇特的特征就是两个矩阵的相乘是不可对易的,即 $pq \neq qp$。玻恩敏锐地认识到这篇论文的价值和重要性,立即推荐给德国《物理学杂志》发表。为了对海森伯的论文所运用的数学方法给以严密的论证,玻恩与熟悉矩阵运算的哥廷根大学数学系年轻助教约尔丹(P. Jordan)合作,于 1925 年 9 月写成了长篇论文"论量子力学",发表在《物理学月刊》上。"量子力学"这一名词是由玻恩首先提出来的。不久,他们又与海森伯合作,于 1925 年 11 月共同写成论文《论量子力学(二)》,用数学的矩阵方法,把海森伯的思想发展成为量子力学的系统理论,创立了矩阵力学。1926 年 6 月,玻恩发表了题为"碰撞过程的量子力学"一文,提出了波函数的统计解释。他从电子碰撞实验中认识到电子具有粒子的性质,因此认为电子的波函数所表示的不过是电子在某时某地出现的几率,他进而指出电子出现的几率正比于波函数的绝对值的平方。这一解释逐渐被大多数物理学家所接受,成为物理学界公认的量子力学的正统解释。但由于普朗克、爱因斯坦、德布罗意、薛定谔等一些大物理学家迟迟不接受,所以一直到 28 年后,玻恩才因这项工作与博特(Bothe)一起共获 1954 年诺贝尔物理学奖。

玻恩持之以恒地坚持科学研究和写作,一生共发表学术论文 300 余篇,出版专著 20 部。主要有:《原子物理学》《光学原理》《因果性和机遇的自然哲学》《我的一生》等。1953 年玻恩从爱丁堡大学退休后,就偕夫人前往德国的巴特皮尔蒙特定居,他一方面潜心研究爱因斯坦的统一场论,一方面积极地力图使德国公众了解核武器的危害,1955 年,由玻恩、哈恩、海森伯起草,18 位诺贝尔奖金获得者联合发表声明,标志着由各国科学家发起的裁军和世界安全运动的开始。1957 年,当联邦德国政府辩论原子能政策时,玻恩是"哥廷根十八人小组"的领导者之一,他严正声明:在任何情况下,不与政府合作从事任何与德国发展核武器有关的工作。表现了他对人类命运的关心和维护世界和平的决心。

玻恩是矩阵力学的主要创立者之一，为量子力学的创立和发展都做出了关键性的重大贡献，是20世纪最伟大的理论物理学家之一。1937年当选为英国皇家学会会员，还是柏林、哥廷根、斯德哥尔摩等许多科学院的院士。玻恩一生先后在各国的10多所大学里学习和工作过，这一特殊的经历使他能博采众长，优势互补。特别是他具有扎实的数学基本功、擅长创造性地运用数学方法解决物理难题并善于同年轻物理学家合作，这是他取得成功的重要经验，也是最值得人们学习的地方。

哥本哈根学派的领袖——玻尔

玻尔，Niels Henrik David Bohr（1885年10月7日～1962年11月18日），丹麦物理学家。

玻尔出生于丹麦哥本哈根的一个知识分子家庭，这是一个非常杰出的科学世家：父亲是哥本哈根大学一位有才华的生理学教授，弟弟是著名的数学家，玻尔本人是1922年诺贝尔物理学奖获得者，玻尔的儿子奥格（Aage）是1975年诺贝尔物理学奖获得者。母亲出身于一个在银行、政治、古典语言学和进步教育学等方面都享有声望的富裕的犹太人家庭。在这样一个优越的家庭环境中，在孩子们成长的每个阶段都既能在学校中接受正规教育，又能在家庭中受到父母的言传身教和引导激励，这使孩子们的天赋得到了充分发挥。

玻尔先在哥本哈根的一所拉丁语学校上初中，后来转入普通中学上高中。1903年他考入哥本哈根大学，主攻物理学。在大学学习期间，玻尔就初露锋芒，1906年他完成了一篇关于水的表面张力的精确测定的应征论文，荣获了丹麦皇家科学文学院授予的金质奖章。1911年以题为"金属电子论研究"的论文获得哲学博士学位。从哥本哈根大学毕业后，玻尔于1911年10月来到英国剑桥大学卡文迪什实验室，希望在约瑟夫·约翰·汤姆孙的指导下继续进行他在电子论方面的研究工作。但他很快就发现约瑟夫·约翰·汤姆孙对这一课题不感兴趣，发表论文的努力也没有成功，这虽让玻尔失望，但他仍利用在剑桥进修的机会努力学习。在1912年4月到7月这短短的4个月时间里,玻尔转到了曼彻斯特大学,在卢瑟福的指导下专心致志地进行学习和研究,不仅为他后来建立原子结构理论奠定了基础,也与卢瑟福结下了深厚友谊。1912年秋到1914年,玻尔在哥本哈根大学任教,1914年以后到曼彻斯特的维多利亚大学任教,1918年又回到哥本哈根大学,仍然担任理论物理学讲座。1920年创建了理论物理研究所(1965年正式改名为玻尔研究所),并亲自担任所长。1939~1962年任丹麦皇家科学院院长。1943年为躲避法西斯迫害前往美国,1943~1944年在美国参加了与原子弹有关的理论研究工作。第二次世界大战结束后又回到丹麦。1952年玻尔倡议建立了欧洲原子核研究中心并任主席。1955年他参加创建北欧理论原子物理学研究所,担任管委会主任,同年,担任丹麦原子能委员会主席。

玻尔对物理学最重要的贡献是提出了原子结构的玻尔模型理论。从在曼彻斯特大学卢瑟福实验室工作时起,玻尔的主要兴趣就集中在原子和原子核问题的研究上。1913年,年仅28岁的玻尔便在原子结构的研究上迈出了革命性的一步。他以"论原子和分子的构造"为题在《哲学杂志》上接连发表了三篇论文,被誉为关于原子结构和氢光谱理论的"三部曲"。他大胆而又巧妙地把卢瑟福的原子有核行星模型与普朗克的量子论结合起来,从原子具有稳定性以及原子发射线状光谱这两个经验事实出发,提出了背离经典物理理论的两条基本假设——定态假设和频率条件,从而建立了新的原子结构模型。利用这一模型,玻尔成功地解释了原子的稳定性和氢光谱的规律,使长期以来一直无法解释的许多经验公式得到了统一的理论解释,其理论计算结果与实验值高度一致,令物理学界大为震惊。特别是他揭示了光谱线与原子结构的内在联系,指出了光谱分析方法是研究原子结构的重要而有效的方法,从而为物质结构理论的发展做出了重要的贡献。玻尔的理论还圆满地揭示了元素的周期性,把化学从定性的科学转化为定量的科学,使物理与化学统一到同一基础上来。玻尔的原子理论突破了经典物理理论的框架,运用了量子化思想,是量子理论发展中的一个重要里程碑。由于这一系列开拓性的杰出贡献,玻尔荣获了1922年诺贝尔物理学奖。1918年玻尔提出了"对应原理",试图研究关于原子现象的经典描述与量子描述之间的关系,进而揭示微观运动规律与宏观运动规律的关系。1927年玻尔又提出了"互补原理",成为量子力学的正统解释,也是量子力学哥本哈根解释的台柱之一。1936年玻尔提出了原子核结构的复合核理论——液滴模型，提供了一种核过程的适当描述方式。1939年玻尔和惠勒（John Wheeler）提出了重核裂变的液滴模型理论，对重核裂变现象进行了科学的诠释。

从1927年10月24日～29日召开的第五次索尔维会议开始，一直到1955年4月18日爱因斯坦逝世为止，玻尔与爱因斯坦就量子力学的理论体系与解释进行了长达几十年的激烈争论。他们互相尊重，据理力争，不仅促进了量子力学的发展完善，也是许多新思想产生的源泉，使这一争论成为科学史上学术争鸣的范例。

玻尔是量子物理学的奠基者之一，他从1905年开始科学生涯，一直到1962年11月18日在哥本哈根逝世，一生从事科学研究达57年之久，他始终奋斗在原子物理、原子核物理和量子力学研究的最前沿。玻尔对科学发展的贡献，不仅表现在他提出的科学理论上，也表现在他所创建的科学组织上，更表现在他所培养的大量的杰出科技人才上。在1920～1956年任理论物理研究所所长期间，玻尔的崇高威望和平易近人、虚心向青年人学习的民主作风，吸引了世界各地一大批杰出物理学家（如海森伯、泡利、狄拉克、玻恩、薛定谔、帕邢等）来研究所工作，他们志同道合、互相切磋、自由讨论、不断创新，形成了以玻尔为领袖的哥本哈根学派和以玻尔研究所为中心的国际原子物理学研究网络。迄今为止，玻尔研究所已培养出8名诺贝尔奖获得者，创造了教育史上的奇迹。特别是哥本哈根学派所采用的集思广益、优势互补、追求整体效应最优化的集体研究方法，在探索中所形成的开拓进取、锐意创新、追求真理的独特研究风格和平等讨论、相互理解、密切合作的哥本哈根精神，对现代科学研究机构和科研工作者都具有重要的借鉴和启迪作用。

波动力学的创立者——薛定谔

薛定谔，Erwin Schrodinger（1887年8月12日～1961年1月4日），奥地利物理学家。

薛定谔出生于奥地利维也纳市一个油布工厂主家庭，父亲鲁道夫·薛定谔学完化学专业之后就从事油漆业务，后来又研究植物学，在《维也纳植物协会论文与纪要》上发表过一系列科学论文。薛定谔从小就在维也纳的一所公立小学上学,父亲还专门给他请了一位家庭教师,每周两次到家里进行辅导。但是薛定谔却觉得父亲才是他的朋友、老师以及不倦的谈话伴侣。父亲还经常以显微镜及其他的仪器来激发他对自然现象产生兴趣。1898年秋,薛定谔考入了维也纳受到高度重视的专科学院预科上中学,虽然这所学校以拉丁文和希腊文为主课,可是薛定谔却对数学、物理和古代语法的严谨逻辑有着浓厚的兴趣。1906年薛定谔考入维也纳大学,在哈森纳尔(F·Hasenohrl)的指导下学习物理学,1910年获得博士学位。毕业后留在维也纳大学第二物理研究所任弗兰兹·埃克斯纳(Franz Exner)教授的助教,在这里一直工作到1914年第一次世界大战爆发之时。在此期间,薛定谔向在该校担任无正薪教师的埃冈·冯·施维德勒学习了许多有用的知识,并主持了一些大型的物理实验课,这使他熟悉并掌握了各种物理测量方法,这一时期的工作使他受益终身。在第一次世界大战期间,薛定谔在一个偏僻的炮兵要塞当过一名军官,在他驻守的与世隔绝的营地里,他仍坚持抽时间研究物理学。1916年他学习了爱因斯坦的相对论,成为当时能真正掌握相对论的少数学者之一。第一次世界大战结束后,他又回到维也纳大学第二物理研究所。1920年薛定谔迁居耶拿,在耶拿大学担任马克斯·维恩的实验物理研究室的助手,并讲授理论物理学的现代部分。在耶拿工作4个月后便离开,应聘到联邦德国任斯图加特工学院常任教授,在此校工作了一个学期。1921年薛定谔到波兰的布雷斯劳大学任理论物理学教授,几周后又应邀到瑞士的苏黎世大学任物理学教授。1927年接替普朗克任柏林大学理论物理学教授,同年当选为普鲁士科学院院士。1933年因受德国纳粹党徒的迫害,薛定谔离开德国到英国牛津大学任客座教授和研究员。1936年薛定谔又冒着风险回到奥地利,在格拉茨大学担任理论物理学教授。1938年德国法西斯吞并了奥地利,薛定谔再度受到纳粹迫害,于9月初逃往爱尔兰的都柏林,在都柏林高级研究院任职,成为理论物理学的领导人,在此工作了17年。1956年薛定谔返回祖国奥地利,成为维也纳大学物理系的名誉教授。1957年薛定谔重病,一直未完全康复。1961年1月4日逝世,安葬在他生前心爱的小山阿尔普拜克附近。

早在1913年,薛定谔就与K.W.F.科尔芳施合作进行了一项实验研究,此研究获得了奥地利帝国科学院的海廷格奖金。在此项研究中他发表了题为"1913年泽海姆地区大气中镭的含量"的论文,这是薛定谔发表的第一篇科学论文,标志着他科学研究生涯的开始。薛定谔深受他的老师玻耳兹曼的影响,早年从事气体动理学理论、统计力学和连续媒质物理学的研究,对相对论也很熟悉。除了较少的实验性研究外,薛定谔把全部注意力都集中于理论物理学问题的研究上。1925年他专心于量子统计问题的研究,在读到爱因斯坦于1925年2月9日发表的"单原子理想气体的量子论(Ⅱ)讨论"一文后,突然意识到德布罗意观念的重要性,他审慎地考察了德布罗意——爱因斯坦关于运动粒子的波动理论,并试图以一种较为满意的形式进行改造,于1925年12月完成了一篇题为"关于爱因斯坦的气体论"的论文。他对旧量子论感到不满意,希望能用新的观念建立起一个更为普遍的力学理论。在德布罗意物质波理论的基础上,薛定谔通过力学与光学的类比想到:就像几何光学是波动光学的近似一样,质点力学也应该是波动力学的近似。于是,根据著名物理学家德拜(P. J. W. Debye)的提议,成功地建立了一个描述微观粒子基本运动规律的波动方程——薛定谔方程。1926年薛定谔连续发表了六篇论文,其中从1月到6月写的四篇论文的题目都是"作为本征值问题的量子化",标志着波动力学的诞生。薛定谔方程在量子力学中的地位,就像牛顿运动方程在经典力学中的地位、麦克斯韦方程组在经典电动力学中的地位一样重要,应用非常广泛。薛定谔的工作发展了德布罗意的物质波思想,进一步揭示了微观物体的本性——波粒二象性,为从数学上解决原子物理学、核物理学、固体物理学和分子物理学问题奠定了基础。1926年3月,薛定谔写了一篇题为"关于海森伯、玻恩、约尔丹的量子力学与我的波动力学之间的关系"的论文,证明了波动力学和矩阵力学在数学上是完全等价的,使创建量子力学的两路大军殊途同归,使波动力学和矩阵力学共同组成了现在通称的量子力学。

1944年,薛定谔还写了一本对生物学有深远影响的著作——《生命是什么?》(英文版1948年,中译本1973年),他引进了非周期性晶体、负熵、基因、遗传密码等概念,试图用热力学、量子力学和化学理论来解释生命的本性。这本书引起了巨大的反响,促使许多青年物理学家开始注意生命科学中提出的问题并引导人们用物理学、化学方法去研究生命现象,对分子生物学的创立起了奠基作用,使薛定谔成为分子生物学的先驱。此外,薛定谔对于固体比热、统计热力学、原子光谱、时间与空间等方面都进行过深入的研究并有所建树。晚年,他还致力于物理学基础和有关哲学问题的研究。薛定谔一生撰写了许多科学论著,主要有:《波动力学论文集》(1927年)、《关于波动力学的四次演讲》(1928年)、《科学和人文主义——当代的物理学》(1951年)。

薛定谔是波动力学的创立者,是最具独创性的理论物理学家之一。他独辟蹊径的研究风格和出类拔萃的独创能力是人们学习的榜样。薛定谔也是一位誉满全球的科学家,他与狄拉克共同获得1933年度诺贝尔物理学奖。1957年5月27日接受了德国国家荣誉勋章,1957年还获得了奥地利艺术和科学奖,同时还是奥地利薛定谔奖金的第一个获得者,也是英国伦敦皇家学会会员、柏林德国科学院院士、奥地利科学院院士、英国爱尔兰皇家科学院荣誉院士,还被世界各国许多大学授予荣誉博士学位。

中子的发现者——查德威克

查德威克,James Chadwick(1891年10月20日~1974年7月24日),英国物理学家。

查德威克生于英国曼彻斯特,小学和中学生活都是在曼彻斯特度过的,他才华出众,成绩超群。1909年进入曼彻斯特大学学习物理学,1911年毕业后留校,在著名的卢瑟福实验室跟随卢瑟福从事放射性研究。1913年靠奖学金到德国的夏落藤堡大学留学,向计数管的发明者盖革学习放射性粒子探测技术。第一次世界大战期间,他被德国当局监禁在鲁莱本(Ruhleben)的一个战俘集中营,1918年回到英国继续在曼彻斯特大学从事放射性研究。1919年卢瑟福到剑桥大学任卡文迪什实验室主任,查德威克接替卢瑟福在曼彻斯特大学任教,同年,获得沃拉斯顿(Wollaston)奖学金。1921年任剑桥大学研究员,1923年任剑桥大学卡文迪什实验室放射性研究室助理主任。1935~1948年应聘在利物浦大学担任莱昂·琼斯(Lyon Jones)讲座物理学教授。1948~1958年任剑桥大学冈维利—凯尔斯学院院长,主要从事核物理的实验研究工作。

查德威克在对原子核的实验研究中取得了一系列可喜的成果:1914年第一次得到了放射性物质所产生的β粒子具有的连续能谱,这一重要发现导致奥地利物理学家泡利于1931年提出中微子存在的假设;1920年,他通过对α粒子散射所进行的绝对测量,第一个测定了原子核的电荷。查德威克最重要的贡献是发现了中子。1920年,卢瑟福提出了一种猜想,认为原子核内可能存在一种质量与质子相近的中性粒子,它可能是由一个质子和一个电子结合而成的复合体。1921年,美国化学家哈金斯(W. D. Harkins)将这种中性粒子命名为"中子"。整个20世纪20年代,科学家都一直在寻找中子。1930年,德国的博特(W. W. G. Bothe)和贝克(H. Becker)用天然放射性元素钋所放出的α粒子去轰击铍,发现一种穿透力极强的射线,他们误认为是γ射线。1932年,法国物理学家约里奥·居里夫妇重新做了博特和贝克的实验,得到了相同的结果,并发现用博特和贝克所发现的辐射去照射石蜡时,有大量质子被打出来,这是很惊人的现象,但他们却错误地认为这些质子是由γ射线的康普顿效应产生的,所以就没有再深入地研究下去。这一实验却引起了从1921年起就开始从实验和理论两方面寻找中子的查德威克的高度重视和特别注意,他敏锐地认识到这一实验的重要性,于是便对博特和贝克所发现的射线进行了更全面、更细致、更深入的研究。他立即在剑桥大学利用卡文迪什实验室的优越条件重做了约里奥·居里夫妇的实验,并用博特和贝克所发现的射线去照射氢、氦、氮等不同物质,结果发现这种射线与通常的γ射线有所不同:第一,当用这种射线轰击含氢物质时能打出质子来,说明这种射线必须由一些本身就相当重的粒子所组成,而γ射线是由静止质量为零的光子所组成,根本就没有将质子从原子里打出去所需要的动量;第二,通常的γ射线照射到物质上时,物质密度越大,对γ射线吸收得越厉害,而这种射线的性质刚好相反,密度越小的物质越容易吸收它;第三,这种射线的速率只有光速的1/10,不可能是γ射线。通过分析,查德威克发现这种射线不是γ射线,他还进一步从理论上估算出并从实验上测得组成这种射线的中性粒子的质量与质子质量几乎相等。他敏锐地认识到这就是寻找已久的、卢瑟福所预言的那种粒子。他沿用美国化学家哈金斯的"中子"这个名称作为这种粒子的正式命名,并于1932年2月17日发表了这一研究成果,宣布了中子的发现。中子发现后,德国物理学家海森伯和前苏联的伊凡宁柯也在1932年各自独立地提出了原子核是由质子和中子组成的核理论,克服了长期以来很多人都认为原子核是由质子和电子组成的学说存在的矛盾,很快被普遍接受。

中子的发现不仅使人们对原子核的组成有了一个正确的认识,而且为人工变革原子核提供了有效的手段,同时又使人们对物质结构的认识产生了一次新的飞跃。因此,中子是打开原子核奥秘的一把金钥匙,中子的发现是粒子物理发展的里程碑,不仅开辟了核物理学的新纪元,也为粒子物理学的发展开辟了道路。正因为中子的发现具有如此重大的意义,查德威克则由于发现中子的巨大贡献而荣获了1935年诺贝尔物理学奖。

查德威克曾获得剑桥大学、牛津大学、伯明翰大学、柏林大学、利物浦大学、爱丁堡大学等许多大学的博士学位。他还是布鲁塞尔、丹麦、阿姆斯特丹等许多科学院的院士。1927年当选为英国皇家学会会员,1932年被授予休斯奖章,1945年被英国女王封为爵士,1950年荣获英国皇家学会柯普利奖章,1951年荣获富兰克林奖章。1974年7月24日,查德威克在英国剑桥逝世,终年83岁。

查德威克之所以能成功发现中子,一方面是他能从理论和实验两方面寻找中子,不轻信和盲从别人的实验解释,而是要通过自己独立的分析思考和实验探索;另一方面是他能突破"原子核是由质子和电子组成"的传统观念的束缚,也没有受老师观点的局限,他指出中子并不像他的老师卢瑟福所猜想的那样是质子和电子的复合粒子,而是一种全新的粒子。这种敢于破除传统观念束缚的勇气和大胆创新的精神是值得人们学习的。

发现用慢中子进行核反应的科学家——费米

费米,Enrico Fermi(1901年9月29日～1954年11月28日),意大利物理学家。

费米生于意大利罗马,父亲是一位铁路职员,母亲是一位教师。费米自幼聪颖好学,精力充沛,记忆力惊人,早年就已显露其才华,堪称是一位早熟的天才。10岁时他就能独立理解方程$x^2+y^2=r^2$为什么表示一个圆,17岁读高中时掌握经典物理知识的程度已相当于出色的研究生了。课余时间,他还和朋友一起在罗马用自制的仪器精确地测定了重力加速度、自来水的密度和地球的磁场,并且对制造小型电动机也很熟练,这些活动使他对物理实验产生了浓厚的兴趣。1918年高中毕业,费米以题为"声音的特殊性能"的论文考入比萨的皇家高等师范学院,一年之后就成为学校里的量子理论权威,有些教授还常常向他求教。费米在上大学时就开始在国内外物理杂志上发表论文,1922年他向林西科学院提交了3篇相对论方面的论文,后来又相继把它们发表在德国的《物理杂志》上。1922年,费米以关于X射线实验研究的论文获得物理学博士学位。1923年,费米获得教育部的资助第一次出国访问研究,先在哥廷根玻恩研究所进行了7个月的研究工作,后又应邀去莱顿在埃伦费斯特(P. Ehrenfest)和泡利的指导下工作了3个月,结识了索末菲等知名物理学家。1924年回到意大利,任佛罗伦萨大学物理学讲师。1927年任罗马大学理论物理学教授,1929年当选为意大利科学院院士。1938年因发现用中子轰击产生的新放射性元素并用慢中子实现核反应而荣获诺贝尔物理学奖。费米的妻子是犹太人,为了摆脱法西斯排犹主义的迫害,费米一家不得不利用到瑞典去领取诺贝尔奖金的机会迁居美国,在纽约的哥伦比亚大学任教。1942年任芝加哥大学核研究所教授。

费米在现代物理学的理论和实验两个方面的研究中都取得了重要成果。1925~1926年,费米根据泡利不相容原理,与狄拉克各自独立地提出了量子统计中的"费米—狄拉克统计法"。这种统计可适用于电子、质子、中子等所有自旋为半整数的粒子,在原子物理、核物理和固体物理中都有广泛的用途,同时也是研究量子电动力学不可缺少的重要理论工具。1934年,费米创立了 β 衰变的定量理论,他以量子力学为依据,提出了 β 衰变是中子转变为质子、电子和反中微子的过程,并指出在这种转变中发生了一种新的相互作用——弱相互作用,开创现代基本粒子相互作用理论研究之先河。在1934年1月人工放射性发现后,费米认为,由于中子不带电,易于接近原子核,所以在产生放射性同位素方面会比 α 粒子更有效。于是,他和助手便用中子逐个地轰击元素周期表中的元素,对中子引起的核反应进行了大量的实验研究。仅在短短几个月时间内,他们就轰击了63种元素,得到了37种放射性同位素,极大地丰富了核分类学研究的材料,为化学元素提供了放射性示踪体。特别是当他们用中子轰击第92号元素铀时,第一个从实验上观察到了核裂变现象,但他们却错误地认为是发现了第93号元素,失去了发现核裂变的机会。1934年10月,费米和他的合作者又意外地发现,中子通过石蜡后再射击原子核比直接射击所产生的核反应要强100倍,费米认为这是由于中子同石蜡中大量存在的质子发生弹性碰撞而大大减速,这就延长了中子通过原子核附近的时间，它被俘获的机会就大大增加了。费米发现的用慢中子进行核反应的方法，可以使人工放射性物质的生产提高百倍，使用人工放射性物质代替价格昂贵的天然放射性物质成为可能，特别是为核能的释放和利用提供了有效手段。这一重要发现使费米荣获了1938年诺贝尔物理学奖。1942年费米领导建成了世界上第一个原子反应堆，这个原子反应堆建在芝加哥大学斯塔格运动场的西看台下的网球场上，于1942年12月2日下午3时20分开始正常运转，从而揭开了人类利用原子能的序幕，标志着人类进入了原子能时代。

费米不仅是一位杰出的科学家，而且也是一位优秀的教育家，他培养出了一批第一流的物理学家。在他的学生中有6人获得了诺贝尔奖金：提出弱相互作用下宇称不守恒的美籍中国物理学家杨振宁、李政道，发现反质子的美国物理学家张伯伦和美籍意大利物理学家塞格雷，创立核磁共振技术的美国物理学家布洛赫和提出恒星能量来自热核反应理论的美国物理学家贝特。

费米是美国原子能委员会科学顾问委员会委员，1946年获梅特里国会勋章，1954年成为美国原子能委员会设立的费米奖的第一位获得者，奖金为25 000美元。由于长期的原子辐射，损害了费米的身体，1954年11月28日，他因癌症在芝加哥逝世，年仅54岁。为了纪念费米，第100号元素被命名为Fm，并用费米作为原子核物理学中的长度单位，1费米=10^{-12}毫米=10^{-15}米。

费米是一位既擅长理论研究又擅长实验研究的物理学家，他在研究方法上的特色是理论研究与实验研究相结合，他的研究风格是注重实效，特别是能及时抓住与他的知识储备和实验技能相匹配的前沿课题连续进行研究，直到取得成果为止，尤其是他献身科学的崇高精神更值得提倡与发扬。

介子的发现者——汤川秀澍

汤川秀澍，Hideki Yukawa(1907年1月23日～1981年9月8日)，日本物理学家。

汤川秀澍出生于日本首都东京，1929年毕业于日本京都大学物理系，并取得科学硕士学位，1928年在大板大学取得科学博士学位。大学毕业后一直在大学研究院从事理论物理(特别是基本粒子理论)的研究工作;1932年任京都大学物理学讲师,1933年任大板大学物理学讲师,1936年提为助理教授。1939年又回到母校京都大学任物理学教授,一直到1970年。其中1948～1949年间应聘到美国普林斯顿高等研究所任物理学客座教授并从事研究工作;1949～1951年间在美国纽约任哥伦比亚大学物理学客座教授并从事研究工作;1953～1970年兼任京都大学基础物理研究所所长。1970年以后,他是大阪大学和京都大学的退休教授。

汤川秀澍对物理学发展的主要贡献是提出了关于核力的介子理论并预言了介子的存在。19世纪末20世纪初,人类在对原子核结构的探索中于1932年发现了中子,并认识到原子核是由质子和中子组成的。原子核一般都很稳定,这表明核子(即质子和中子)之间结合得很紧。但中子不带电,而质子又互相排斥,那么,这种核子的结合力(即核力)究竟从何而来?而且,这种力只存在于核内部,在核外部无作用,那么,这种核力究竟具有哪些性质?这一系列的问题成为物理学家关注的焦点、研究的重点和争论的热点。为了解释核力的来源和性质,海森伯于1932年提出"交换力"概念,认为中子与质子之间的核力是由于两者之间不断相互交换一个电子而形成的,就像两个原子通过不断相互交换电子而形成化学键一样。汤川秀澍从1932年开始也对核力问题产生了极大的兴趣,并集中精力进行深入研究和思考,汤川秀澍于1934年发展了海森伯的交换力思想,通过把核力场与电磁场相类比,提出了关于核力的介子理论(又称介子假说)。他假设原子核中的质子和中子是由于交换某种介子而结合在一起的,即认为原子核中质子与中子之间的核力是由于两者之间交换介子而形成的,就像原子核和电子在一个原子中通过电磁场为媒介而结合在一起一样,质子和中子在原子核中通过介子场为媒介而结合在一起。汤川秀澍还进一步从原子核的大小估计出介子质量的大小:由于核力的力程只有10^{-15}米,是短程力,由此推出传递核力的介子应具有一定的静止质量,估计介子的质量约为电子质量的200倍。正因为这种粒子的质量比质子小、比电子大,即介于质子和电子之间,因此定名为介子。汤川秀澍提出的介子假说正式发表在1935年"关于基本粒子相互作用"的论文之中。汤川秀澍的预言后来在实验中得到证实,1947年英国物理学家鲍威耳(C.F.Powell)利用照相乳胶技术在宇宙射线中发现了一种新粒子,质量约为电子质量的 273 倍,称为 π 介子。人类不仅在宇宙射线中发现了 π 介子,而且在加速器中也成功地找到了人工产生的 π 介子,并且精确地测定了它的质量、寿命及同各种不同物质的相互作用。π 介子有带正电、带负电和中性的三种,带电的 π 介子寿命为 $2.6×10^{-8}$ 秒,与汤川理论所预言的相符,绝大部分衰变为带电的 μ 子和中微子;中性 π 介子的质量为电子质量的 264 倍,寿命为 $0.8×10^{-16}$ 秒,绝大部分衰变为两个光子。汤川理论随着 π 介子的发现而被证实和确立,标志着人类对物质结构的认识又深入到一个新层次,即从认识原子核深入到认识基本粒子领域。由此可见,汤川秀澍提出的介子理论对于粒子物理学的发展具有重大意义。由于在核力理论研究的基础上预言了介子的存在,汤川秀澍荣获了 1949 年诺贝尔物理学奖。

汤川秀澍是一位才华横溢并誉满全球的理论物理学家。1940 年,年仅 33 岁的他就获得了日本科学院帝国奖金,1943 年被授予日本文化勋章,1946 年成为日本科学院院士,1949 成为美国国立科学院院士。他也是英国伦敦皇家学会会员、爱丁堡皇家学会荣誉会员。他还是前苏联、印度等科学院院士,法国巴黎大学和前苏联莫斯科大学还授予他荣誉博士学位。

1981 年 9 月 8 日汤川秀澍因患急性肺炎和心脏病而逝世。

化 学 家

把化学确立为科学的人——波义耳

波义耳,Robert Boyle(公元 1627～1691 年),英国化学家、物理学家。

波义耳 1627 年 1 月生于爱尔兰利斯莫尔一个伯爵贵族家庭。他自幼受过良好的教育,8 岁入伊顿学校,11 岁起周游欧洲大陆,先后在法国、瑞士和意大利求学。归国后在家中建立实验室,礼聘知名之士到实验室工作,共同致力于化学、物理等实验。1663 年被选为皇家学会会员,1680 年被选为会长。1691 年 12 月 30 日,波义耳卒于伦敦,终年 64 岁。

波义耳素以研究工作具有哲理性并且敢于怀疑而著称。在他生活的那个年代,经院哲学还是一个无所不包的大厦,化学被深深地禁锢在经院哲学之中,只是医学和冶金学的从属物。波义耳认识到,化学研究没有独立性,主要是因为没有明确的、正确的研究目的,而只是其他部分的附属物。为此,他开始以科学的态度、科学的视角和科学的方法来探讨研究化学的目的。他在1661年出版的《怀疑派化学家》一书中指出:"化学,到目前为止,还是认为只在制造医药和工业品方面具有价值。但是我们所说的化学,绝不是医学或药学的婢女,也不是甘当工艺和冶金的奴仆。化学本身作为自然科学中的一个独立部分,是探索宇宙奥秘的一个方面。化学,必须是为真理而追求真理的化学。"波义耳的自然观促使人们逐渐认识到,化学是具有自然特性的一门需要积极发展的科学。由于研究化学有了明确的研究目的、范畴和方向,使化学研究彻底地从炼金术、医药学、化工生产中解放出来,大大地推动了化学科学的发展。波义耳像许多历史上杰出的科学家一样,非常重视实验,认为只有实验和观察才是形成科学思维的基础,研究化学必须建立科学的实验方法。他常对助手们说:"要想做好实验,就应当注意观察,不能放过任何现象。"波义耳自己也带头做各种实验,由于他注意观察,曾发现许多重要的化学现象。在物理学方面,他对光的颜色、真空和空气的弹性等进行研究,总结了波义耳气体定律;在化学方面,他对酸、碱和指示剂的研究,对定性检验盐类的方法的探讨,都颇有成效。他是第一位把各种天然植物的汁液用作指示剂的化学家。石蕊试液、石蕊试纸都是他发明的。他还是第一个为酸、碱下了明确定义的化学家,并把物质分为酸、碱、盐三类。他创造了很多定性检验盐类的方法,如利用铜盐溶液是蓝色的,加入氨水溶液变成深蓝色(铜离子与足量稀氨溶液形成铜氨络离子)来检验铜盐;利用盐酸和硝酸银溶液混合能产生白色沉淀来检验银盐和盐酸。波义耳的这些发明富有长久的生命力,以至我们今天还经常使用这些最古老的方法。

由于波义耳及其助手们的努力,使古老的化学重新得到活力,使化学家用新观点和方法从事化学研究。这正如恩格斯所说:"波义耳把化学确定为科学。"在著作方面,他的代表作有:《怀疑派化学家》《关于颜色的实验和考察》《空气发光》《天然矿泉水实验室简编》等。

化学革命家——拉瓦锡

拉瓦锡,Antoine Laurent Lavoisier(公元1743～1794年),法国化学家。

拉瓦锡生于巴黎律师之家。早年学习法律,并于1763年获法学学士学位。但是很快,他在自然科学方面的才能就显露出来。1764年,年轻的拉瓦锡以一篇论街道照明的文章,获得法国科学院的奖章。1768年,又以石膏研究方面的成果而被巴黎科学院选为候补院士。1778年任国家火药局长并升为教授、科学院院士。1796年因一度担任征税官而被革命法庭判处死刑送上断头台。

拉瓦锡生活在法国启蒙运动和资产阶级大革命时期。时代背景的熏陶使拉瓦锡自然地接受了解放思想、冲破旧观念束缚的革命精神。因此,在科学研究上,他有极为可贵的创新意识。他从不机械地重复别人的实验,而是批判地继承,使之成为新思想、新理论的论据。在拉瓦锡生活的那个时代,人们一直持有水可以变土的观念。赫尔蒙特曾经做过一个有名的柳树实验,以证明水确实可以变为土。拉瓦锡不太相信这件事,便想用精确的定量实验来验证一下。1768年,他用8次蒸馏过的纯净水在封口玻璃容器内称重后加热,让水整整煮沸了100天,水的蒸气经冷凝再送回,整个过程水没有损耗。结果表明,虽有沉淀出现,但水的重量并没有改变,只是玻璃容器重量有所减少,而减少的重量正好等于沉淀物的重量。这就说明,水并不能变土。在那个时代,人们坚信物质燃烧是由于含有燃素。拉瓦锡不迷信权威,只相信试验的结果。为此,他着手研究磷和硫的燃烧,成功地收集了磷燃烧冒出的全部白烟,并称量出它比原来的磷重。拉瓦锡判断,磷与空气化合了。为了进一步探究出磷与空气是怎样化合的,拉瓦锡开始了进一步的实验。他在密闭的器皿里燃烧磷,并称出有关各物质的重量。他把装有磷的小盘子放在水面的软木座上,用烧红的金属丝点燃磷,迅速用玻璃罩把它罩上。白色浓烟充装了玻璃罩,然后就熄灭了,水在罩内开始上升,过一会儿,水位就停止上升了。拉瓦锡认为,可能用的磷少了,不能跟罩内的空气全部化合。于是他用更多的磷做了十几次实验,水位上升的高度都相同。拉瓦锡研究硫的燃烧,硫也只能同五分之一的空气化合。1774年,拉瓦锡设计了一个新的实验验证了这种看法。他在一个密闭的容器里加热锡和铅,两种金属表面均起了一层金属灰。从前的实验都表明带有金属灰的金属比原来的要重,但他发现,整个容器在加热后并不比从前更重,这就是说金属增加了重量,空气必定失去了重量。空气若有所失,便会在密闭容器里形成部分真空,果不其然,一打开容器,空气马上涌了进来,容器重量立见增加。这个实验充分证明了,金属燃烧的结果是与部分空气相化合。就在这年的 10 月,普利斯特里访问巴黎,向拉瓦锡介绍了他用凸透镜加热汞锻灰发现了一种脱燃素空气。拉瓦锡立刻重做了普利斯特里的实验,证实了加热汞锻灰时逸出的气体重量与汞锻炼成锻灰所增加的重量相等。这是拉瓦锡用来推翻燃素学说最有力的证据。后来他做了大量的燃烧实验都说明燃素是不存在的。1777 年他接受其他化学家的见解,确认空气是两种气体的混合物:一种是能助燃的、有助于呼吸的氧气;另一种是不助燃的、无助于生命的氮气。1789 年,拉瓦锡出版了他的名著《化学纲要》,以大量的实验事实为根据,系统地、全面地批判了燃素学说,系统地阐明了燃烧的氧化学说。在科学上,拉瓦锡勇于批判旧规范、探索未知领域的精神始终如一。这种创新精神使他不断取得新的科研成果,从而为化学开辟了一个新时代。

拉瓦锡的著作很多,代表作有:《化学概要》《物理学和化学的重量》等。他一生最大的功绩在于提出了物质与氧化合的新的燃烧理论,从而彻底推翻了流行一个世纪之久的燃素学说,带来了化学的革命,奠定了现代化学的基础。拉瓦锡还研究了呼吸等生物体的机能。用物质与氧化合的化学理论成功地解释了生命现象,将神秘的生命现象还原为基本的化学过程。

近代原子学说的奠基人——道尔顿

道尔顿,John Dalton(1766~1844 年),英国化学家,自然哲学家。

道尔顿生于英国坎伯兰伊格尔斯菲尔德村的一个纺织工人家庭。他幼年家贫,没有正式上过学校。1776 年曾接受数学的启蒙。1778 年在一所乡村学校里任教。1793~1799 年在曼彻斯特新学院任数学和自然哲学教授。1794 年任曼彻斯特文学和哲学学会会员,1800 年任学会秘书,1817~1818 年任会长。1816 年被选为法国科学院通讯院士,1822 年被选为英国皇家科学院院士。1835~1836 年任英国学术协会化学分会副会长。1844 年 7 月,在曼彻斯特逝世。

道尔顿在科学研究中的勤奋是有口皆碑的,他以"午夜方眠,黎明即起"作为自己的座右铭。他这样解释自己成功的奥秘:"如果说我有什么贡献的话,那不是我的才能的结果,完全是勤勉和毅力的结果"。事实也的确如此,早在孩提时代,道尔顿就因家境贫寒而被迫中途辍学。但他仍坚持自学,在当地一位有学问的教友会绅士的热心指导下,刻苦钻研数学、物理等知识,并开始进行气象观测。1781年,15岁的道尔顿外出谋生,到肯代尔镇一所寄宿学校担任助理教员,一直在那里工作了12年。他在工作之余发愤读书,广泛涉猎哲学、文学、数学和其他自然科学书籍。从德谟克利特的原子论到伽桑狄的复兴原子论,从波义耳到牛顿对原子论的见解以及化学、物理方面的理论等,道尔顿都做了详细的历史考察。在博览群书的同时,道尔顿并没有放弃对气象观测活动的热爱。他继续观测气象,并学会记气象日记,开始对自然界进行系统的科学观察。辛勤的努力换来了丰硕的成果,1793年,道尔顿出版他的第一部学术专著《气象的观察资料和论文集》,这本书对当时还是很薄弱的气象学的发展,起了一定的启蒙作用,这本书也初步确立了道尔顿在学术界的地位。此后,道尔顿继续进行研究和探索。他从观测气象开始,进而研究空气的组成、混合气体的扩散和分压,总结出气体分压定律,推论出空气由不同种类的微粒混合构成,确认了原子的客观存在。再由此出发,通过化学实验测定原子的相对质量,从气象学、物理学转入化学领域。在新的原子观点指引下,道尔顿发现并解释倍比定律。这样,原子论从定性发展到定量阶段,再经过严格的逻辑推导,道尔顿终于建立起科学原子论体系。

道尔顿在化学上的最大贡献是1808年提出的"原子学说"。而先前在定比定律、倍比定律中,道尔顿提出:化合物是不同元素的原子以特有的比例结合而成。为了支持这个论点,他的"原子学说"主张:化学作用的最小单位是原子,任何元素都是由同种类的原子所构成,原子在化学变化的过程中不会改变。此外,同类元素的所有原子具有相同的质量,异类元素的原子质量不同。所以原子质量是元素的一个特性,每一种元素都可以其原子质量为代表,于是在元素表上就可能有一种次序关系。因此,他建议定已知的最轻元素——氢的相对质量为1,其他元素就以此为标准而得到一相对质量。这种定量因数的观念为一大进展,使原子量终于被精确地定出,对以后化学发展影响深远。

气体化合体积定律的发现者——盖·吕萨克

盖·吕萨克,Louis Joseph Gay Lussac(1778～1850年),法国物理学家

和化学家。

盖·吕萨克诞生于法国上维埃纳的圣利奥纳德的一个学者世家。受家庭环境影响,盖·吕萨克从小就用功读书,成绩优良。1797年他考入巴黎高等工业学院,毕业后留校并担当贝多莱(Berthollet)的助手。1806年,当选为法国科学院院士,1809年任巴黎高等工业学院化学教授,索邦学院的物理学教授。1818年任法国政府的火药制造厂总监。1826年当选为俄国彼得堡科学院名誉院士。1830年当选为法国国民议会议员。同年任巴黎植物园化学教授。1850年5月,在巴黎逝世。

在科学研究过程中,盖·吕萨克奉行求实、务实、唯实的工作态度,既尊重老师,又坚持真理。在当贝多莱助手的时候,一次贝多莱交给他一项实验工作,并对实验结果进行了推测。但是,当吕萨克做完实验后,发现老师蛮有把握的预测恰好与实验结果相反。要维护师生之间的良好关系,盖·吕萨克可以只向老师报告实验的具体过程,可以留住自己的分析不说。这样虽然可以暂时避免一些不愉快的事情,但却违背了科学精神,违背了做人的最高原则。最后,盖·吕萨克还是如实地将实验过程和分析结果写在厚厚的工作日志上。盖·吕萨克的这种工作态度,必然导致他敢于怀疑、善于怀疑的行为方式。对于学术界已经取得的成果,即便带着权威的光环,他也不会无条件地接受,他总是习惯用怀疑的目光对老命题进行新的研究。比如,有关气体状态,他在读大学时,就听过布里松教授在课堂上所讲的一些性质,但后来,他又得知科学家们在这个问题上得出许多相左的结论。显然,大师们也在这个问题上出错不少。当时,德国著名科学家亚历山大·冯·洪堡曾发表过影响较大的观点,盖·吕萨克便决定认真检查一下这位大科学家的结论,结果,他发现盛名之下,其实难副。于是,他便针对洪堡的错误,提出了尖锐的批评。盖·吕萨克献身于实验研究,经常和危险的、有害的气体和药品打交道,从不畏缩。据说在一次实验中,坩埚发生爆炸,他受了重伤,躺了40天,刚可以下床行走,又到实验室去了。久而久之,盖·吕萨克得了严重关节炎,常常水肿不消,十分痛苦,但是他仍一瘸一拐地做各种实验。

善于怀疑的思维方式和刻苦勤奋的工作态度使盖·吕萨克在科学研究方面取得了非凡的成就。他发现了盖·吕萨克定律,创造乘气球升空7 016

米的记录。1808年他发现了化学元素硼。1809年他用电火花使氮气和氧气的混合物变成了氧化氮。1812年他发现了一种绿色气体,取名氯。1813年和法国化学家贝鲁兹一起发现了一种紫色物质,取名叫"紫罗兰色",中文译作"碘"。盖·吕萨克主要著作有:《论气体物质彼此化合》《湿法检验含银材料的实验规则》等,还主编法国《化学和物理年鉴》。

化学元素符号的首倡者——贝采利乌斯

贝采利乌斯,Berzelius,Jons Jacob(1779～1848年),瑞典化学家。

贝采利乌斯1779年8月20日生于瑞典奥斯特格兰一个牧师家庭,自幼家境贫寒,更为不幸的是父母又在他童年时相继故去。在极其艰难的环境下,贝采利乌斯依然坚持读书。1796年入乌普萨拉大学医学系学习,1802年获医学博士学位。后任斯德哥尔摩医学院医学、植物学和药物学助理教授,1807年任教授。1815～1832年,任斯德哥尔摩的卡罗琳外科医学院的化学教授。1808年被选入斯德哥尔摩皇家科学院。1848年8月,贝采利乌斯在斯德哥尔摩病逝,享年70岁。

贝采利乌斯有着超强的自学能力,自学也是成就其辉煌的最主要原因。贝采利乌斯从小就聪明过人,但是由于家庭的原因,他却没有上小学的条件。在这种情况下,出于对知识的渴望,他克服种种困难,坚持刻苦自学。成年以后,他和弟弟一起来到了乌普萨拉,他们一边干活谋生,一边坚持自学。他曾到医院里去给医生当助手,还给人补过课。节衣缩食、勤俭生活使他积蓄下了点钱。利用这点钱他进入乌普萨拉大学读书。在大学读书期间,为了能使自己的生活状况有所改观,贝采利乌斯就去给别人当家庭教师,虽然收入相当微薄,但这种自食其力的生活却培养了他坚强的意志和热爱劳动的品格。为了给来自不同国家的移民的孩子上课,他又开始自学法语、德语和英语。正是有了这样的自学经历,这些语言方面的知识,在他后来利用多国语言研究各种学术著作时起了很大帮助作用。贝采利乌斯在大学里学的是医学专业,但是他却一直对自己的专业不太感兴趣。大学第三年的时候,有一次他翻阅了德国化学家吉坦尼尔的教科书《反燃素化学基础原理》,正是研读了这本书后,他对于化学的兴趣越来越浓厚,他的头脑里充满了各种化学实验和化学知识。他开始利用上课的余暇做化学实验,感到有着无比的乐趣,并开始如饥似渴地汲取化学知识。这时意大利的伏特又正好发明了电池,贝采利乌斯就又自学了许多电学知识。他有时观察电流的化学作用,有时研究电流的生理作用,还在对患者运用电气疗法中发现了意外的效果。

他在发展化学中做出了重要贡献,他接受并发展了道尔顿的原子论;他以氧作为标准测定了 40 多种元素的原子量;他第一次采用现代元素符号并公布了当时已知元素的原子量表;他发现和首次制取了硅、钍、硒等好几种元素;他首先使用"有机化学"的概念;他是"电化二元论"的提出者;他发现了"同分异构"现象并首先提出了"催化"概念。他的卓著成果,使他成为 19 世纪一位赫赫有名的化学权威。

农业化学和生物化学的奠基人——李比希

李比希,J. von Justus von Liebig(1803～1873 年),德国有机化学家。

李比希 1803 年 5 月生于德国里森州的达姆斯塔特城。父亲是一个经营无机盐和颜料的商人,在闲暇时就用这些东西搞化学实验,所以李比希从小就被领进了化学领域。1820 年,李比希赴波恩大学学习,一年后转学到埃朗根大学,1822 年获哲学博士学位。1824 年回到德国,任吉森大学化学教授,创立了著名的吉森实验室。这是世界上第一个系统地进行化学训练的教学实验室。1852 年李比希任慕尼黑大学教授。1840 年当选为英国皇家学会会员。1842 年当选为法国科学院院士。1873 年 4 月,李比希在慕尼黑逝世。

李比希从童年起就表现出对实验的浓厚兴趣和超乎寻常的求知欲,他喜欢探索事物的奥秘,对于发现的疑难问题不解决总不罢休。这种性格是从他幼年时开始养成的。当他还是一个天真的孩子时,就总爱在父亲的工作室里执著地提各种疑问。他把父亲店铺后边的厨房改造成自己的实验室,在阁楼上,自己偷偷做雷酸盐的实验。有一次他在做雷酸汞的实验时,引起了爆炸,震动了整个楼房,屋顶的一角也被炸毁了,但他本人没有受伤。对于这件事,李比希的父亲并没有责备他,反而说他有胆量、有追求精神。每当李比希回忆往事时,都会深有感触地说:"童年的化学实验,激发了他的想象力和对化学的热爱。"此外,看到邻居制造肥皂,他也要在自己家的实验室里模仿一下,他还在家里充当染色工人和鞣革工人。就连巡回演出的魔术师也成了李比希的老师,他向魔术师学习制备雷酸银,并用它制作玩具水雷。但是,李比希钻研化学实验并不单纯为了好玩。他做实验非常认真,每一个实验都要重复很多次,一直到满意为止。李比希这种性格随着年龄的增长而发展,以致养成了科学家所应当具有的素养。每当他发现了一个什么问题,想要追求其中隐藏着的真理时,就像猎犬发现猎获物似的兴奋,而不再顾及其他任何事情了。一位曾经编写过李比希传记的作者说:"李比希的研究态度,不能像一般的研究者那样,仅用勤奋和热心的言词来形容,而要用'痴情'二字。别的言词都不行。"这可以说是一种特别热情,甚至是狂热。

李比希在化学上的建树极多。他对无机化学、有机化学、生物化学、农业化学都做出了卓越的贡献。他发明和改进了有机分析的方法,准确地分析过大量的有机化合物,合成过氯仿($CHCl_3$)、三氯乙醛(CCl_3CHO)和多种有机酸。他还曾与杜马等人合作,提出了有机化合物基团的概念以及多元酸的理论。李比希开创了农业化学的研究,提出植物需要氮、磷、钾等基本元素,研究了提高土壤肥力的问题,因此他被农学界称为"农业化学之父"。

有机结构理论的奠基人——凯库勒

凯库勒,Friedrich August Kekule(1829 年～1896 年),德国有机化学家。

凯库勒生于德国的达姆斯塔德的军人家庭。凯库勒天资过人,上中学时尤其擅长数学和制图。1847 年,考入吉森大学学建筑学,但不久就改学化学。大学毕业后,凯库勒先后赴巴黎、瑞士、伦敦等地进行学术考察与进修。1856 年他返回德国,任海德堡大学讲师。不久,被聘为比利时根特大学的教授。在这里(1866 年),他因发表了苯的结构式而名扬于世。1877 年就任波恩大学教授和化学研究所所长,直至病逝。

凯库勒有一句名言:我最初是李比希的学生,后来是杜马、热拉尔和威廉逊的学生,现在我不属于任何学派。这句话非常完美地体现了凯库勒科学态度和治学精神:谦虚地向老师学习,尊重自己的老师,但思想却不被某一派的观点所禁锢。正是凭借这种好学、勤学、善学的治学态度,凯库勒才得以占领有机化学的时代制高点。李比希是改变凯库勒人生坐标设计的第一位重要人物。李比希富有魅力的讲演深深吸引了凯库勒，于是，他立志转学化学，他坚信自己未来的前途是从事化学研究，别无他路。为了选择这条路，他同家人进行了长期不懈抗争并最终获胜。在李比希的指引下，凯库勒走上了研究化学的道路。1851年，凯库勒去了巴黎，成为法国化学家杜马和热拉尔的学生。在两位老师的引导下，凯库勒对有机化学产生了兴趣。凯库勒所写的第一篇化学论文，是他研究硫酸氢戊酯的成果。这篇学术论文，得到了威尔教授等专家的很高评价。论文发表后，1852年6月，大学的学术委员会决定授予凯库勒化学博士学位。回国后，凯库勒知识广博、思路开阔的优势越来越明显地表现出来，高水平的学术成果不断出现。1858年，他发表首篇历史性论文"关于有机化合物的结构和变化以及碳的化学性质"，提出了碳四价与碳原子间成链的思想。1865年，他发表了另一篇历史性论文"关于芳香族化合物的研究"，提出了苯环结构的思想，为构建有机结构理论大厦做出了奠基性的贡献。1872年凯库勒提出苯分子中的所有原子都在快速振动并与相邻原子碰撞，一个原子在单位时间里所做的碰撞次数与其价数相等。价与原子碰撞相关的概念没有得到公认，但双键振动的思想却被人们常常提及，因而被认为是现代共振概念的先驱。

作为一个杰出的科学家，凯库勒的成就得到了全世界的普遍公认。许多国家的科学院曾选他为名誉院士。他的意见不仅受到科学家的重视，而且也常为工业家们所采纳，成为19世纪以来有机化学界的真正权威。面对荣誉，凯库勒始终保持着清醒的头脑，他说："我算得什么？我和各个时代的科学工作者一样，都是在前人经验和知识的基础上工作的"。凯库勒这种在荣誉面前的谦虚态度是值得我们敬佩和学习的。

元素周期分类的先驱——迈耶尔

迈耶尔，Julius Meyer, Lothar（1830年8月19日～1895年4月11日），德国化学家。

尤利乌斯·洛塔尔·迈耶尔，1830年8月19日出生于德国的瓦勒尔，他以最早探索化学元素的性质与原子量间的关系而出名。迈耶尔的父亲和外祖父都是医生。由于受家庭的影响，迈耶尔从小就立志从医。1854年，他获得了医学博士学位。在大学学医的时候，迈耶尔受到了生理学教授路德威希的影响,对生物化学产生了浓厚的兴趣。大学毕业后,曾对生物化学进行过集中研究,并于1858年获得布雷斯劳大学的哲学博士学位。在获得哲学博士学位后,他又去海德堡跟随本生学习化学,从此开始专门从事化学研究。1859年,迈耶尔到布雷斯劳大学担任物理学和化学的无薪教师,并同时担任该校生理研究所化学实验室主任,这对他从事化学研究提供了较好的物质条件。

1860年,为了消除对原子量测定的混乱局面,欧洲各国的化学家在德国卡尔斯鲁厄召开了第一届国际化学会议。会议期间,意大利化学家康尼查罗向代表们分发了一本小册子,这就是他两年前发表的《化学哲学教程提要》。迈耶尔对书中阐述的道尔顿、阿弗加德罗等人所争论的问题做了清楚地阐明,迈耶尔受康尼查罗的影响,开始研究元素性质与原子量之间的关系。

1864年,迈耶尔出版了《近代化学理论》一书,书中按元素原子量递增的顺序论述了各元素的物理性质,并列出了一张《六元素表》。它指出了元素性质与原子量之间的关系,即把具有相同化合价的元素归为一类,同一类元素的相邻二元素的原子量之间的差值是一定的。《六元素表》虽然没有给尚未发现的元素留下空位,也只是包括了当时已知元素总数的一半,但它具备了周期表的雏形。

在《六元素表》的基础上,迈耶尔对当时已知的50多种元素的性质与原子量的关系进行了深入研究,到1868年发表了著名的《原子体积周期性图解》,图表显示了元素的原子量和原子体积的关系,性质相似的元素出现在曲线相似的位置上,根据这一发现迈耶尔于1869年独立地制成了一个化学元素周期表,明确指出元素性质是它们原子量的函数。

迈耶尔的元素周期表与门捷列夫共同的地方是在表上都给未发现元素留下了空位,按原子量递增的顺序来排列元素。但是它们二者也有不同的地方,这就是迈耶尔侧重研究元素的物理性质,而门捷列夫则偏重于元素的化学性质。

迈耶尔与门捷列夫同时独立地提出化学元素的周期性规律,在化学史上具有重要的地位。1882年,迈耶尔与门捷列夫同时荣获英国皇家学会授予的戴维金质奖章。1895年4月29日,迈耶尔过早地离开了人间,但他的成就将永载史册。

炸药发明者——诺贝尔

诺贝尔,Alfred Bernbard Nobel,(1833年10月21日～1896年12月10日),瑞典化学家。

阿尔弗里德·诺贝尔1833年10月21日生于瑞典斯德哥尔摩一个普通的家庭,父亲伊曼纽尔·诺贝尔是一位颇有才气的机械师、发明家。就在小诺贝尔出生的前一年,一场大火烧毁了他家的全部财产,只有靠借债度日。在这场大火中,诺贝尔的母亲为了救孩子几乎丧了命,精神和健康都受到影响,再加上生活困难,诺贝尔一出生就体弱多病,因而,诺贝尔的童年没有像别的孩童那样调皮、活泼和欢快,这使他的性格比较孤僻、内向。直到8岁才上学,只读了一年,这是诺贝尔受过的唯一的学校教育。

诺贝尔的父亲伊曼纽尔·诺贝尔在家庭发生大火后,就到俄国谋生。由于他的一些发明在俄国受到欢迎,经济状况开始好转,1843年,他们全家迁居到俄国彼得堡。在俄国期间,诺贝尔和他的两个哥哥学习了俄、英、法、德等语言,并跟俄国教师学习自然科学和工程技术。1848年,兄弟三人停止了学业,回到瑞典,诺贝尔在父亲开办的工厂当助手。1850年,他父亲让他出国进行旅行学习。两年中,他先后去过德国、法国、意大利和美国。由于他善于观察、认真学习,知识迅速积累,当他返回俄国时,已成为一位精通德、英、法及俄语的学者及受过科学训练的化学家。

1859年开始,诺贝尔全身心的投入到了他热爱的发明创造,并在两年多的时间里完成了三项发明:气体计量仪、液体计量仪、改良型的液体压力计,这三项发明都取得了专利,他也希望自己像父亲那样成为一个有为的机械师。

诺贝尔多年跟随他父亲研究炸药、鱼雷,这促使他的研究兴趣从机械方面转到了应用化学。早在1855年,曾担任诺贝尔化学教师的津宁教授就告诉过他,化学家发现了一种无色油状液体硝酸甘油具有猛烈的爆炸性能,由于它受到震动就会爆炸。故不易控制,无法应用。诺贝尔和他的父亲分别在俄国和瑞典研究它,诺贝尔首先研究了硝酸甘油的性质和制法,结合前人的研究成果,他认识到要使硝酸甘油变为实用炸药,必须解决两个问题:一是要寻找一种点燃炸药的合适方法;二是在不减弱其爆炸力的前提下,将硝酸甘油变成一种尽可能安全的形式。诺贝尔与其父亲合作,经过了50多次实验,终于在1862年完成了诺贝尔的专利雷管。但是这次爆炸的主体仍然是黑火药,为此他继续潜心研究。

1864年9月3日,实验室发生了硝酸甘油的爆炸事件,诺贝尔的五位助手和他的幼弟被当场夺去了生命,诺贝尔因当时不在实验室而幸免于难,实验室被炸成了废墟。他的父亲因过度悲伤得了中风病,周围的居民也要求封闭诺贝尔在市区的实验室。面对挫折和不幸,诺贝尔并没有灰心,而是以不屈不挠的勇气把试验设备搬到了郊外继续研究。经过100多次的试验,他终于发现运用雷酸贡可以引爆硝酸甘油,并发明了装有雷酸贡的雷管,终于解决了炸药的引爆难题,这是爆炸科学中的重大突破。诺贝尔的这一发明很快在许多国家得到了应用。但是,好景不长,由于硝酸甘油存放时间一长,就会分解,强烈的震动也会引起爆炸。不久在美国和德国因运输硝酸甘油发生了爆炸惨剧,一些国家先后下令禁止运输诺贝尔的炸药。

诺贝尔并没有退缩,决心一定生产出安全炸药,经过反复实验,他终于找到了一种不仅化学性质稳定,而且具有较大吸收力的物质——硅藻土。将硅藻土与硝酸甘油按1∶3混合,这就得到了被称为黄色炸药的安全炸药。炸药的安全性能解决了,但是硅藻土却降低了硝酸甘油的爆炸力,诺贝尔认为应该研究新的配方,他又把含氮低的火棉与硝酸甘油混合,研制出了一种新型炸药——胶质炸药,这是一种既安全可靠,又爆炸力强的新型炸药。诺贝尔的研究从来就没有停止过,随后他又研制出他命名的 C_{89} 的无烟炸药。

只受过一年正规学校教育的诺贝尔,正是通过自己的刻苦勤奋、持久自学,才成为世界著名的科学家、发明家。据不完全统计,诺贝尔一生共获得专利355项,其中有关炸药的约有127项,他勇于探索的精神是我们宝贵的精神财富。

诺贝尔把自己的一生献给了他热爱的科学事业,很少考虑个人生活问题,终身未娶,但他把自己的爱献给了科学和人类进步事业,按照他的意愿,炸药主要用于工业,造福于人类。1896年12月10日,诺贝尔由于心脏病而与世长辞,终年63岁,按照他的遗嘱,他把自己全部的财产设立了基金,基金的利息每年以奖金的形式分配给那些在前一年里曾赋予人类最大利益的人,这份奖金被平分为五份,即奖给在物理学、化学、生理和医学、文学、和平方面做出杰出贡献的人。诺贝尔奖也成为科学界公认的最高层次的奖。

元素周期表的创立者——门捷列夫

门捷列夫,Dmitri Iwanowitsch Mendeleeff(1834年2月7日～1907年1月20日),俄国化学家。

德米特里·伊万诺维奇·门捷列夫生于俄国西伯利亚的托波尔斯克市。父亲是一位中学教师,在他出生后不久,父亲因患白内障而双目失明,在门捷列夫13岁时,父亲病逝。门捷列夫从小就表现出超常的记忆力和数学才能,读小学时,他对数学、物理、历史课程很感兴趣,而对语文,尤其是拉丁文很讨厌。中学毕业后,门捷列夫进入了彼得堡高等示范学校物理数学系学习。在大学学习期间,门捷列夫表现出了坚韧、忘我的超人精神。在他得了气管出血症后,他一天一天的消瘦和苍白了。疾病折磨着门捷列夫,可是,在他贫血的手里总是握着一本化学教科书。那里面当时有很多没有弄明白的问题,缠绕着他的头脑,似乎在招呼他快去探索。1855年他以优异的成绩毕业。大学毕业后,他当过中学教师,但他并没有放松自己的学习和研究。1857年他以突出的成绩通过化学学位的答辩,彼得堡大学破格任命他为化学副教授,时年22岁。

在彼得堡大学,门捷列夫担任了理论化学和有机化学两门课程,但在当时,这两门课都很不系统,只是一些资料的堆积。1859年他获准到德国海德堡本生实验室进行深造,在德国的两年时间里,他集中研究了物理化学,即用物理学的方法来观察化学过程,又根据物质的某些物理性质研究它的化学结构,这为他以后研究元素间的内在联系打下了坚实的基础。

对门捷列夫元素周期率起决定作用的因素是1860年在德国卡尔斯鲁厄举行的第一届国际化学家会议,在这次会议上,化学家康尼查罗的演讲和他的小册子给了门捷列夫以启迪,即一种元素的性质随原子量的递增而呈周期性变化的思想开始萌芽,并以此作为他科学研究的目标,并为此付出了巨大的心血。

从1862年开始,门捷列夫对283种物质逐个进行了分析测定,并对前人在元素研究的成果进行了批判的继承。他紧紧抓住原子量与元素性质之间的关系为突破口,反复测试,不断思索。他因过度紧张,而经常昏眩。经过艰苦的探索,1869年3月6日,在彼得堡大学召开的俄国化学会议上,门捷列夫(因病未能出席,别人代替宣读)宣读了题为《元素的性质和原子量的关系》。在论文中提出了元素周期律的两大要点:第一,元素按照原子量大小排列后,在性质上呈现明显的周期性;第二,原子量的大小决定元素的特征。经过继续努力,他于1871年发表了关于周期律的新的论文,并对前一个元素周期表进行了修正。

门捷列夫发现了元素周期律,在世界上留下了不朽的功绩,人们给他以很高的评价。恩格斯在《自然辩证法》一书中曾经指出:"门捷列夫不自觉地应用黑格尔的量转化为质的规律,完成了科学上的一个勋业,这个勋业可以和勒维烈计算尚未知道的行星海王星的轨道的勋业居于同等地位。"

门捷列夫除了完成周期律这个勋业外,还研究过气体定律、气象学、石油工业、农业化学、无烟火药、度量衡等,都在不同程度上取得了成就。

元素周期律的发明,是近代化学史上的一个创举,对于促进化学的发展,起了巨大的作用。

第一个荣获诺贝尔化学奖的科学家——范霍夫

范霍夫,Jacobus Henricus van't Hoff(1852年8月30日~1911年3月1日),荷兰化学家。

雅可比·亨利克·范霍夫1852年8月30日出生于荷兰鹿特丹。由于他在化学动力学和液体渗透压方面所做的工作,他获得了诺贝尔化学奖。他在中学读书时,对化学实验很感兴趣。经常在放学以后或假日里,偷偷地从地下室的窗户钻进实验室里去做化学实验。并受到过老师的责备,少年时代的这种爱好,注定了后来范霍夫成为化学家的命运。

19世纪中叶,有机化合物的经典结构理论已经由凯库勒和布特列洛夫等人基本上建立起来了。但同时,人们越来越多地发现了某些有机化合物具有旋光现象。范霍夫在巴黎由武兹指导,同勒·贝尔分别对某些有机化合物为什么会有旋光异构现象的问题,进行了广泛的实验和探索。1874年,范霍夫和勒·贝尔分别提出了关于碳的正四面体构型学说。物质的旋光特性的差异,是和它们的分子空间结构密切相关的,这就是物质产生旋光异构的秘密所在。范霍夫关于分子的空间立体结构的假说,不仅能够解释旋光异构现象,而且还能解释诸如顺丁烯二酸和反丁烯二酸、顺甲基丁烯二酸和反甲基丁烯二酸等另一类非旋光异构现象。

1878~1896年,范霍夫在阿姆斯特丹大学集中精力研究了物理化学问题。他对化学热力学与化学亲和力,化学动力学和稀溶液的渗透压及有关规律等问题进行了探索。1884年,他出版了《化学动力学研究》一书。书中他不仅阐明了反应速度等化学动力学问题,而且还专门论述了化学平衡理论和以自由能为基础的亲和力理论。

这本书首先讨论了化学反应速度及其变化规律。他创造性地把反应速度分为单分子、双分子和多分子反应三种不同类型来研究。其次,范霍夫对于两方向相反的反应(即可逆反应)采用了化学平衡的观点来研究。他首倡以双箭头符号来表明化学平衡的动态特性。最后,他还给化学亲和力下了明确的定义,并对它进行了研究。

在物理化学领域中,范霍夫重点研究的另一个课题是稀溶液的渗透压及其有关规律。

范霍夫首次提出碳原子具有正四面体构型的立体思想,弄清了有机物旋光异构的原因,开创出立体化学的新领域。在物理化学方面,他研究过质量作用定律,发展了近代溶液理论,包括渗透压、凝固点、沸点和蒸气压理论;并用相律研究盐的结晶过程。主要著作有:《空间化学引论》《化学动力学研究》《数量、质量和时间方面的化学原理》等。他与奥斯特瓦尔德一起创办了《物理化学杂志》。1901年,因溶液渗透压和化学动力学的研究成果,他成为第一个诺贝尔化学奖获得者。

范霍夫精心研究科学思维方法,极力推崇科学的思维,并认为卓越的科学家都有这种优秀的素质。他具有从实验现象中寻找普遍规律性的高超本领。他同时认为:"一种理论,只有在它的全部预测能被实验证实的时候才能成立"。

1901年在接受了诺贝尔化学奖以后,他应邀访问了美国、德国等一些经济、文化先进的国家,但他始终不忘报效自己的祖国。外国的高薪聘请、优越舒适的生活条件,都没能挽留住这位荷兰人。

他常常废寝忘食,每天工作10多个小时。年近花甲时,他终因长期积劳成疾,被越来越重的肺结核病困扰着。1911年3月1日,年仅59岁的范霍夫不幸早逝。

热力学第三定理的创立者——能斯特

能斯特,Hermann Welther Nernst(1864年6月25日～1941年11月18日),德国化学家、物理学家。

能斯特于1883年毕业于格劳顿兹大学预科,在那里能斯特表现出对文学、诗歌等爱好,曾梦想成为一名诗人,虽然未能如愿,但他终生爱好文学、戏剧。

1883～1887年,能斯特曾在苏黎世大学、柏林大学、格拉茨大学、维尔茨堡大学学习。1887年能斯特在维尔茨堡大学的P.W.科尔劳施教授指导下完成了博士论文,获得博士学位。1887年底,被莱比锡大学聘请为教授,著名的物理化学家奥斯特瓦尔德邀请能斯特到莱比锡担任他的助教,这是能斯特由物理学转向化学研究的开始。1891年,能斯特被哥廷根大学聘为物理副教授,1893年,他出版了著名的理论化学教科书《理论化学》。1895年,能斯特被提升为物理化学教授并担任系主任,成为当时德国除奥斯特瓦尔德以外的第二个物理化学教授。

能斯特的早期研究主要在物理化学领域,并对物理化学做出了很大的贡献。1889年,他提出了溶解压理论,能斯特通过应用热力学原理计算1克当量金属在等温条件下进入溶液的最大功,从而导出了电极电位公式,即"能斯特公式"。同年提出了溶度积理论,以解释沉淀反应。他设计出用指示剂测定介电常数、离子水化度和酸碱度的方法。他发展了分解和接触电势、钯电极性状和神经刺激理论。但他最辉煌的成就是在化学热力学领域,1906年能斯特发表的"热定理"或他自称的"热力学第三定律",能斯特在热定理中企图解决的问题是化学中由来已久的:"为什么有些化学反应能够发生,有些则不能发生?"换言之,能否仅用量热的数据从理论上预言化学平衡?能斯特的第三定律认为在绝对零温度时,处于完全平衡的每个物质的熵等于零,因而压强、体积及表面张力均与温度无关。1920年能斯特因发现热力学第三定律获得诺贝尔化学奖金。

能斯特对极为抽象的理论工作并不感兴趣,而对可靠的实验结果却很感兴趣,但在实验中极为重视材料及能源的节省,反对随便滥用自然资源。能斯特对于物理化学在实际中的应用也非常重视,他是第一个在高压条件下研究合成氨反应的人。

能斯特热爱他的国家但又不是一个狭隘的爱国主义者。能斯特本人曾在第一次大战初期应召入伍,从比利时进入法国为德军服务。1933年4月,他拒绝与柏林科学院中反对爱因斯坦势力的合作,也不参加后来法西斯组织的"保护德国物理学"的运动,并于当年申请退休回到齐贝里庄园别墅,在农村度过了他的晚年。1941年能斯特由于心脏病发作卒于齐贝里别墅。能斯特的著作有《新热定律的理论与实验基础》等。

高分子化学的创立者——施陶丁格

施陶丁格,Hermann Staudinger(1881年3月23日~1965年9月8日),德国化学家。

1881年3月23日,海尔曼·施陶丁格出生在德国的弗尔姆斯。1903年,他在达姆施塔特大学完成了关于不饱和化合物丙二酸酯的毕业论文,获学士学位。1907年,在斯特拉斯堡大学以他在实验中发现的高活性烯酮为题完成了博士论文,获得了博士学位。同年他被聘为卡尔斯鲁厄工业大学的副教授。5年后他被楚利希联邦工业大学聘任为化学教授。1926年,他应聘来到布莱斯高的弗莱堡专心从事科学研究。在弗莱堡他度过了他的后半生,许多重要的科研成果都是在这里完成的。

施陶丁格主要从事高分子化合物的研究。他最早提出"高分子"这个名称。1922年施陶丁格提出了高分子是由长链大分子构成的观点,动摇了传统的胶体理论的基础。他研究了塑料与其他合成物的聚合基础,认为由小分子聚集而成的亲液胶体物质是数以万计的原子,通过一般化学键所组成的高聚物,由于大小悬殊,故有不同于低分子量化合物的性质。1926年瑞典化学家斯维德贝格等人设计出一种超离心机,用它测量出蛋白质的分子量,证明了高分子的分子量的确是从几万到几百万。这一事实成为大分子理论的直接证据。1932年施陶丁格总结了自己的大分子理论,出版了划时代的巨著《高分子有机化合物》,成为高分子科学诞生的标志。认清了高分子的面目,合成高分子的研究就有了明确的方向,从此新的高分子被大量合成,高分子合成工业获得了迅速的发展。他的高分子聚合理论开始并未引起人们的重视，20年后才大放异彩。在1953年荣获诺贝尔奖时他已72岁高龄了。

施陶丁格在高分子科学研究中取得成功之后，他开始将研究的重点逐步转入植物学领域。他和他的妻子、植物生理学家玛格达·福特合作研究大分子与植物生理。经过两年多的努力，他们利用电子显微镜等现代实验观测手段，终于用事实证明了生物体内存在着大分子。可惜的是由于第二次世界大战而被迫中断，施陶丁格所在的研究所毁于战火。二战结束后，1947年他出版了著作《大分子化学及生物学》。在这一著作中，他尝试地描绘了分子生物学的概貌，为分子生物学这一前沿学科的建立和发展奠定了基础。为了配合高分子科学的发展，自1947年起他主持编辑了《高分子化学》这一专业杂志。

施陶丁格的著作主要有：《乙烯酮》《高分子有机化合物》《有机定性分析》《有机胶体化学》《大分子化学与生物学》等。

性激素合成的开创者——鲁齐卡

鲁齐卡，Leopold Ruzicka(1887年9月13日～1976年)，瑞士化学家。

鲁齐卡的父亲斯契潘是箍桶匠和木材商，在鲁齐卡4岁时，他的父亲便去世了。虽家境贫寒，但鲁齐卡非常好学，高中毕业后，他利用父亲的保险金进入瑞士的卡尔斯鲁厄高等工业大学学习，他把搞技术工作作为选择的职业。在1910年获得工程师证书和博士学位，他的毕业论文题目是《苯基甲基烯酮的反应速率测定》。毕业后，他做过施陶丁格的助手，1912年随施陶丁格去苏黎世国立高等工业大学。1916年开始自己独立工作。

鲁齐卡作为高等工业大学的教授，使他有更多的机会与许多同事从事研究。瑞士化学工业需要许多受过良好训练的有机化学家，这一形势吸引了许多有天才的学生从事有机化学研究，许多人选择鲁齐卡作为攻读博士研究生的导师，使他拥有大量的研究生。

鲁齐卡在科学研究上的主要贡献：一是提出经验的异戊二烯规律。按此规律，大多数萜类是由异戊二烯单元构成的，它使许多倍半萜，二萜及三萜的结构迅速而近乎正确地被测定了。在研究萜烯过程中，发现灵猫酮和麝香酮,并确定其化学结构,为香料工业的发展开辟了一个广阔前景。另一个主要的贡献是在性激素研究方面的开创性工作。这项研究是由于别的实验室的甾体脱氢试验引起了鲁齐卡的注意。1931 年 A.布特南特发表了从人尿分离到一种叫雄甾酮的雄性激素,并确定其分子式含 16 个碳,而鲁齐卡则认为应含 19 个碳,并决定用合成法确定下来。鲁齐卡重复了 A•温道斯在 1919 年的实验,由天然甾体化合物经过降解反应合成甾体激素获得了成功了。鲁齐卡在 1933~1934 年把胆甾烷醇的 3 个立体异构甾醇用于降解合成,在用铬酸氧化后水解,得到相应的 3 个立体异构的羟基酮。

从上述雄甾酮的结果,鲁齐卡又对牛睾丸提取物的化学和生理性质进行研究。以推断其有效成分的结构。鲁齐卡仿照合成雄甾酮的方法,在 1935 年 6 月合成了尚未被发现的睾酮,并取得了专利。睾酮不久为在阿姆斯特丹的 E•拉甘小组提取成功。他对性激素发表了约 70 篇论文和几十份专利,这些工作使瑞士化学工业在重要的甾体激素药物中很早就占有了优势地位。鲁齐卡因在性激素研究方面的开创性工作,和布特南特共同获得 1939 年诺贝尔化学奖。

科学没有国界,但科学家有祖国。鲁齐卡有强烈的爱国情怀,他虽然一生中辗转多个地区与国家,但是爱国心却从来没有改变过,他始终希望自己的祖国能够早日发展富强起来。但是腐败的政府却令他大失所望,空有一颗拳拳报国之心,却被昏庸政府挡在国门之外。鲁齐卡于 1918 年加入了瑞士国籍,但鲁齐卡对他的出生地南斯拉夫怀有特殊感情。在多次的科学讨论会上,他用南斯拉夫语作报告,并对南斯拉夫科学政策作忠告和提醒。1974 年南斯拉夫授予他有金十字的南斯拉夫旗奖章,他还是武科瓦尔市荣誉市民。

化学反应动力学研究的大师——谢苗诺夫

谢苗诺夫,Nikolay Nikolayevich Semyonov,(1896 年 4 月 15 日~1986 年),前苏联物理化学家。

1896 年 4 月 15 日,谢苗诺夫出生于萨拉多夫的一个职员家庭。1913~1917 年,谢苗诺夫在彼得格勒大学数学物理系学习。1917 年,年仅 21 岁的谢苗诺夫,以优异的成绩毕业于彼得格勒大学数学力学系,他是著名的前苏

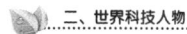

联物理学家约费的学生和助手。1920～1930年,谢苗诺夫在约费创办的彼得格勒技术物理研究所工作,被任命为彼得格勒化学物理所所长。

谢苗诺夫在科学上建树很多,其中最重大贡献是发展了链反应理论。谢苗诺夫和同事们用定量的方法研究了在不同的氧的压力(浓度)下磷的氧化反应。他们发现,当氧的压力小时,进入容器中的氧不会使磷蒸气马上发生磷光,而只是达到一定的临界压力时才能使之发光;超过临界压力时,反应迅速进行,直到磷蒸气燃烧起来。链可以支化的概念,即一个活泼质点与分子反应,可以生成几个活泼质点,形成像一棵树的树干与树枝一样的分支链反应。

谢苗诺夫创建的分支连锁反应理论,可以概述为:从慢的反应转变为爆炸,具有很明显的临界性质。在稳定的体系中,容器内支化作用的总数小于由于碰撞器壁而发生的链终止数,因而反应几乎不能进行;在非稳定体系中,则由于支化数大于终止数而发生激烈地反应。

1956年,谢苗诺夫与英国著名化学家C.N.欣谢尔伍德共同荣获诺贝尔化学奖,以表彰他们在化学反应动力学方面的成就。

链式反应的发现,标志着理论化学的研究进入到一个新的阶段。传统的化学,只注重反应物和产物的研究,对于反应物如何转变成产物,转变的复杂机制和过程则很少注意。

谢苗诺夫的主要著作有:《链式反应》和《论化学动力学某些问题和反应能力》等,并被各国翻译出版。

谢苗诺夫倡导各种不同专业的科学家互相协作。他认为,化学理论的研究,应当和其他自然科学互相联系、互相渗透,要积极采用其他自然科学的理论方法,特别要注意积极采用数学和物理学的理论方法。他还指出,各种专家协同研究重大课题,对新技术革命和科学的未来具有重大意义。

作为一个世界著名的科学家,谢苗诺夫曾多次强调科学要为人类的幸福和社会的进步服务,并且主张防止把科学成果用于危害人类的安全。他在荣获诺贝尔奖金时发表的演讲的最后,向全世界科学家们呼吁:"世界科学家们共同努力,要使科学为世界的进步利益和人类幸福做出积极贡献"。

量子化学的开创者——鲍林

鲍林，Linus Pauling(1901年2月18日～)，美国化学家。

鲍林生于美国俄勒冈州波特兰市。他幼年聪明好学，读中学时化学成绩一直名列全班第一，立志成为一名化学家。1917年，鲍林以优异的成绩考入俄勒冈州农学院化学工程系，1922年毕业于俄勒冈农学院，获得化学工程学士学位。1925年获得加州理工学院哲学博士学位。1926年2月去欧洲，曾在玻尔实验室工作了半年，还到过薛定谔和德拜实验室。1927年回国，在加州理工学院任教。1930年鲍林再一次去欧洲，到布拉格实验室学习有关X射线的技术，后来又到慕尼黑学习电子衍射方面的技术，回国后，1931年被加州理工学院聘为教授，他是美国科学院院士和其他许多科学学会的成员。

鲍林在化学上的杰出贡献是提出了杂化轨道理论，以解释CH_4的正四面体结构和碳原子四个键的等价问题。该理论的根据是电子运动不仅具有粒子性，同时还有波动性，而波又是可以叠加的。所以鲍林认为，碳原子和周围四个氢原子成键时，所用的轨道不是原来纯粹的S轨道或P轨道，而是S轨道和P轨道经过叠加混杂而得到的"杂化轨道"。

在有机化学结构理论中，鲍林还提出过著名的"共振论"，即用电子共振来阐明电子在化学键生成过程中的具体成键作用，利用键在若干价键结构之间的共振来解释共轭和新结构类型。这一理论在认识分子和晶体的结构和性质以及化学键的本质方面，起过相当重要的作用。

1932年，鲍林根据量子力学理论指出，较重的惰性气体可以与那些特别容易接受电子的元素形成化合物。惰性气体原子最外层都被8个电子所填满，形成稳定的电子层，按传统理论，不能再与其他原子化合，但鲍林的量子化学观点认为，较重的惰性气体原子，可能会与那些特别易接受电子的元素形成化合物。这一预言，后被加拿大化学家巴特勒特于1962年制成第一个惰性元素化合物六氟化氙铂所证实。

鲍林还把化学研究推向生物学，他实际上是分子生物学的奠基人之一。鲍林从1951年起，与美国化学家柯里合作研究氨基酸和多肽链。他们发现，在多肽链分子内可能形成两种螺旋体，一种为α—螺旋体，一种为γ—螺旋体,一个螺旋是依靠氢键连接而保持其形状的,也就是长的肽键螺旋缠绕,是因为在氨基酸长链中,某些氧原子形成氢键的结果。这一发现为蛋白质空间构象打下了理论基础。鲍林由于对化学键本质的研究及其应用于复杂物质结构的研究而于1954年获得诺贝尔化学奖。

鲍林是一位坚强的和平战士,他坚决反对把科技成果用于战争,特别反对核战争。1957年5月,鲍林起草了《科学家反对核试验宣言》,该宣言在两周内就有2 000多名美国科学家签名,在短短几个月内,就有49个国家的11 000余名科学家签名。1958年,他写了《不要再有战争》一书,书中以丰富的资料,说明了核武器对人类的巨大威胁。1959年8月,他参加了日本广岛举行的第五届禁止原子弹、氢弹大会。同年又与罗素等人创办了《一人少数》月刊,宣传和平。由于这些活动和对和平事业做出的努力,鲍林于1962年获得了诺贝尔和平奖。

现代有机合成之父——伍德沃德

伍德沃德,Robert Burns Woodward,(1917年4月10日~1979年7月8日),美国化学家。

伍德沃德从小喜读书,善思考,学习成绩优异,素有"神童"之称。1933年夏,只有16岁的伍德沃德以优异的成绩考入美国的著名大学麻省理工学院,3年后获学士学位。伍德沃德获学士学位后,直接攻取博士学位,只用了一年的时间,就学完了博士生的所有课程,并通过论文答辩获博士学位,年仅20岁。

获博士学位以后,伍德沃德在哈佛大学执教,1950年被聘为教授。他是20世纪公认的最杰出的有机化学家之一,他以极其精巧的技术,合成了胆固醇、皮质酮、士的宁、利舍平、叶绿素等多种复杂有机化合物。

伍德沃德还探明了金霉素、土霉素、河豚素等复杂有机物的结构与功能,探索了核酸与蛋白质的合成问题,发现了以他的名字命名的伍德沃德有机反应和伍德沃德有机试剂。他在有机化学合成、结构分析、理论说明等多个领域都有独到的见解和杰出的贡献。1965年,伍德沃德因在有机合成方面的杰出贡献而荣获诺贝尔化学奖。

在获诺贝尔奖之后,他并没有停止前进,而是探索更艰巨复杂的维生素

B_{12} 的人工合成问题。维生素 B_{12} 的结构极为复杂,为此,伍德沃德设计了一个拼接式合成方案,即先合成维生素 B_{12} 的各个局部,然后再把它们对接起来。在合成维生素 B_{12} 过程中,不仅存在一个创立新的合成技术的问题,还遇到一个传统化学理论不能解释的有机理论问题。为此,伍德沃德参照了日本化学家福井谦一提出的"边界电子论",和他的学生兼助手霍夫曼一起,提出了分子轨道对称守恒原理。分子轨道理论的创立,使霍夫曼和福井谦一共同获得了 1981 年诺贝尔化学奖。

伍德沃德一生发表了 200 余篇论文,论数量并不算多,但其工作量却往往非常大,而且由许多著名的同事合作而成。他对化学教育也尽心竭力,他一生共培养研究生、进修生 500 多人,他的学生已布满世界各地,其中包括许多化学界的知名人士,如获得 1981 年诺贝尔化学奖的美国化学家霍夫曼(R. Hoffmann)。

伍德沃德的成就与他对科学的执著精神是分不开的,伍德沃德合成维生素 B_{12} 时,共做了近千个复杂的有机合成实验,历时 11 年,终于在他谢世前几年实现了夙愿,完成了复杂的维生素 B_{12} 的合成工作。他每星期在办公室里工作 6 天 5 夜,经常深夜还伏首案头孜孜不倦地阅读。1979 年 6 月 8 日,伍德沃德因积劳成疾,与世长辞,终年 62 岁。他在辞世前还面对他的学生和助手,念念不忘许多需要进一步研究的复杂有机物的合成工作。

伍德沃德谦虚和善,不计名利,善于与人合作,一旦出了成果、发表论文时,他总喜欢把合作者的名字署在前边,自己有时干脆不署名,对他的这一高尚品质,学术界与他共过事的人都众口称赞。

生物、医学家

双名制命名法的创建者——林奈

卡罗勒斯·冯·林奈,Carl von Linne(1707 年 5 月 23 日～1778 年 1 月 10 日),瑞典植物分类学家和生物学家。

林奈由于受到家庭的影响,从小就在大自然中采集生物标本。中学毕业后林奈曾学习医学,1735 年在荷兰获得医学博士学位。但他一直没有放弃对植物学的学习,并被学者们誉为"植物学大王"。1738年他返回祖国瑞典,在乌普萨拉大学任生物学教授,直到去世。1739年,林奈成为了瑞典科学院第一任院长,为瑞典自然科学界带来了崇高的声誉,推动了自然科学的普及和发展,1761年,瑞典国王授予他贵族爵位。1778年林奈因中风在乌普萨拉逝世,享年71岁。

林奈出身平民,从中学时代起就致力于植物学的研究。大学时林奈立下的志向就是能为所有的生物进行分类和命名。他勤恳一生收集了众多的动植物标本,在1753年出版的《植物种志》一书中,第一次提出了"双名命名法",对7 300种植物进行了科学的分类和命名,即用两个拉丁文来表示个体物种的名字,第一个是属名,表示它的类群,第二个是种名,与其他生物进行区别。几年后,林奈的另外一部重要著作《自然系统》面世,这本书称得上是一本矿物、植物界和动物界的百科全书。书中他运用自己的一套规则主要对动物进行了命名。双名制法则简单明了,只需通过名字就可以判断物种的类别归属。林奈所确立的这种人为的分类系统也被称为"林奈系统"。通过使用这一套系统,科学家们能够将自然界中如此之多的物种进行编排定序,将从前杂乱无章的物种名称归为统一,从而为18世纪以后自然科学的进一步发展奠定了基础。以上提到的两本著作使林奈名垂青史,1737年林奈还出版了著名的《植物属》。经过200多年的应用和修订,到今天林奈系统所确立的命名法则已经成为国际通用标准,对今天的生物学研究仍然有着重要的影响和意义。

林奈一生的科学研究涉及有关植物学和动物学的很多领域,他还对医学和矿物学做过大量的研究,同时他还是一位优秀的教育家。在他去世10年后,英国专门成立了伦敦林奈学会,以纪念他对生物学界做出的重要贡献。他是一位虔诚的宗教徒,他的思想在一定程度上是有历史局限性的,在很长一段时期里,他都坚持人为的进行物种分类,而否认自然分类的存在,是一个坚定的形而上学自然主义者。但是在他晚年,经过漫长的思想转变,并通过亲身的实践修正了自己错误的观点,表现出了作为一名科学家的执著和勇气。他终其一生奋斗在生物学领域,用他的话来说,他"兴致勃勃地、全力以赴地、十分顽强地努力奋斗和工作过"。

牛痘接种术的发明者——詹纳

爱德华·詹纳,Edward Jenner(1749～1823年),英国医生,免疫学的奠基人。

詹纳1749年5月17日生于英国格洛斯特郡伯克利。在他5岁的时候,父亲就去世了。12岁时他跟一位内科医生做学徒,后来在一家医院边学解剖边工作。1792年他在圣·安德鲁大学获得医学博士学位。他最大的成就是在1796年发明了牛痘接种术。1813年他被牛津大学授予物理学博士学位。1823年1月26日因中风去世。

詹纳21岁时赴伦敦师从当时英国杰出的外科医生约翰·亨特(John Hunter),在那里他向亨特学习并与他住在一起长达两年时间。两年后,詹纳从伦敦回到家乡行医。在18世纪,天花已成为当时英国人死亡的主要原因,多年乡村行医的经历使他注意到:乡村里的牛患了与天花相似的病,那些挤奶女工在接触到牛身上的疱疹时受到感染,身上也会长出小一些的疱疹,这就是牛痘。而感染过牛痘的人都不曾被传染上天花。詹纳发现,牛痘的病情症状比天花轻得多,它从不曾令牛死亡,更不会令人死亡,况且人在感染牛痘痊愈后不会留下任何疤痕。1796年5月14日,詹纳找来了一位患牛痘的挤奶女工,从她手指的疱疹中提取出一些液体,然后将一位8岁男孩的手臂用手术刀划破,把牛痘疱疹液滴在了上面。这位名叫詹姆斯·菲里普斯的男孩大声哭叫着,他无论如何不会知道他的哭声将挽救无数人的生命。48天后,詹纳将从天花患者脓疱中提取的液体再一次滴在了菲里普斯被手术刀划破的手臂上,菲里普斯的免疫系统抵抗住了天花病毒的侵害。8岁的男孩菲里普斯的父母都是牧场的工人,他们甘愿让自己的孩子冒患上天花的危险让詹纳进行实验。为了感谢他们,詹纳拿出自己行医的积蓄为这家人建了一所房子,这座房子至今还被保存在英国格洛斯特郡。1798年,在收集了另外23个病例来证实他最初的实验后,詹纳发表了题为《对天花,在英国西部一些乡村尤其是格洛斯特郡发现的一种疾病》,也被人们称为《"牛痘"的起因和后果的调查》的文章。这篇文章最初并不被出身于学府的医生们所重视。但是天花毕竟在导致着成千上万人的死亡,于是,从欧洲到美洲,人们开始悄悄地实验着詹纳最终确定的牛痘疫苗接种法:将减毒的天花病毒接种给牛犊,再取含有病毒的痘疱制成活疫苗,此疫苗被接种进人体的皮肤后,局部发生痘疱即可对天花病毒产生免疫。最终证明詹纳的牛痘疫苗接种法是成功的,不久,接种法迅速在英国传开,并且被全世界大部分地区所采用。至此,天花造成的大规模死亡停止了。

詹纳无意从他的发现中获利,他无私的把他的接种方法奉献给世界。1802年英国议会为了对詹纳表示感谢,授予他一笔一万英镑的奖金,几年后又追加一笔两万英镑的奖金。虽然詹纳不是一位有惊天动地创新思想的科学家,但是他为人类所做出的贡献却是巨大的。他的同代人和后来的每一代人所给予他的荣誉,他完全受之无愧。

进化论之父——达尔文

查尔斯·达尔文,Charles Darwin(1809年2月12日~1882年4月19日),英国著名的生物学家。

达尔文从小就对自然历史有着浓厚的兴趣,他的祖父是进化论的先驱之一。1831年,达尔文从剑桥大学毕业,他放弃了待遇丰厚的牧师职业,依然热衷于自己的自然科学研究。这年夏天,达尔文随英国海军探测船"贝克尔号"参加了历时5年的环球考察,掌握了极其丰富的第一手资料,为他的生物进化思想打下了坚实的基础。1839年,达尔文被选为伦敦皇家学会会员,1878年被选为法国科学院院士。1882年4月,这位伟大的科学家因病逝世,他的遗体被安葬在牛顿墓旁,表达了人们对这位科学家的敬仰。

从18世纪中叶开始的工业革命使英国成为当时世界上最强大的国家,工业资本主义的发展也促进了自然科学研究的发展。在这样的社会大背景之下,达尔文经过20多年的研究,在1859年完成了历史性的科学巨著《物种起源》。在书中,达尔文用大量的事实系统地论述了生物物种形成的机制,核心内容是提出了以自然选择、适者生存为基础的生物进化理论。达尔文证明了所有的生物有着共同的祖先,生物物种在一个漫长的时期中会遵循由低级到高级、由简单到复杂的规律发生变化,而自然选择就是这种改变发生的根本原因。生物物种通过竞争实现适者生存并代代相传下去,新的物种不断取代旧的物种,这就是"进化"的实质。该书的发表标志着现代生物进化理论的形成,达尔文也因此成为生物进化论的奠基人。不仅如此,达尔文主义也大大推动了遗传学、生态学和古生物学的演变、形成与发展。

《物种起源》的出版标志着达尔文进化论的正式确立,在欧洲乃至整个世界都引起了巨大的轰动。它公然地站出来反对"上帝创造万物"的说教和物种不变的理论,第一次以纯科学的态度进行生物学的研究并取得重大突破。进化论的提出颠覆了长久以来禁锢着人们头脑的思想,打击了神权统治的根基,从而引发了近代历史上最重要、最狂热的一次科学革命。此后,达尔文主义的支持者和反对者之间的斗争持续了很长时间,许多新兴的博物学家都是达尔文的忠实的拥护者,这种斗争的实质就是唯物主义与唯心主义之间的抗争。因此,进化论的创立,对辩证唯物主义哲学思想的发展具有革命性的意义。

作为一名科学家,达尔文是忠于他的事业的。他认为科学研究是他"一生的乐趣"和"追求的唯一事业",面对来自外界疯狂的质疑、斗争和批判,他仍然坚守自己的信念和真正的科学,很快就完成了他的第二部巨著即《动植物在家养下的变异》,并在1868年出版,这本书以无可辩驳的事实和严谨的科学论据,进一步充实和完善了他的进化论观点。达尔文一生热爱科学,坚持实践,追求真理,敢于创新,共发表了80多篇论文,为人类留下了20多部宝贵的学术著作,像早期的《一个自然科学家在"贝格尔"舰上的环球旅行记》已经体现了达尔文善于思考和综合推理的优点,是一本宝贵的书籍。即使在晚年,达尔文依然抱病耕作,凭借惊人的毅力和顽强的意志坚持科学的研究与写作,还相继出版了《人类的由来》等许多著作。他的伟大科学精神和高尚人格成为了科学界崇尚的典范。

自从有达尔文以来,这个世界变得更为精彩、更加有趣、更能振奋我们的心灵。他的进化学说是人类认识生物界的最伟大的成就。恩格斯将其与能量守恒定律、细胞学说并称为19世纪自然科学的三大发现。

优生学的奠基人——高尔顿

弗朗西斯·高尔顿,Francis Galton(1822年2月16日~1911年1月17日),英国分子遗传生物学家。

童年时代的高尔顿由于其显赫的家世和良好的教育,成为人们眼中的"神童",智商过人。他16岁开始学艺,后来到剑桥大学学习数学。1844年他父亲去世后,高尔顿继承了丰厚的家产,成为英国人眼中的"绅士科学家"。1856年高尔顿成为英国皇家学会的正式会员。由于受到表哥达尔文的影响,高尔顿的科学兴趣转移到与生命有关的遗传学领域中来,并最终创立了优生学。1886年他获得皇家学会金奖。1909年,英国王室授予他勋爵爵位。1911年,高尔顿在英格兰逝世。

高尔顿在一生中涉足的科学领域非常广泛,先后包括博物学、医学、数学、自然哲学、地理学、气象学和统计学。他还是实验心理学和人体测量学的开拓者,发明了一系列心理实验的仪器和方法,并大量地采用了统计分析的方法,由此成为了数理统计学的奠基人之一。而所有这些看似杂乱无章的研究都为后来优生学理论的诞生打下了基础。高尔顿生平的著作很多,由他的亲属整理出版的《弗朗西斯·高尔顿的生平、书信与工作》(三卷)收录了他主要的研究成果。

高尔顿的主要成就是在分子遗传生物学领域,他运用定量分析的方法对不同类型人物的家族进行考察,提出可以用人的自觉选择来代替自然选择,培育人类获得那些期望的"特质",从而使人或种族的"天赋得以充分发展"。1869年出版的《遗传天赋》是对他研究的总结。紧随其后的《人类能力及其发展研究》一书中首次提出了"优生学"这个名词,通俗地讲就是尝试去培育优秀的后代。1904年,高尔顿还在伦敦大学设立了优生学实验室,并担任英国优生学教育会的名誉会长,出版了《优生学评论》杂志,优生学作为一门新的学科门类得以在国际上传播。

高尔顿一生执著于科学研究的精神是显而易见的。然而,希特勒曾利用这一理论为屠杀犹太人找借口,英美国家的科学家还提出了所谓的"优生计划"为种族主义披上合理的外衣,高尔顿也因此被人们盖上"种族主义和法西斯鼻祖"的帽子,人们对他的评论也常常是相互矛盾的。尽管他的理论有理想化的成分,但是他的最初想法和实际工作都为近代生物学的发展和进步做出了贡献,而他的一系列杰出的成就也引发了相关领域的进一步发展。对于高尔顿的优生学,当前学术界正在从新的立场加以客观地分析。

近代遗传学的奠基人——孟德尔

孟德尔,Mendel,Gregor(1882年7月22日~1884年1月6日),奥地

利生物学家,经典遗传学奠基人。

孟德尔出生于奥地利海因岑多夫(今捷克境内)。受父亲的影响,孟德尔从小爱好园艺,喜欢在花园里摆弄花草,帮父亲做些简单的劳动。孟德尔自小家境贫寒,但他学习勤奋,成绩优异。靠着顽强的毅力,孟德尔克服营养不良和疾病等困难,修完中学课程。1840年,依靠姐妹们的资助,孟德尔考入奥尔姆学院学习哲学。1851~1853年,孟德尔经布鲁恩修道院院长的推荐进入维也纳大学学习自然科学和数学。毕业后,孟德尔回到布鲁恩并担任中学的教师,教授自然科学。1868年,他被选为修道院院长。在这期间,孟德尔进行了著名的豌豆杂交实验,发现了遗传定律。1884年1月,孟德尔因病去世。人们为这位正直又倔强的老牧师的辞世而深深哀悼,却没有意识到死者是一位对生物学做出巨大贡献的伟大科学家。

孟德尔在生物学上的主要贡献是他通过豌豆杂交试验,得出了颗粒性遗传因子(今称为基因)传递规律。植物的每一性状特征可以用遗传因子来分析,亲本的特征通过遗传因子传递给子代。孟德尔进一步总结出粒子遗传理论的统一定律和分离定律。孟德尔在遗传学上的成就虽然不乏客观因素,但更重要的是他对科学的孜孜追求态度、坚忍不拔的意志和敢于突破传统的创新精神。他七年如一日地进行田间工作,选用了多达22个品种的豌豆进行杂交,持之以恒的进行豌豆试验。他亲切地把豌豆植株称为自己的女儿。孟德尔第一个提出了遗传因子的概念,把遗传现象分解成为遗传要素—遗传因子加以研究。他创造性的用数学分析的方法统计豌豆杂交后代的各种性状和组合出现的概率,总结出可用数学精确表达的遗传定律。正是孟德尔在遗传研究方法上的创新,克服了前人描述遗传现象时的笼统与混乱,破除了在遗传领域的迷信认识,为后世遗传学的发展奠定了基础。

遗憾的是,孟德尔的研究成果在他生前并未得到重视。直到1900年,也就是孟德尔逝世后的16年,荷兰的德·弗里斯(De Vries)、德国的柯林斯(Correns)和奥地利的切玛克(Tschermak)三位生物学家才各自通过独立实验得到与孟德尔34年前相同的结论。这在科学史上称为"孟德尔定律的再发现",孟德尔的价值终于得到世人的肯定与尊重。

孟德尔一生发表的论文不多,重要的有:《植物杂交试验》(1865年)和《人工授粉得到的山柳菊属的杂种》(1870年)等。

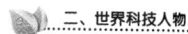

孟德尔的卓越工作初步揭示了植物遗传的机制,把近代科学的试验加数学的方法运用到遗传问题的研究之中,为20世纪遗传学的大发展开辟了道路。正是在孟德尔研究成果的基础上,现代遗传学得以蓬勃发展起来。

近代微生物学的奠基人——巴斯德

巴斯德,Louis Pasteur(1882年12月27日～1895年9月28日),法国微生物学家。

巴斯德是近代微生物学的奠基人,法国微生物学家,化学家,他1822年12月27日出生在法国东部的多尔镇。巴斯德的父亲曾是一名士兵,退伍后以制鞋为生,家境贫寒。1843年巴斯德经过努力考入了巴黎高级师范学校,主修自然科学。巴斯德在年仅26岁时就因对酒石酸(二羧基丁二酸)的镜像研究展示了其在化学方面的天赋,获得了人们高度的赞誉,此后一直在大学担任化学教授等职。1862年巴斯德当选法国科学院院士;1887年被选为法国科学院永久秘书;1888年巴斯德研究所成立,巴斯德任所长,直到1895年9月28日因病逝世于巴黎附近的圣克洛德。

巴斯德在读书时就对化学表现出了浓厚的兴趣,他喜欢刨根问底。学校开设的实验课,他不仅在课上认真听讲,为了更透彻的掌握所学知识,还在课后自己动手做试验。巴斯德认为在科学的研究中实验占据着重要的角色和地位,强调人们应该紧密联系实际来进行科学的研究。他的很多研究都是与实际问题密切相关,每次他都亲自进行调查,并在实验室中对资料进行仔细研究、反复验证。巴斯德在科学上坚持真理、不畏权威。他所进行的发酵实验证明了发酵是微生物活动的结果而非自然发生的,这使得他受到了当时解释生命问题的权威学说——自然发生说的攻击。为了坚持真理,巴斯德毕生都在与自然发生学说作斗争,他不仅通过公开的实验来证实自己的观点,还在各种场合与这些人士进行公开的辩论,表现了他对真理不懈的追求和无畏的胆识。巴斯德一生都在科学领域进行着不懈探索直到生命的尽头。巴斯德一生获得了无数的荣誉,但他本人对于荣誉和金钱却看得很淡。他所发明的消毒法本可以为他带来巨大的财富,但他却为了更多的人能使用这种消毒法而放弃了申请专利权。

巴斯德一生取得了很多重大的成就。他发现酒石酸有右旋和左旋现象,证明了发酵其实是微生物活动的结果,提出了细菌学说,发明了我们至今仍在使用的巴斯德消毒法。在他的影响下,英国外科医生李斯特率先将巴斯德消毒法引入到外科手术中。巴斯德还解决了蚕病、炭疽病、鸡霍乱等问题,成功提炼出了致病菌,培养出了毒性很弱的疫苗并在动物体内进行了接种,使这些动物产生了免疫力。巴斯德最伟大的贡献是对狂犬病的研究,他利用兔子进行活体培养法制取了狂犬疫苗,在人身上进行了成功接种,使人类成功征服了狂犬病。巴斯德本人在此基础之上发明了一种人体免疫法,使人类能够有效的预防、治疗和控制传染病。

正是由于巴斯德对微生物和传染病预防的研究,引导人们成功征服了许多疾病,开创了近代微生物学。他的伟大贡献将永远载入生物学的史册。

自然选择进化论的另一独立创立者——华莱士

华莱士,Alfred Russell Wallace(1823～1913),英国生物学家。

华莱士,1823年1月8日出生于英格兰的一个破落地主家庭。1841年中学毕业后,从事工地测量和建筑工作。1844～1845年在当地的莱斯特中学任英语教员。1848～1852年,华莱士同昆虫学家亨利·贝茨一起参加了到南美巴西的生物考察旅行。1854年,他又去马来群岛进行生物考察,两次的考察为他在1858年发表的与达尔文生物进化论不谋而合的论文积累了丰富的资料。1913年11月1日,华莱士逝世,享年90岁。

华莱士独立的通过对马来群岛动物分布的考察和研究,独立地提出了与达尔文研究一致的自然选择进化理论,这一直被世人传为美谈。华莱士从小热爱大自然,经常在野外采集昆虫标本。他阅读了许多生物学著作,尤其对生物发展与渐变的早期生物学进化思想感兴趣。去南美巴西和马来群岛的两次生物考察,为他的进化论思想积累了丰富的材料。特别是他在马来群岛长达8年的辛勤科考中,他着重考察了火山、浅海和岛屿的成因和彼此间的关系,研究各岛上特有物种的来源和相互间的亲缘关系,综合了地质学、地理学及古生物学所显示的事实,他推出了一条法则:"每一物种出现的当时当地,总存在着一个事先已有的并且和它有亲密亲缘关系的物种",并于1855年发表了他第一篇生物进化的论文《制约新物种出现的规律》,在这篇论文中,他公开反对物种不变的教条,反对用神创论的观点来解释物种的产生、灭绝、更替、进化的规律。在1858年2月,华莱士将论述生物进化的重要论文《变种无限偏离原始类型的歧化倾向》寄给达尔文,征求达尔文的意见,看是否值得发表。达尔文读了华莱士的论文,将自己的手稿压缩成一篇论文,和华莱士的论文同时发表在1859年林耐学会的学报上,华莱士因此被公认为自然选择理论的共同创建者。华莱士不仅独立创立了自然选择学说,而且还创立了动物地理学科,该学科通过对当地动植物地理分布的研究为地质史提供更全面、深刻的证据,故他称动物地理学是地质学的辅助学科。华莱士通过考察中积累的材料和研究,认为当时十分盛行的观念(即动物在地球上的分布主要决定于气候状况和植物的不同情况)是不全面的,他提出地球上一部分的动物的变化,都是有机界和无机界的重大变革引起的结果。华莱士在晚年精神处于一种混乱的状态中,他一方面主张生物进化论,另一方面又相信"传心术"、"降神"等神秘现象,还在1875年出版了《论奇迹和现代唯灵论》,他从一个科学唯物主义者滑向了唯心主义的泥潭。

华莱士在生物学上最大的贡献是与达尔文不约而同地独立创立了自然选择进化论,同时他还创立了动物地理学科。他的代表性著作有:1855年发表的《制约新物种出现的规律》、1858年发表的《变种无限偏离原始类型的歧化倾向》及1869年发表的《马来群岛》。

华莱士尊重经验事实,强调直觉想象,依据观察的资料作结论而不轻信权威,尤其值得称道的是他谦虚的美德。虽然他与达尔文同享发现自然选择理论的殊荣,但他总是把荣耀归功于达尔文一人,在1889年出版的《达尔文主义》一书中,把自然选择理论称为"达尔文主义",这个称呼一直沿用至今。

现代遗传学的奠基者——摩尔根

摩尔根,Thomas Hunt Morgan(1866年9月25日～1945年12月4日),美国实验胚胎学家、遗传学家。

摩尔根出生于美国肯塔基州的列克星敦。大学时主修生物学。1886年获得肯塔基州立学院的理学学士学位。1890年被授予约翰斯·霍普金斯大学博士学位。1891～1904年任布林马尔学院生物学副教授。1904～1928年任哥伦比亚大学实验动物学教授。1928～1942年在加州理工学院任生物学教授。1929年任美国科学发展协会主席。1933年被授予诺贝尔生理学医学奖。1939年获英国皇家学会授予的柯普利奖章。1945年12月4日摩尔根逝世于美国加州的帕萨迪纳。

摩尔根兴趣广泛,涉及的生物学研究领域很多。他学识渊博,具备扎实的实验能力和坚忍不拔的科学精神。他在实验胚胎学、进化论、遗传学等领域都取得了重要的成就。摩尔根革新了生物学的研究传统,他的研究方法是实验性的。他把假说、数学统计计量以及实验验证的方法结合起来加以综合运用,敢于用实验批判不切实际的假说。摩尔根认为生物学家应摒弃传统的描述性方法,采用实验和定量分析的方法进行生物学研究。他创造性地把生物学研究方法与物理学研究方法相结合。新研究方法的采用对摩尔根在生物学诸多领域中取得丰硕成就起了很大作用。摩尔根这样总结他的成功原因:"一靠勤奋,二靠实验材料得当,三靠愿意放弃任何没有证据的假说,最后还得靠少开些遗传学大会。"

对于摩尔根的学生来说,他既是良师又是益友。在摩尔根创立的哥伦比亚大学的果蝇研究室中,云集了一批有才华的青年生物学者。在这个被称为摩尔根学派的研究小组里,洋溢着真诚、无私、团结、自由、民主的学术氛围。这是一个高效、协作、富于创新的团体。他们对果蝇的研究做出了重大的贡献。由于在染色体遗传理论上的贡献,摩尔根于1933年获得诺贝尔生理学医学奖,这是遗传学领域的第一个诺贝尔奖。摩尔根与他的学生布里奇斯、斯特蒂文等人分享了诺贝尔奖。

摩尔根的主要贡献是发展了孟德尔的遗传学理论,进一步创立了染色体——基因学说。他和他的学生利用果蝇作为实验材料,发现了遗传学的第三条基本定律——连锁交换规律。摩尔根进一步提出了基因连锁假说,并证明了染色体是基因的物质载体,基因在染色体上占有一定位置,并作直线排列。摩尔根一生编写了22本著作,发表了370多篇论文。其中最重要的有:《发育和遗传中的细胞》(1896年)、《孟德尔遗传学的机制》(1915年)、《基因论》(1926年)、《胚胎学和遗传学》(1934年)等。

摩尔根创立的基因学说实现了遗传学上的第一次理论的综合,奠定了现代遗传学的理论基础,并促使生物学研究从细胞水平向分子水平过渡。他的思想和进取精神激励着后人不断地向着科学高峰攀登。

糖类化学的元勋——科里

科里,Carl Ferdinand Cori(1986~1984年),美国生物化学家。

科里,1986年12月15日出生于捷克的布拉格,其父亲是一位天才的生物学家。他从小就从父亲那里受到了生物学的熏陶。一战期间,他参军加入了奥地利部队。战后他又回到了卡尔·斐迪南大学,在这里遇到了他未来的妻子也是他在学术研究领域一生的合作者。1920年获得医学博士学位后,与妻子结婚。两年后,科里夫妇一起移居美国,在纽约州立癌症研究所工作。1928年取得美国国籍,1931年任华盛顿大学的药理学教授,后又兼任生物化学教授。

科里的大部分研究都是与其妻子——格蒂·科里共同完成的。他们的合作从学生时代就开始了,最早对临诊前期科学有着共同的兴趣。他们兴趣广泛,合作研究过糖原到乳糖的糖代谢、肾上腺素的作用机理、恶性肿瘤等,其中以糖代谢的研究最为突出。两位医生的职业生涯是紧紧地相互交织在一起的,科里的成功很大程度上源自于他们之间的紧密合作。而在当时,许多学校是反对这种裙带关系,禁止雇佣同一个家庭的两个成员在一起工作,但科里夫妇仍然坚持亲密的合作,克服各种困难,在一起工作和研究。科里的专著通常使用他们的共同书目,在书目中两人也分别被列为第一作者而被认为是主要研究者。科里的科学生涯是比较艰难的,特别是一战以后,他在维也纳的生活更加困难,虽然他还能利用父亲提供的青蛙进行有限的研究,但他并没有因此减弱对科学研究的兴趣。直到1922年他接受纽约布法罗——以癌症研究而著名的恶性病研究所的邀请,才改变了他艰难的生活条件,使得科里的研究取得重要进展。但同时,科里也遇到了其他方面的困扰:研究所里的人对他的工作普遍采取漠不关心的态度,同时也让妻子格蒂感到自己的作用微不足道。其他人对科里研究工作的冷漠并没有阻止科里的研究工作,反而在布法罗度过的9年时间里培养了科里对糖类代谢作用的兴趣。9年后,科里带着一些基础性的研究工作,怀着崇高的理想,接受了华盛顿大学提供的职位,再一次与妻子格蒂一起工作,研究动物组织中葡萄糖的合成与存储。华盛顿大学浓厚的学术环境为科里夫妇营造了获取知识的氛围,科里夫妇的实验室也吸引了许多有名的合作者,这极大促进了他们对糖类生物化学的研究。

1929年,科里夫妇一起提出了"科里循环",用来解释糖原的合成,即动物淀粉的合成。1936年科里夫妇开始对酶进行深入研究,并于次年公布了对"科里脂"的研究,即他们分离出的一个重要的中间物——葡萄糖-1-磷酸。科里夫妇的研究阐明了动物糖原转化成可利用的糖的全过程,并将上述过程中的酶和"科里脂"分离出来,而且用实验证明了上述过程是可逆的,他们也因此被授予了1947年的诺贝尔生理学医学奖。科里夫妇在1937年发表了《葡萄糖-1-磷酸的分解和合成》,1949年发表了《多糖类磷酸分解》。

科里夫妇以其在研究中细致的分析和对糖类生物化学的深刻理解而闻名遐迩,也因为他们之间亲密的合作而为人们所敬重。他们的学生——1959年的诺贝尔生理学医学奖的得主塞维诺·奥乔亚称他们为"历史上最多产和最成功的科学合作者之一"。

DNA 遗传本性的发现者——艾弗里

艾弗里,Oswald Theodore Avery(1887～1955年),加拿大生物化学家。艾弗里1877年10月21日生于加拿大新斯科舍省哈利法克斯,1955年2月20日卒于美国田纳西州纳什维尔。艾弗里受教育于科尔盖特大学,1900年得到文学学位,1904年获得医学学位。在纽约霍格兰实验室做一名细菌学讲师和研究人员之后,1913～1948年,他到洛克菲勒研究所医院工作。在研究引起大叶肺炎的肺炎双球菌期间,艾弗里发现这种细菌从细胞壁产生可溶性物质,他坚信这种物质为多糖。对于每一种不同类型的肺炎双球菌来说,他们产生多糖的化学成分是个别的。这项工作为建立生物化学领域细胞免疫学鉴定提供了基础。

20世纪30年代,美国科学家格里菲斯发现,细菌被加热后,其残留的某种物质依然具有携带遗传能力,并在新一代的细菌性状中表现出来,但他无法确定那是什么物质。艾弗里在此基础上开始研究,他领导的一个研究小组对细菌的无细胞提取物进行分馏、纯化工作,采用了一系列非常有思想的实验方法,他们先是推断蛋白质是遗传物质,却发现把蛋白质、类脂、多糖和核糖核酸——从提取物中去掉,剩余物质仍然保持着遗传能力;当把提取物彻底纯化到无活性的程度,注入非常小剂量的原细胞DNA,那种遗传又发生了。于是断定,所谓遗传物质就是脱氧核糖核酸!1944年,他们非常谨慎地把他们的结果发表在《实验医学杂志》,论文中与艾弗里同时署名的还有麦克劳德(C·MacLeod)和麦卡蒂(M·McCarty),确认脱氧核糖核酸是肺炎球菌的转化因子。艾弗里的实验和结论是DNA认识史上的一次重大突破,彻底改变了"脱氧核糖核酸在生物体内无足轻重"的传统观念。因此,有人称艾弗里的实验标志着DNA"黑暗时代"的结束和"分子遗传学"的开始。还有人称,艾弗里是分子遗传学的鼻祖。发现遗传物质的化学本质是DNA,这是基因研究上一个重要的里程碑。但在当时,这项重要的发现并未引起人们足够的重视,甚至遭到质疑。艾弗里和他的支持者泰勒(H. Taylor)、哈赤基斯(R. D. Hotchkiss)和麦卡蒂展开了艰苦的证明工作。泰勒和哈赤基斯发明了新的实验,取得与艾弗里一致的结果。艾弗里本人则在1946年使用反证法,用各种有分解功效的酶破坏所有被怀疑是遗传物质的有机化合物。结果,蛋白水解酶没有使提取物丧失遗传性能;核糖核酸酶也没有;而一旦使用DNA酶,遗传作用立刻就消失了,他无可辩驳地证明了DNA就是遗传载体。

艾弗里在他的一生中取得了很多荣誉。他是美国免疫协会、美国病理和细菌协会、美国细菌学会的会长。他是美国国家科学院院士和英国皇家学会会员。他获得纽约大学、芝加哥大学、Rutgers大学等学校的名誉博士学位。他还受到了许多组织,如英国皇家学会、美国内科医师学会、美国内科协会、纽约医学院的颁奖。1947年他获得美国生物医学研究最高奖项之一的拉斯克奖。

病毒蛋白酶研究的奠基人——诺斯罗普

约翰·霍华德·诺斯罗普,Northrop,John Howard(1891年7月5日~1987年5月27日),美国生物化学家。

诺斯罗普于1915年获得哥伦比亚学院化学博士学位,并进入到洛克菲勒医学研究所工作。1919年以后开始独立的进行研究工作,1924年成为该所正式的研究员。他从1920年起开始进行酶的研究与试验,1929年成功地制成了胃蛋白酶结晶,并证明了酶是蛋白质。1940年他与另外两位科学家共同获得了诺贝尔化学奖。1949年诺斯罗普在加州大学伯克利分校工作,担任细菌学的教授直至退休。1987年在美国亚利桑那州去世,终年96岁。

诺斯罗普在哥伦比亚学院主修的科目是生物化学,与此同时,他选修了大量的自然科学和数学课程。大学毕业后的诺斯罗普继续在哥伦比亚学院学习并先后获得硕士和博士学位。由于毕业时赶上了第一次世界大战,他失去了去欧洲继续深造的机会,转而进入著名的纽约洛克菲勒医学研究所工作,开始探索环境因素对于谷蝇的存活期和遗传能力的影响。

诺斯罗普真正令世人瞩目的科学成就是他对酶的研究。他充分利用了结晶的作用,通过结晶来分离蛋白质,最后彻底地分离了酶并证明它是蛋白质。众所周知,酶是有机催化剂,它在化学领域中作用巨大,它可加速特定反应的速度,但不会在这些反应中被消耗掉。但是,科学界对于酶的化学特征的认识一直存在着分歧。虽然绝大多数科学家在含有蛋白质的试样中确认了酶的存在,但一些科学家认为这些蛋白质就是酶,而另外一些科学家认为试样中所含的其他分子才是真正的酶。诺斯罗普的工作平息了这场分歧。

稍早于诺斯罗普的詹姆斯·巴彻勒·萨姆纳是第一位运用结晶原理来净化酶的科学家。他认为同一化学品的分子密集堆积时,就形成结晶,不同的分子以不同的方式堆积,各自形成自己的晶体。诺斯罗普充分了解了这一研究并借助萨姆纳的方法制成了胃蛋白酶。可是,当诺斯罗普进行多次实验以设法使纯胃蛋白酶从蛋白质中分离出来时,却屡屡遭到失败,这就证明,胃蛋白酶实际上也是一种蛋白质。通过对另一个消化性酶胰蛋白酶进行了同样的实验后,诺斯罗普获得了同样的结果。依据在净化与确认酶和病毒为蛋白质的相关研究工作中取得的成果,诺斯罗普与萨姆纳、斯坦利共同分享了1946年的诺贝尔化学奖。

分子生物学之父——德尔布吕克

德尔布吕克,Max Delbrück(1906年9月4日~1981年3月9日),德国生物学家。

德尔布吕克,于1906年9月4日出生于德国柏林郊区的格吕内瓦尔德。上中学时就对科学感兴趣,尤其是天文学。1924年中学毕业以后,他先后在蒂宾根和哥廷根大学学习天文学,对恒星的研究尤为深入。在作为量子力学的研究中心的哥廷根大学读研究生时期,他的注意力转向了量子力学,并在1930年获得了物理学博士学位。1947~1977年,在加利福尼亚理工学院任教。1949年,被选入美国国家科学院。1981年3月9日因骨髓癌逝世于美国加州的帕萨迪纳,享年75岁。

德尔布吕克对生物学的兴趣最初是由玻尔引起的。1931年,德尔布吕克得到了洛克菲勒基金提供的研究理论物理学的基金,这使得他能与尼尔斯·玻尔合作。在哥本哈根,他与波尔结成了毕生的莫逆之交。1932年,德尔布吕克回到柏林,成为李斯·迈特纳的助手,与其一起研究铀原子。由于纳粹的上台使得科学家们对官方的讨论会不感兴趣,转而促进小规模的科学家聚会,而德尔布吕克正是其中一员,这些聚会促成了他与他的合作者在1935年发表了诱发遗传突变的论文,从理论上说明了遗传突变是由于吸收了辐射能即量子所引发的。这一论文被薛定谔在其著名大小册子《生命是什么》中予以通俗介绍,这使得德尔布吕克闻名于世,并对20世纪40年代后期的生物学产生了重要的影响。1937年,他又一次得到了洛克菲勒基金会的研究基金,在加利福尼亚理工学院从事细胞分裂期间基因的繁殖和复制。1940年,他遇到了从事类似研究的萨尔瓦多·爱德华·卢里亚,便开始与他一起合作研究噬菌体,随后噬菌体研究小组正式成立。他们合作期间所纂写的关于病毒能引起细菌突变的论文,标志着细菌遗传学的诞生。1943年,他与卢里亚合作,证明在对噬菌体敏感的细菌培养液中出现抗体的变种,反映了细胞变种的自发选择性。这是细菌遗传学的一项重大突破。1940～1945年,该研究小组找到了噬菌体复制机理,而且这同样适用于所有病毒。1947年,德尔布吕克回到了加利福尼亚理工学院,潜心于感官知觉生物学的研究,直至1977年退休。

他在1935年发表了《论基因突变的本质和基因结构》,这篇文章被薛定谔引用时称为解释基因突变的"德尔布吕克模型"。1969年的诺贝尔生理学医学奖授予了德尔布吕克、卢里亚和赫西,以表彰他们在病毒繁殖机制和遗传结构方面的发现。但这一奖项的荣誉主要归功于德尔布吕克,因为是他把细菌遗传学的研究变成了一种精确测量和定量试验的准确的科学。除了诺贝尔奖的荣誉外,他还在1964年获得金伯遗传学奖,1969年获哥伦比亚大学路易莎·格罗斯·洛普维茨奖。

德尔布吕克在细菌遗传学方面功勋卓著,毫无争议的被称为"分子生物学之父",他在将细菌遗传学研究变为一门精确的科学方面功勋卓著。

神经冲动传导"离子学说"的创始人——霍奇金

霍奇金,Sir Alan Lloyd Hodgkin(1914年2月5日~1998年),英国生理学家、医学家。

霍奇金,1914年2月5日生于英国牛津郡的班柏里。早年时代的霍奇金喜欢研究动物,大约在15岁的时候,就开始与一位专业鸟类学家一起工作,从此引发了他对动物学的兴趣。1932年,他进入剑桥大学三一学院学习,不过他的兴趣开始转向细胞生理学。1938年,他和他的学生赫克斯利开始了神经冲动的研究。之后,他们又与埃克尔斯一起合作,发现了神经传导离子理论,并一起获得了1963年的诺贝尔生理学医学奖。霍奇金于1998年逝世,享年84岁。

早在1936年,霍奇金就从著名学者卢卡斯的论文中了解到伯恩斯坦的神经冲动传导的"膜学说",即生物组织未受到刺激和兴奋时就有生物电的存在,产生了静息电位。霍奇金对此很感兴趣,便与赫克斯利设计了一系列精彩的科学实验来验证它。经过多年的研究,证明了伯恩斯坦的理论只有一部分是正确的。他们研制了一种方法,将一种微电极插入鱿鱼庞大的神经纤维中,而且不损坏神经纤维的表膜。实验结果证明在表面薄膜产生了神经冲动,而不像当时有些人认为的神经冲动产生于原生质中的蛋白质分子中。后来,他们才发现美国的卡西·科尔(Kacy Cole)和柯蒂(H·J·Curtis)几乎在同时也做了同样的实验。不过他们的研究还为"神经冲动传导离子理论"提供了足够的证据,即神经冲动传导的直接能源来自于由离子浓度轴形体度减小神经发生的离子活动——动作电位呈上升状态时,钠离子流入神经纤维;动作电位呈下降状态时,钾离子流出神经纤维。在实验中,他们还采用了"电压钳制"的新方法,以便对神经兴奋和传导进行定量分析和测定。这种方法是先将神经细胞体在兴奋或抑制过程中的电变化通过微电极的传递,经过放大在阴极示波器上显示,然后经过示波器的荧光屏观察神经膜电流,或者也可以用照相机拍摄出照片,供定量分析。经过收集到的大量数据来推出各种参数的理论公式,最后再将公式输入计算机进行计算,确定于各种温度相当的动作电位。通过这种方法,他们还预测了鱿鱼巨神经纤维的许多电活动,数据与实验结果十分接近。

1963年，霍奇金和赫克斯利(Andrew F·Huxley)及埃克尔斯(Sir John Carew Eccles)因为发现了引起个体神经纤维神经冲动通道的化学变化过程，即发现了神经细胞膜的周边和中央部分与兴奋和抑制有关的离子机制而获得了诺贝尔生理学医学奖；1965年，霍奇金还获得伦敦皇家学会颁布的柯普利奖章；1988年，获得视网膜基金会颁发的黑尔梅里希奖章。霍奇金一生中主要著作有两部：1964年发表的《神经冲动的传导》及1992年发表的《机遇与目标》。

霍奇金的神经冲动"离子理论"，为神经电生理学的发展做出了重要贡献，对临床应用具有重要的意义。特别是他和他的学生赫克斯利发明的"电压钳制"的新方法，开创了把计算机运用于电生理学的先河。

免疫学家——米尔斯坦

米尔斯坦，Milstein，César(1926年10月8日～2002年3月24日)，阿根廷生物学家。

米尔斯坦1926年10月8日出生在阿根廷一个叫布兰卡港的地方，家里是犹太移民，家境贫苦。他大学就读于布宜诺斯艾利斯大学，毕业后留在了布宜诺斯艾利斯大学研究酶动力学，并从此开始了在学术上的研究。1958年，米尔斯坦获得了博士学位，并得到了一笔由英国文化委员会资助的奖学金，得以进入英国剑桥大学留学。1961年米尔斯坦学成后返回了布宜诺斯艾利斯，两年后因对当局不满而重返剑桥大学。此后，米尔斯坦一直留在英国剑桥大学从事研究工作。1984年凭借单克隆抗体，米尔斯坦和克勒以及耶纳分享了当年的诺贝尔医学和生物学奖。2002年3月24日米尔斯坦因病去世。

米尔斯坦非常重视基础性的研究工作，他经常在各种场合呼吁人们要加大对基础性的科学研究的投入。米尔斯坦认为在科学的研究中不能一味追求时髦，应该扎扎实实从基础做起，科学研究中没有所谓的快捷通道。他认为在科学研究中应该亲自动手进行实验，同时借助于经典的科学研究方法，进而得出科学的结论。同时米尔斯坦非常注重对下一代科学人才的培养，他认为科学是没有国界之分和门户之见的，学校和研究机构应该面向全世界敞开并且要招收来自其他国家的学生，而不仅仅招收本国的学生，只有这样才有可能更好地推动科学传播和发展。尽管在一生中取得了非常了不起的成就，但米尔斯坦始终保持着谦逊、平易近人的态度。他从不以权威自居，对于权威总是不屑一顾，对于他来讲最重要的是对科学的探索和实践，因此他总是待在实验室里进行科学研究。米尔斯坦很重视在学术研究中与他人的合作，与米尔斯坦同一年获得诺贝尔奖的克勒就是在他的实验室完成博士论文后留在实验室与其一同工作的。米尔斯坦对科学的世界永远充满了好奇心和探索欲，他一生都在孜孜不倦地追求着科学的真谛，直到生命的尽头，他的最后一篇学术文章就是递交于其去世前的一周。

在英国剑桥大学留学期间米尔斯坦遇到了对他的学术研究影响最大的一个人——福莱德·桑格。受此人的影响，米尔斯坦的研究方向从最初的酶动力学研究转向了抗体。米尔斯坦此后的毕生时间都在进行抗体结构的研究并取得了辉煌的成就。1975年米尔斯坦通过与克勒合作发明的杂交瘤技术，成功研制出了生产单克隆抗体的方法。单克隆抗体的研制方法使得生物医学许多领域发生了革命性的巨变。1984年米尔斯坦和克勒以及耶纳共享了诺贝尔医学和生物学奖。

米尔斯坦可以说是20世纪最有成就的科学家之一，他所研制成的杂交瘤技术是科学史上的一大突破，开创了单克隆抗体大规模生产的新时期。这项技术的发明不仅给许多疾病的治疗带来了希望，还直接产生了难以估量的商业价值。

遗传密码的破译者——尼伦伯格

马歇尔·W·尼伦伯格，Marshall·W·Nirenberg（1927年～），美国生物学家。

尼伦伯格1927年4月10日生于美国纽约州纽约市。他1944年进入佛罗里达大学学习动物学和植物学，并于1948年获得理学学士学位。1952年又获得该校生物学、理学硕士学位。同年他到密歇根大学攻读生物化学博士学位，并于1957年获得博士学位。博士毕业后他开始在马里兰州贝塞斯达国立卫生研究院做研究工作，1960年被任命为贝塞斯达国立卫生研究院生物化学研究员。1968年因破译遗传密码而荣获诺贝尔生理学医学奖。

尼伦伯格幼年时即对生物学感兴趣，所以他本科时读的专业就是与此相关的动物学和植物学。在读本科期间他担任了实验室助理，在营养实验室工作时,他开始接触生物化学,在这期间,他学会了如何使用放射性同位素来追踪生物化学反应的过程,这一技术的掌握对他日后的研究是至关重要的。在本科结束后,他就在佛罗里达大学攻读生物学的研究生课程,他的硕士论文讨论的是石蛾(毛翅目昆虫)的生态和分布。在这期间,他对生物化学产生了兴趣,他到密歇根大学继续这方面的研究,并于1957年从该校获得生物化学博士学位,他的博士论文是论述了癌细胞对糖的摄取。1959年,他开始研究与DNA、RNA和蛋白质有关的生物化学过程。后来他与德国科学家J·海因里希·马太(J·Heinrich·Matthaei)一同证明,在蛋白质合成过程中需要信使RNA,合成的信使RNA可用以译解遗传密码。1961年8月在莫斯科召开了第五届国际生物化学代表大会,尼伦伯格在大会上宣布了这些研究成果,但由于他在当时只是一个默默无闻的科研工作者,所以他的研究成果没有得到大家的重视。在随后的不到5年时间里,遗传密码的所有细节都搞清了,这方面的主要工作是尼伦伯格和哈里·戈拜恩·科拉纳(Har·Gobind·khorana)做的。而有关细胞内翻译遗传密码的机制问题则是罗伯特·霍利(Rober·Holley)解决的。他们三人最终于1968年共同获得了诺贝尔生理学医学奖。

尼伦伯格为人谦逊,他把全部精力都奉献给了科学事业。他最伟大的成就是破译了遗传密码。他在生物学、细胞生物学、化学和遗传学等领域都做出了杰出的贡献。在1965年,美国总统林登·约翰逊授予他国家科学奖章。1967年,尼伦伯格被选入美国国家科学院。1992年他成为"世界科学家向全人类警告"的签署者,表明了一位科学家对人类生存环境的担忧与关注。

遗传密码的发现是20世纪60年代分子生物学中一项了不起的成就,它最终证明薛定谔、伽莫夫等信息论者的思想是正确的。尼伦伯格等人对遗传奥秘的揭示,把生物体内两种巨大的分子聚合体(核酸和蛋白质)的语言连通了,它表明在我们这个星球上全部生命形成都是共同使用这种遗传语言的。这一发现是分子生物学和分子遗传学发展中的一个重大里程碑,是20世纪自然科学的一项伟大成就,也是后来蓬勃兴起的基因工程和人类基因组计划得以实现的基础。

DNA 双螺旋的发现者——沃森和克里克

詹姆斯·D·沃森,James D Watson(1928年4月6日~),美国生物学家和遗传学家。

沃森出生在芝加哥,15岁就进入芝加哥大学,1947年19岁时就获得了动物学学士学位。而后他在印第安纳大学读研究生,他的研究课题是细菌病毒繁殖的辐射效应,1950年他就这一研究获得博士学位,后去丹麦哥本哈根大学从事噬菌体研究。弗兰西斯·哈里·康普顿·克里克(Francis Hurry Compton Crick,1916年6月8日~)是英国的细胞生物学家和遗传学家。他于1916年出生于英格兰的北安普敦。在幼年时他就对科学表现出极大的兴趣,1934年进入伦敦大学学习,获得物理学学士学位,后在该学校研究生院学习,因为战争的缘故,他中断了学业到英国海军部工作。1947年他重新回到伦敦大学研究生院学习,并把他的研究方向定在了生物物理学。开始他在剑桥斯特拉威实验室学习组织培养,后来在剑桥卡文迪什实验室用X射线晶体学研究蛋白质的结构。

1951年沃森在一个学术报告会上看到了威尔金斯(Maurice H. F. Wilkins)的DNA纤维X射线衍射图片。DNA(脱氧核糖核酸)能够结晶,这是沃森从来没有想过的事。于是沃森便产生了想学习X射线衍射技术的念头,同时也想见到威尔金斯,和他讨论一些问题。带着这个目的,沃森来到剑桥,到剑桥大学卡文迪什物理实验室学习。当时克里克就在剑桥大学卡文迪什物理实验室工作。他们中一位是年轻的遗传学家,一位是物理学家,其共同点是他们都由对基因着迷进而对DNA产生浓厚的兴趣,他们相信搞清DNA结构就能揭开基因遗传增殖的秘密。于是这两位科学家走到了一起,开始了他们的合作研究。他们这一合作,给人类科学史带来了举世闻名的伟大创举。

沃森熟悉噬菌体方面的实验,他的博士论文即与此有关,而克里克则精通数学、物理学这些被沃森视之为有点难度的学科,他俩的合作是生物学与物理学互补的最佳典范。1951~1953年,两人在同一间办公室用了相当多的时间讨论脱氧核糖核酸(DNA)。他们一起学习X射线晶体技术,评估DNA的结构限制条件。在他们的研究过程中,许多数据都是由威尔金斯实验室的女物理学家富兰克林(Rosalind E. Franklin)提供的,并且富兰克林在1951年底拍到的一张十分清晰的DNA的X射线衍射照片为沃森和克里克提示出脱氧核糖核酸(DNA)各个构成成分连接在一起的方式。他们也善于模仿前人的成功经验。诺贝尔奖获得者鲍林成功地用模型方法提出蛋白质的α螺旋理论,而双螺旋模型的建立正是成功地借用了这一方法,所谓模型就是指用纸板、木块、金属等原料做出来的想象中的分子三维结构。沃森和克里克建造了大量的分子模型,终于找到了一种符合图片上所显示的X光花样的模型。脱氧核糖核酸(DNA)是一种双螺旋分子,其外侧有交替的糖和磷酸盐,内部有成对的碱基。他们的研究成果发表在1953年3月的科学杂志《自然》上。DNA的双螺旋模型令所有的生物学家们叹为观止,它解释了迄今为止所观察到的DNA的一切物理的和化学的性质,它说明了DNA为什么是遗传信息的携带者,说明了基因的复制和突变等。此后,遗传学和生物学的历史都从细胞阶段进入了分子阶段。沃森和克里克的伟大发现还告诉我们:科学的发明、发现是集体智慧的结晶,正像伟大的物理学家牛顿所说的,科学是一个阶梯,正像跑接力一样,一棒棒地传递着。1962年,沃森和克里克因构建DNA双螺旋模型与威尔金斯共同获得诺贝尔生理学医学奖,威尔金斯的贡献是他在X射线衍射方面的研究。弗兰克林于1958年就去世了,所以未被包括在诺贝尔奖得主当中,因为诺贝尔奖不在人们逝世后授予。

沃森于1962年当选为美国国家科学院院士,并于1968年出版了他的著作《基因分子生物学》,同年他担任了科尔德斯普林港实验室主任。他的研究焦点有所扩展,他后来的许多研究都是和癌症的病毒感应相关的。在1988～1992年间他还先后任美国全国人类基因组研究中心副主任和主任。而克里克于1954年回到剑桥大学担任教员直到1970年。在这段时间里,克里克帮助形成了被称为分子生物学中的中心法则。1977年,克里克搬到加利福尼亚的圣地亚哥,在索尔克生物学研究所研究大脑。

天文学家

古希腊天文学的集大成者——托勒密

托勒密,Claudius Ptolemaeus(公元90～168年),希腊文明末期最伟大的天文学家、地理学家和数学家之一。

托勒密生于埃及境内的一个希腊化城市——托勒密迈依,父母都是希腊人。公元120年移居亚历山大,公元127~150年在亚历山大图书馆工作。在那段时间里,他博览群书,精心观测天文天象,以严密的逻辑论证和数学推演,将希腊时代天文学的全部成就融合到一起,系统论证了"地心说"。他的论证巩固了该学说的地位,他也因此成为亚历山大学派的集大成者和最后一位重要代表人物。

托勒密在进行科学探索的过程中,非常注重利用前人已有成果,但又不拘泥于前人的成果。他习惯在系统综合掌握已有成果的基础上,通过自己的科学观测和逻辑推演求得理论创新。他的科学巨著《天文学大成》,就很好地体现了这一点。如果我们将这部长达13卷的巨著比作一座高楼的话,那么,阿波隆尼的本轮和均轮体系、喜帕恰斯的偏心圆理论以及伊巴谷的天文学理论体系等,应当是垒起这座高楼的砖块,而将这些砖块粘合起来的则是托勒密庞大繁杂的逻辑论证和数学推导。尽管,从今天的角度来看,托勒密在理论整体上是错误的,但它并没有违背科学精神的特质。虽然托勒密学说把地球放在中心,但它也是从观察中来的,有很好的模型,有逻辑推理,运用了当时最先进的数学工具,反过来又得到观察结果的验证,并在此基础上不断地修正和改进。而这从大方向和原则上同"基于可观测的稳定的事实,并用逻辑进行演绎"的科学研究方法是一致的。因此,从历史的角度来考证,他的"地心说"还是极具理论意义与实践价值的,"地心说"是对"盖天说"宇宙观的否定,是理性取代直观的第一次革命。这次革命首次超越了人们关于大地"水平延伸"的感性直觉,牢固地建立起了"地球"的观念,而且把原来"盖"在地上的那口"天锅"变成了"天球",让天球围着地球旋转。对于自己创立的学说和理论体系,托勒密还是非常理性与冷静的。他多次声称自己的理论体系并不具有物理的真实性,而只是一个计算天体位置的数学方案。至于教会利用和维护地心说,那是托勒密死后1 000多年的事情了。我们应当认识到这种被宗教化了的"托勒密体系"同托勒密原来的学说有着明显区别。

托勒密的主要著作是《天文学大成》,这是一部划时代的巨著。全书共13卷,概括地介绍了当时他所知道的全部天文学知识。围绕《天文学大成》,

托勒密晚年还写了其他几本书,一本是《天文计算用表》,将分散在《天文学大成》各卷中的所有有关天文计算的用表单独汇编成册,并附有使用说明,这不仅对天文学有用,而且对数学计算和其他学科大有裨益。另一本是《行星假说》,它是《天文学大成》一书的通俗摘要,除了列出《天文学大成》的详细内容目录外,还进一步提出了行星的物理模型,补充了《天文学大成》中仅有几何模型的不足。

日心说的创立者——哥白尼

哥白尼,Nicolaus Copernicus(1473年2月19日～1543年5月24日),波兰天文学家。

哥白尼生于波兰东部的托伦。他从小热爱读书,小时候对文学、艺术和科学产生了浓厚的兴趣,他爱好广泛,喜欢绘画、数学和天文学。他10岁丧父,全家由舅父接济。1491年哥白尼进入克拉科夫大学研读天文学和数学,在校受到人文主义者、数学教授布鲁楚斯基的熏陶,抱定献身天文学研究的志愿。1496年,哥白尼前往意大利留学深造,继续钻研数学、天文学、医学和法学。1512年,哥白尼移居弗洛恩堡,在大教堂任僧正。哥白尼利用教堂城墙一角的箭楼建立了一个小天文台,从此孜孜不倦地从事天文观测和研究达30多年。由于呕心沥血的劳动,从1542年起哥白尼健康日益恶化,于1543年5月24日,哥白尼与世长辞。哥白尼在科学研究中做出了非常大的贡献,这源于他对大自然的热爱和对科学真理的不懈追求。哥白尼早在上学的时候,就喜欢上了天上的星星,他经常在晚上坐在窗前,乐趣无穷地凝视浩瀚的星空,苦索天上、人间的幽秘和神奇。他一生怜悯、虔诚并具有大智慧。他所生活的时代处在黑暗的中世纪的末期,那时人们普遍认为地球是宇宙的中心,所有行星都围绕地球旋转,可是哥白尼在1510年就指出:太阳是宇宙的中心体,地球和行星都围绕着太阳运动,只有月亮才真正围绕地球旋转。这无疑是对当时地球中心说的明晰批判。教士他们说这种学说是离经叛道的异端邪说,大部分人认为哥白尼简直就是个疯子。在这种不理解和嘲弄的环境中,哥白尼继续自己的观测。1512年后,他在自己的小天文台上,用自制的粗劣仪器,不分昼夜地观察天文。他不顾教会的迫害,不怕奸细、密探的监视,甚至在1519年波兰和条顿骑士团发生战争,城堡周围到处是血和火的情况下,哥白尼仍然每天登上角楼,坚持他的天文观测工作。他就是这样以毕生的精力,完成了对天体的观测。1530年,哥白尼写成了不朽的巨著——《天体运行》。这部巨著共分六卷。第一卷是宇宙论,论述了日心说的基本思想;第二卷全是数学公式,以三角学论证了天体运行的基本规律;第三卷用数学描述地球的运动;第四、五、六卷讨论了月亮和其他行星的运行规律。《天体运行》中采用的二十七个观测事例,其中二十五个就是他在箭楼上用自制的简陋仪器测得的,包括有日食、月亮中天时的高度、月掩星、行星在恒星背景上的方位等,这些事例中,有的非常精确,例如他测得月亮与地球之间的平均距离是地球半径的60.30倍,与现在我们公认的60.27倍相差很小。在这部书中,哥白尼建立起一个新的宇宙体系,即太阳居于宇宙的中心静止不动,而包括地球在内的行星都绕太阳转动的日心体系。哥白尼把统率整个宇宙的支配力量赋予太阳,而各个天体则都有其自然的运动。它为我们描绘出了一幅太阳系的真实图景,为近代天文学奠定了基础。

哥白尼的学说不仅改变了那个时代人类对宇宙的认识,而且在根本上动摇了欧洲中世纪宗教神学的理论基础。"从此自然科学便开始从神学中解放出来","科学的发展从此便大踏步前进"(恩格斯《自然辩证法》,人民出版社1971年版第8页)。

近代实验科学的奠基者——伽利略

伽利略,Galileo Galilei(公元1564~1642年),意大利文艺复兴后期伟大的天文学家、物理学家、力学家和哲学家,也是近代实验物理学的开拓者。

伽利略生于意大利比萨城一个没落贵族家庭,从小受到了良好的家庭教育。1581年,他入比萨大学学医,次年发现了摆的等时性。这个发现改变了他的心境,此后他将自己的主要精力转向数学和物理。1589年,伽利略写出一篇关于物体重心的论文,引起了学术界的重视。从1589~1610年,他先后被比萨大学和帕杜瓦大学聘为教授。1616年由于他宣传地动说,受到了宗教法庭的传讯,并受到警告。1633年,他再次受到了罗马宗教裁判所的传讯,并被教廷圣职部判处终身监禁。1642年病逝于阿尔切特里别墅。

在科学研究中,伽利略认为数学是人类思维的一种完全可靠的逻辑形式。他把物理学与数学紧密结合起来,以准确的数学证明寻求物质运动的规律,用数学语言表达物理的定律。他是第一个用坐标表示物理量来研究物体运动规律的人。他注重归纳法,也注重演绎法,并且他的数学证明达到了极其严谨和巧妙的境地。他倡导数学与实验相结合的研究方法,这种研究方法分三个步骤:① 提取出从现象中获得的直观认识的主要部分,用最简单的数学形式表示出来,以建立量的概念;② 用数学方法导出另一易于实验证实的数量关系;③ 通过实验证实这种数量关系。伽利略进行科学实验的目的主要是为了检验一个科学假设是否正确,而不是盲目地收集资料,归纳事实。伽利略不但亲自设计和演示过许多实验,而且亲自研制出不少实验仪器。他的工艺知识丰富,制作技术精湛,他所创制的许多实验仪器在当时及对后世都很有影响。伽利略设计的实验虽是想象中的,但却是建立在可靠的事实基础上的。"把研究的事物理想化,就可以更加突出事物的主要特征,化繁为简,易于认识其规律。"伽利略的这一自然科学新方法,有力地促进了物理学发展,他因此被誉为是"经典物理学的奠基人"。由于重视实验,伽利略特别强调感觉和经验在科学认识中的地位,认为自然科学在本质上应是实验的科学,而实验科学的出发点就是感觉和经验,但因为感觉和经验本身具有局限性,因此也不能忽视理性的作用。他特别重视定量的实验研究,常设法创造出一些可以定量测量的实验条件,并使实验尽量符合数学的要求,从实验结果中概括出数量关系式。而当实验条件无法达成预期的理想时,他则采用想象、思辨、逻辑推论等方法来弥补实验条件的限制。他就是这样灵活的运用实验、数学与逻辑的结合,为近代的科学方法立下坚实的基础。由于重视实验,伽利略特别强调数据、资料的客观性与实在性,它总是认为"在科学上一千人的权威也比不上一个卑贱人的充分证据"。这样的科学精神,支撑着伽利略为争取不受权势和旧传统压制的学术自由,为近代科学的成长,进行了不懈斗争,虽然他晚年终于被剥夺了人身自由,但他开创新科学的意志并未动摇。他追求科学真理的精神和成果,永远为后代所敬仰。

伽利略是利用自制的望远镜观察天体取得大量成果的第一人。他发现月球的表面凸凹不平、木星的四个卫星、太阳黑子、银河由无数恒星组成及金星、水星的盈亏现象等。1632年他发表《关于托勒密和哥白尼两种世界体系的对话》,反对托勒密的地心体系,支持和发展了地动说。伽利略的其他重要天文著作还有:《星际使者》《关于太阳黑子的书信》等。

行星运行三大定律大发现者——开普勒

开普勒,Johannes Kepler(1571年12月27日~1630年),德国天文学家、光学家,著名天文学家第谷的学生兼助手,近代光学的奠基人。

开普勒生于符腾堡,他的童年非常凄惨。开普勒从小就体弱多病,天花使他毁容,并使他的一只手半残,猩红热又使他的视力受到极大的损害。他家境穷困,父亲离家不归,母亲性格暴躁,可是开普勒从小便聪颖好学,并且爱钻研思索。开普勒在上学期间对付功课就绰绰有余。在以后的教育过程中,他完全靠奖学金来完成学业,12岁时入修道院学习,1587年,开普勒进入蒂宾根大学,1591年获文学硕士学位,1594年,他开始研究天文学,并在这方面做出了很多重大发现。然而,他一生艰难贫困。1630年,在贫病交困中去世。开普勒在天文学和光学方面做出了很大贡献,主要著作有:《新天文学》《光学》《宇宙和谐论》《彗星论》《哥白尼天文学概要》《稀奇的1631年天象》《对威蒂略的补充,天文光学说明》等。在《宇宙的秘密》中,开普勒用数学的和谐性去探索宇宙,他用古希腊人已经发现的五个正多面体,跟当时已知的六颗行星的轨道套叠,从而解释了太阳系中包括地球在内恰好有六颗行星以及它们的轨道大小的原因。《新天文学》中收录了开普勒的天体运行三大规律中的两条,既"火星沿椭圆轨道绕太阳运行,太阳处于焦点之一的位置"和"行星的向径,在相等时间内扫过相等的面积。"《宇宙谐和论》中记载着开普勒发现的关于行星运动的第三条定律:"行星公转周期的平方等于轨道半长轴的立方。"《彗星论》中指出彗尾总是背着太阳,是因为太阳光排斥彗头的物质所造成。这说明在距今两个半世纪以前他就预言了辐射压力的存在。《稀奇的1631年天象》中预言1631年11月7日水星凌日现象,12月6日,金星也将凌日。《光学》是一本阐述近代望远镜理论的著作。他把伽利略式望远镜的凹透镜的目镜改成用小凸透镜。这种望远镜被称为开普勒望远镜。开普勒当时最受到人们钦佩的工作,就是他出版了《鲁道夫星表》,直到18世纪中叶,《鲁道夫星表》一直是天文学上的标准星表。此外,1604年开普勒在天文观测时发现了一颗超新星,被称为开普勒新星。1607年观测到哈雷彗星。虽然开普勒在科学研究领域取得了很伟大的成就,但是,作为一位伟大的天文学家,开普勒的一生却迭遭病魔、贫穷、宗教冲突和战争的困扰。在妻子去世后,三个孩子得了天花,最宠爱的一儿一女相继去世。终生贫困交加,不得不去乞讨欠付的薪金,并不得不做占星术来增加一些收入,开普勒曾自我解嘲地说:"作为女儿的占星术若不为天文学母亲挣面包,母亲便要挨饿了。"开普勒尊重观测事实,自己具有丰富的想象力,忠于实测数据,一丝不苟,富于创新精神,虽在探求真理的过程中,经历了无数次失败,但他以不屈不挠的精神,经过无数的试验——失败——再试验,终于最后发现了天体运行三大定律,他是在苦难坎坷中努力奋斗终获成功的。开普勒奋斗的动力是他对天文学真实规律的执著追求和坚忍不拔克服种种困难的献身精神。开普勒的老师、伟大的天文学家第谷遗留给他的准确丰富的观测资料和他自己从无数次的失败中找到的正确方法是他成功的条件。在天文理论研究上,开普勒最终实现了从一个神秘主义者逐渐转变为一个以观测的事实为基础,并可以令人信服地把握数学推理和哲学思辨结合起来的新时代科学家。

开普勒发现的行星运动定律改变了整个天文学,彻底摧毁了托勒密复杂的宇宙体系,完善并简化了哥白尼的日心说。开普勒定律为牛顿发现万有引力定律奠定了基础。开普勒对光学的贡献卓著。我们不会忘记伽利略在力学领域中的作用,也就不会忘记开普勒在光学领域中的作用。除此之外,开普勒对数学的研究也很有造诣,他是将实验与理论紧密结合的优秀科学家。

天体力学的主要奠基人——拉普拉斯

拉普拉斯,Pierre Simon Laplace(1749年3月23日～1827年3月5日),法国著名的数学家和天文学家。拉普拉斯是天体力学的主要奠基人,是天体演化学的创立者之一,是分析概率论的创始人,是应用数学的先驱。

拉普拉斯生于法国诺曼底的博蒙的一个贫困家庭里,小时候家境贫寒,靠邻居的帮助才完成学业。18岁时就得到当时颇负盛名的学者达朗贝尔的重视。遂推荐他为巴黎陆军学校的数学教授,从此开始了研究数学的生涯。1785年被选为法国科学院院士,1795年任综合工科学校教授,后又在高等师范学校任教授。1816年成为法兰西学院的院士,第二年升任院长。拿破仑执政时期,拉普拉斯曾任内政部长,6个星期之后因不称职而被罢免。路易十六复辟之后,拉普拉斯又为复辟王朝服务,被封为子爵。1827年3月

5日死于巴黎,享年78岁。他在科学领域中做出了很大贡献,一生中的著作很多,发表的天文学、数学和物理学的论文有270多篇,专著合计有4 006多页。他把分析学的方法应用于天体力学、位热论和概率论等方面,主要著作有:《宇宙体系论》《天体力学》《概率论的解析理论》等。在《天体力学》中他汇聚了他在天文学中的几乎全部发现,试图给出由太阳系引起的力学问题的完整分析解答。书中第一次提出"天体力学"的学科名称,是经典天体力学的代表作,因此博得了"法国的牛顿"的美称。他应用牛顿引力定律深入研究整个太阳系,用数学方法证明行星平均运动的不变性,并证明为偏心率和倾角的3次幂。这就是著名的拉普拉斯定理,证明行星轨道的偏心率和倾角总保持很小和恒定,能自动调整,即摄动效应是守恒和周期性的,即不会积累也不会消解。他发现了月球的加速度同地球轨道的偏心率有关,从理论上解决了太阳系动态中观测到的最后一个反常问题。在《概率的分析理论》中他总结了当时整个概率论的研究,论述了概率在选举审判调查、气象等方面的应用,导入"拉普拉斯变换"等。在《宇宙体系论》提出了太阳系生成的星云假说。它指出宇宙是在自然界自身运动中发展产生的,从而将上帝驱逐出宇宙。拉普拉斯首创大洋潮汐动力学理论,他认为,对于海水运动来说,只有水平引潮力是重要的,而垂直引潮力并不重要,海洋潮汐是海水在月球和太阳水平引潮力作用下的一种强迫波——潮波的运动。并且,早在1796年,拉普拉斯曾预言了黑洞的存在。虽然拉普拉斯在科学领域取得了非凡的成就,但他一生对学术界的晚辈乐于慷慨帮助和鼓励关照。拉普拉斯的理论艰难晦涩,他不关心格式,只注重结论是否正确,这对一些人来讲,理解他的理论相当艰难。拉普拉斯在学术上非常谦虚,据说他临死时所过的最后一句话是:"我们知道的甚少,不知道的甚广",像拉普拉斯这样的伟人在知识面前还这么谦虚,更何况我们常人呢。作为一位伟大的数学家,拉普拉斯认为,数学只不过是一套用于解释自然的工具;拉普拉斯的两句常引用的话是:"自然的全部效力仅在于少数几个不变的定律的数学结论。""在最终分析中,概率论仅仅是用数表示的共同意识。"拉普拉斯在学术上十分伟大,历任官职,但对天体力学的研究仍锲而不舍。虽然如此,他在政治上却是一个十足的小人,每次政权更迭,他都能够见风使舵,毫无政治操守可言。拉普拉斯注重客观实际,不相信上帝和神,当拿破仑故意责备他《天体力学》中没有提到上帝时,拉普拉斯反驳说:"陛下,我不需要这样一个假设。"这成为当时无神论者藐视上帝的名言。

拉普拉斯是 19 世纪初数学界的巨擘泰斗。康德——拉普拉斯的星云说摧毁了把天体运动归于上帝的"第一次推动",所以恩格斯高度评价星云说的作用,认为它是"从哥白尼以来天文学取得的最大进步",在 18 世纪的自然观上"打开了第一个缺口"。由于拉普拉斯在科学上的重要成就,他有"法国的牛顿"之称。法国学会曾因此推荐他为 40 个不朽人物之一。

星系天文学、河外天文学的奠基人和观测宇宙学的奠基人——哈勃

埃得温·哈勃,Edwin Powell Hubble(1889 年 11 月 20 日~1953 年 9 月 28 日),美国天文学家。

哈勃出生于美国密苏里州马什菲尔德,童年在肯塔基州度过,后在芝加哥上中学。1910 年,哈勃在芝加哥大学天文系毕业,获理学学士学位。同年他前往英国牛津大学女王学院,主攻法学,于 1912 年获文学学士学位,1914 年,他前往芝加哥大学叶凯士天文台深造,并于 1917 年获博士学位。他 38 岁成为美国国家科学院最年轻的院士,1935 年获得美国科学院授予的巴纳德奖章。1938 年,哈勃在美国获富兰克林金质奖章,1939 年又获得英国皇家学会金质奖章。1948 年,牛津大学女王学院选举他为荣誉研究员。哈勃晚年担任威尔逊山和帕洛玛山天文台研究委员会主席。1948 年 2 月 9 日,他成了美国《时代》周刊的封面人物,1953 年 9 月 28 日,哈勃在回家的路上,突然死于脑血栓,终年 64 岁。哈勃在上学时成绩优异,而且年龄又比同班同学小,因此经常喜欢表现自己的才华,吸引别人的注意。在科学之外,哈勃兴趣广泛,并力争上游,例如他在球类、田赛类、径赛类等多项体育项目中均样样皆精;在芝加哥大学他是一名闻名全校的重量级拳击运动员;在牛津大学他是校径赛队员。但是,哈勃是一个极端自负的人,他厌恶对自己科学思想的挑战,而且总是害怕某个竞争者企图窃取自己的发现抢先发表。尽管如此,他又不得不与他的竞争对手进行交锋,在交锋过程中他往往掺杂进个人的好恶。也正是这样的个性使得他无法担任领导职务,与威尔逊天文台台长职务失之交臂。但哈勃有一个视他为偶像的好妻子,在他的事业

上曾给予了很大帮助和支持。哈勃在天文学研究领域做出了很大贡献,他证明了宇宙中除了有我们的星系外,还存在许多其他的星系,在它们之间是巨大的空虚的太空。星系是银河系之外的巨大天体系统,哈勃称之为"星云"。哈勃提出了根据星系结构来对星系进行分类的重要方法。即星云可分为"银河星云"和"非银河星云"两大类,它们又各分为若干次类,至今天文学上仍在沿用哈勃的星系分类法。哈勃在观测中还发现:所有的星系都在远离我们而去,宇宙在日益膨胀,据此,哈勃发现了命名为哈勃定律的星系红移速度与距离之间的线性关系。哈勃定律的发现不仅为宇宙膨胀提供了观测证据,建立了现代宇宙大爆炸理论的基础,也为宇宙学研究开创了新的方法,即日后所称的"观测宇宙学"。观测家们从此可以沿两条路线继续前进:一是研究单个星系的组成与结构;一是研究大量星系在空间的分布与运动。同时,哈勃还探讨了河外星系的组成成分和亮度分布规律,并在一些较近的星系中发现了已知存在于银河系中的几乎所有类型的高光度天体:新星、球状星团、蓝超巨星、气体星云等,从而为星系天体物理学发展开启了一道新的大门。除此之外,哈勃还做了其他许多很有影响的工作。哈勃的著作主要有:《星云世界》《用观测手段探索宇宙学问题》《星云光谱的红移》和《哈勃星系图集》等。

由于哈勃在天文学所做出的贡献,他被认为是星系天文学、河外天文学的奠基人和观测宇宙学的奠基人。哈勃将人类的视野引向河外星系世界,使人们明白我们置身于其中的银河系只是这个世界的沧海一粟。人们在他逝世以后授予他多种荣誉,其中包括1990年发射的以他的名字命名的哈勃太空天文望远镜。

地 质 学

经典地质学的奠基人——赫顿

赫顿,Hutton.James(1726年6月3日~1797年3月26日),英国伟大的地质学家。

赫顿生于苏格兰爱丁堡,父亲在他3岁时去世。他和姊妹们靠父亲的遗产生活。赫顿 14 岁就进入爱丁堡大学攻读人文科学，1744～1747 年，他在爱丁堡大学攻读医药学。1749 年，获医药学硕士学位。1750 年他开始对农学产生兴趣，他放弃了医药行业，开始经营父亲遗留下的小农场。为经营好农场，赫顿经常进行农业和地质考察。1764 年，在一次地质旅行中，许多地质现象引起了他对地质学更大的兴趣。从此，赫顿开始从事地质学方面的研究。1797 年病逝。

赫顿学术渊博，博览群书，除了在地质学方面做出了很大贡献外，在医学、化学、农学等方面也都很有造诣。他热衷于各种科学工作，参加各种科学学术会议，结识了不少科学界的朋友，赫顿善于从其他学科中获取灵感和思想，他曾从化学、蒸汽机技术乃至经济学等学科的好友那里汲取了思想营养，用于构造他的地质哲学和学说。他喜欢旅游、观察自然界的运动变化，并从中获取灵感和思想。他不畏艰难困苦，热衷于科学研究，在失败面前永不低头，他在患膀胱结石症的情况下，仍从事化学、物理学和哲学的著述。在他的长篇论文"地球学说，或对陆地组成、瓦解和复原规律的研究"刊出 5 年后，遭到两位著名化学家的猛烈攻击，赫顿在极端困苦的条件下，抱病重新整理全部证据和文摘，最后终于出版了《地球学说：证据和说明》二卷；他认为在解释自然现象中，要依赖自然去推测，不能凭借偶然事件去推测。赫顿的理论或学说，都是以地质考察为依据的。赫顿的基本研究对象则是地质作用，他的实践促使他的哲学概括带有运动和联系性的特征。由于热衷于科学研究，他一生未曾结婚。赫顿在地质学上的贡献为地质科学的健康发展奠定了基础，首先是他率先认识到地质过程的长期性，建立了所谓地质时间的概念。他认为地球的生命无始无终，既没有产生也没有灭亡；地球上的生物物种"始终如一"，在时间历史中，既没有增加也没有减少。但这种观点带有某种局限性。赫顿的另一个贡献是他在地质学研究领域中引入现实主义原则，提出了后人称之为"均变论"或"均一性原则"的学说；他认为自然现象中我们看到的有效事件的发生过程，一定在时间历史的任一阶段也必然发生过。赫顿的第三个重要贡献是他认为地球的发展存在着平静的沉积时期和激烈的抬升或"革命"时期，并提出二者交替的"地质循环"的概念；赫顿的第四个重要贡献就是认为地质构造的变化如陆地的抬升是地内热力作用，如深部火成岩侵入的膨胀力所致。他的主要作品有：《农学原理》《地球学说,或对陆地组成、瓦解和复原规律的研究》《地球学说:证据和说明》《地球的理论及其证据和解说》《关于花岗岩的观察》《关于地球的理论,地球上陆地的构成,从分解和复原中看到的规律》《关于自然哲学各种问题的研究》《知识的原理研究》等。

由于赫顿在地质学中所做出的贡献,他被誉为"近代地质之父"。

近代地理学的创建人之一——威廉·冯·洪堡

威廉·冯·洪堡,Wilhelm von Humbold(1769年9月14日～1859年5月6日),德国地学家。

威廉·冯·洪堡生于德国波兹坦,他从小喜欢收集标本,在当地有"百草师"之称。1787年他进入奥德法兰克福欧洲大学,1790～1792年在弗雷堡矿业学院学习地质学。1799～1804年,去美洲进行科学考察,收集了大量资料。1808～1827年,用近20年时间整理分析考察资料。1805年,洪堡获得法兰克福大学博士学位,随后被选为德国科学院院士,并被指定为普鲁士国王的应召大臣。他于1809年创办了柏林大学,1819年辞去公职,专心致力于学术研究。1859年5月6日逝世。

洪堡的科学活动涉及地理学、地质学、地球物理学、气象学和生物学等各个方面。洪堡在科学上的主要贡献包括:首创世界等温线图,指出气候不仅受纬度影响,而且与海拔高度、离海远近、风向等因素有关;研究了气候带分布、温度垂直递减率、大陆东西岸的温度差异、大陆性和海洋性气候、地形对气候的形成作用;发现植物分布的水平分异和垂直分异性,论述了气候同植物分布的水平分异和垂直分异的关系,得出了植物形态随高度而变化的结论;根据植被景观的不同,将世界分成16个区,确立了植物区系的概念,创建了植物地理学;首次绘制地形剖面图,进行地质、地理研究;指出火山分布与地下裂隙的关系;认识到地层愈深温度愈高的现象;发现美洲、欧洲、亚洲在地质上的相似性;根据地磁测量得出地磁强度从极地向赤道递减的规律;根据海水物理性质的研究,用图解法说明洋流;发现秘鲁寒流(又名"洪堡寒流")。最早阐述了自然环境不同组成部分的关系,以及人类文化与自然环境的关系,发现纬度越低,地球磁场强度越弱的"洪堡法则"并创用了气候学一词。主要著作有:《宇宙》《植物地理学论文集》和《中央亚细亚》《昼夜平分地域旅行记》《宇宙—物质世界的结构》等。洪堡之所以取得如此大的成就，是和他热爱自然、热爱科学并甘于献身于科学的伟大性格是分不开的。洪堡从小就对自然科学有着浓厚的兴趣，是一个性情温厚、开朗爱动、不自私的孩子，常跑到野外去采集标本，被家里人认为是一个古怪的孩子。他谦虚好学，善于观察，肯动脑筋。尤其值得称道的是，他有一种不怕困难，勇于进取，为科学献身的精神。洪堡注重野外观察和现象的描述，其科学研究方法是经验和归纳的。他为了追求真理，耗尽钱财，终身不娶，过着传奇式的生活。他经历过差点被美洲虎吃掉的危险，尝到过被电鳗击得双手僵直的痛苦……他耗尽了所有资财，过着入不敷出的生活。他一生到过很多地方，足迹遍历西欧、中亚，并且对南北美洲进行过长达5年的实地考察。凡是足迹所到，高山大川无不登临，奇花异草无不采集。在科学考察中，他不畏险阻，历尽艰辛，取得了丰硕成果。他的考察成果和据此所作的研究概括，对科学理论的发展有着巨大的贡献。洪堡并不是孤立地看待自然界的事物，对每一个现象，他都把它作为自然界的一部分进行考察。他认为自然界是一个巨大的整体，各种自然现象都是相互联系的，并且依其内部力量不断运动发展。他认为任何一种自然现象都不是孤立、偶然地产生，而是有着一定规律的。他以自己多年来在各地观察到的事实为依据，对比各种自然要素的异同，运用比较的方法找出了它们的规律，揭示了自然现象之间的因果关系。尽管洪堡在自然界的很多领域都取得了重大成就，但是他却非常谦虚，他尊重别人，从不自满，直到晚年还刻苦学习。洪堡曾说过："伟大只不过是谦逊的别名。"他正是这样一位谦逊的伟人。洪堡广博的学识和杰出的科学成就，绝不是靠什么机遇和天赋，他一生的经历向人们证明了一个真理："天才出于勤奋。"

洪堡的科学考察和著作对近代科学的发展起到了推动作用。他在科学界享有极高的声誉，被人们尊为"现代科学之父"。德国人民把洪堡视为自己民族的骄傲。世界上还有一些山岭、河流、湖泊、冰川以及植物、矿物也是用洪堡的名字命名的。在达尔文的自传中有这样一段话："没有一本书或一打书对于我的影响，能和洪堡的著作及赫瑟尔的自然科学研究导论相近似，他们激起我一种强烈的欲望，要对于自然科学高大的建筑做一种贡献，虽至微小，亦所不顾。"

"灾变论"的创立者——居维叶

居维叶,Georges Cuvier(1769年8月23日～1832年5月13日),法国动物学家和古生物学家。

居维叶出生于德国乌尔登堡蒙比尔的一个退役军人家庭。居维叶自幼酷爱大自然,对探索大自然的奥秘有着强烈的兴趣。他15岁进入大学,1788年毕业后担任高级家庭教师。1795年开始从事海洋生物解剖实验与研究。1802年被选为巴黎博物馆教授,同年当选为法国巴黎科学院院士,1803年,当选为法国国家科学院常务秘书。1809年被任命为巴黎大学副校长,1811年任命为教育委员会主席。1819年出任巴黎大学校长。1830年后,他开始从事动物形态与分类学研究,1831年,晋封为贵族。1832年5月13日逝世,终年63岁。居维叶一生为人和善,善于同他人合作。他知识渊博、熟悉科学发展历史,又敏于科学发展的趋势。无论在教学还是研究工作中,他都表现出非凡的组织才干。居维叶学术思想活跃,成就突出,重视科学考察,居维叶经过几年连续的调查与研究,于1808年在《矿物学杂志》上发表了"巴黎盆地附近矿物地理分布"一文。他运用比较解剖学的方法,细致地分析各类生物的不同构造,得出动物各器官之间、器官构造和机能之间有着密切联系的结论,根据这个基本原理,提出了器官相关规律学说,从此人们可以凭现代已绝迹的古代动物所遗留下来的部分遗骸,来推定这种动物的整个结构,重新再造它的外貌,推定它当时的生活方式,以及周围的环境和气候条件。正是这一成就,为近代地质学、古生物学研究提供了一种新的方法论。居维叶根据各地层所含的动植物群的形态特征、演化系列进行岩系分层,画出了古地理图、海陆变迁图,重建了巴黎盆地附近的地质发育史,为法国地层古生物学的发展,为生物地层学、地史学的建立,提供了理论基础。他建立了自然分类系统,把生物划分为四大门类、纲、目、科、属、种等。他第一次提出独树一帜的"灾变论",认为地球上曾发生过多次的灾变,每次灾变使旧的动物群消灭,新的动物群又被创造出来,例如陆地变迁,洪水泛滥,物种毁灭,每次大灾难后,有的动物会迁移到其他地区,而有的动物像恐龙也许就在某次灾变中灭绝。他的主要著作有:《比较解剖学教程》(1801～1805年)、《四足动物骸骨化石的研究》(1812年)、《地球表面的革命》(1812年)、《地球表面灾变论》(1825年)、《关于化石遗体的研究》(1812年)、《巴黎周围矿床地理学和有机物一体的研究》(1811年)等。

居维叶作为动物学家和古生物学家,对地质学、古生物学的发展做出了巨大贡献。居维叶的研究成果,影响了整个欧洲,尤其是在对动物学广泛而深入的研究方面留下了不朽的功绩。

地质学之父——赖尔

赖尔,Sir Charles Lyell(1797年10月14日～1875年2月22日),英国地质学家。被称为近代"地质学之父"。

赖尔生于英国的福法尔郡的金策迪。他小时候贪玩,喜欢体验大自然的风光和气息。1816年,赖尔进入牛津大学的欧克希特专门学校学习,从1818年起,赖尔开始到法国、瑞士和意大利等国进行地质考察活动。1831年,担任敦金斯学院的地质学教授。从1835年起,他连续四次被选为英国地质学会会长。1849年当选为伦敦地质学会主席。1853年被牛津大学授予名誉博士。1864年,担任英国科学促进协会主席。1874年,被剑桥大学授予名誉博士学位。1875年2月22日逝世。

赖尔在地质学方面做出了巨大贡献,他是地质科学中应用现实主义方法的创始人之一,他确立了"古今一致"和"将今论古"的方法论。赖尔针对当时流行的地质变化的"灾变论",用大量确凿的事实说明:地壳的变化不是什么超自然力量的突然灾变造成的,而是由于最平常的自然力,如风、雨、水流、潮汐、冰川、火山、地震等各种因素,经过漫长的岁月而缓慢造成的,例如岩石的剥蚀、堆积等是一个缓慢的、不引人注意的、长期积累的过程。他提出了第三世纪的生物地层划分法,分成始新世、中新世、最新世,并奠定了近代岩石分类(沉积岩、火成岩、变质岩)的基础,后来许多科学家采用了这种分类法。他发明了综合孔径技术,利用干涉原理,使望远镜分辨率大大提高,取得了突破性的进展。主要著作有:《地质学大纲》《往古的人类》《地质学原理》等。赖尔取得如此大的成就,是与他严谨的治学态度和重视实践、重视事实的科学精神分不开的,他在治学方面非常严谨,重视实践,勇于修正错误。他虽为长者和导师,却坚持以理服人,平等待人。他尊重事实,尊重科学。赖尔和达尔文是好朋友,但是,直到达尔文《物种起源》发表时,赖尔还是坚持瑞典植物分类学家林耐的物种不变观点,和达尔文存在着原则分歧,他们的争论常常是十分激烈的,然而态度是友好的,以理服人,最后在达尔文的帮助下,赖尔终于否定了自己长期坚持的物种不变的观点,成了坚定的生物进化论者。赖尔兴趣广泛,对地质学情有独钟,他经常深入野外,认为旅游对自己的工作是非常重要的。他曾这样说过:"关于地球的构造要想独创一种内容丰富的看法,旅行对其具有三倍重要的意义。"在赖尔看来,地球有着漫长的历史,而且经历了千变万化,人们通过一定的方式是可以认识地球的历史的。赖尔得出这一认识是基于"自然法则是始终一致的"这一原理,这是构成他的地质进化论思想的基石。赖尔对待科学研究专注、执著,具有敏锐的科学研究的洞察力、详细而可靠的观察证据和艰苦工作的精神,并且还有向传统观念挑战的勇气。他认为,地质学家要用一种渐变的持之以恒的工作方法来建立自己的理论。他撰写的著作不多,但几经修改,使其一直保持着原理和证据的领先地位。

赖尔的著作给"灾变论"以致命的打击。生物进化论者达尔文读到《地质学原理》一书后,说:"读完每一个字,我心中都充满了钦佩之感"。恩格斯在其自然辩证法中指出:"只有赖尔才第一次把理性带进地质学中,因为他以地球的缓慢的变化这一种渐进作用,代替了由于造物主的一时兴发所引起的突变"。赖尔的科研成就奠定了近代地质科学的理论基础,被称为近代"地质学之父"。

地壳和地幔分界面的发现者——莫霍洛维奇

莫霍洛维奇,Mohorovicic,Andrija(1857年1月23日～1936年12月18日),克罗地亚地球物理学家。

莫霍洛维奇生于伊斯特拉半岛的沃洛斯克。母亲早逝,他15岁时,除操克罗地亚语外,还学会了英语、法语和意大利语。在布拉格大学时,他在物理学家和哲学家E.马赫指导下学习,同时在数学系和物理系学习。毕业后在一所中学教了几年书,后应聘到里耶卡附近的巴卡尔皇家航海学院教授气象学和海洋学。1891年任萨格勒布海洋技术学院教授,并继续进行自己的研究。1892年任萨格勒布气象台台长。1897年接受萨格勒布大学哲学博士学位。莫霍洛维奇坚持工作和实验直到近70岁高龄才停止。

莫霍洛维奇之所以为大家所熟知,主要是因为他发现了地壳和地幔的分界面。1911年,他用灵敏的新式地震记录仪器记录到巴尔干半岛库勒巴山谷的一次破坏性地震,根据这个台及其他台站的观测数据,他注意到某些地震波到达观测站的时间比预计的要早,因此他推断地球的结构是分层的。由于像地球深部传播的震波比沿地壳传播的震波速度要快,所以他认定地球的最外层地壳是覆盖在一层质地比较坚硬的岩层之上,而且两层之间不是逐渐过渡而是明显划开的,从而分析出了同他名字连在一起的重大发现,发现了"莫霍面"。该面起伏较大,其深度变化于 5~70 千米之间,在大陆上平均 33 千米,高原和褶皱山系地区可达 50~70 千米,在大洋地区只有 5~15 千米,此面以上的地球坚硬外壳称"地壳",此面以下至大约 2 900 千米范围内称"地幔"。20 世纪 60 年代曾试图在海底选定某些地点向下钻探 5 000 米左右,以期达到不连续面,从而直接研究地幔的性质。这一计划就以这位地质学家的姓名命名为莫霍尔计划。

大陆漂移理论的创始人——魏格纳

魏格纳,A·L·Wegener(1880 年 11 月 1 日~1930 年 11 月 2 日),德国气象学家、地球物理学家。

魏格纳生于德国柏林,他父亲是福音派新教会的传道士。青少年时代的魏格纳勤奋好学,尤其酷爱气象学。在大学期间,他攻读了天文学和气象学,25 岁时获得博士学位。1905 年,他在柏林因斯布鲁大学毕业后,专门从事高空气象学的研究。1918 年到马尔堡物理学院任教。1919 年担任汉堡海洋观象台气象研究部主任。1924 年受聘为奥地利格拉斯大学的气象学和地球物理学教授。1930 年,魏格纳在第 4 次考察格陵兰时遭到暴风雪的袭击,不幸身亡,直到次年 4 月,搜索队才找到他的遗体。谱写了科学史上一曲悲歌。

魏格纳是位多才多艺、勇于创新、善于思考、精力充沛、具有真知灼见和为科学事业勇于献身的科学家。他从小就表现出异常的自信心和进取心,喜欢探险,有很强的毅力。从青年时代起,就热心探求地球奥秘。他不仅思维跳跃、不囿俗套,而且注重实践,尊重科学,畅所欲言,具有在广泛领域里为解决复杂问题而捕捉证据的能力。他是纯粹无瑕的人,直率质朴,非常谦虚,冒生命危险追求真理。他不赞成单纯在数学上的繁琐求证,他在著作里尽量少用数学,却把问题解释地很清楚。魏格纳的研究表明科学是一项精美的人类活动,并不是机械地收集客观信息。在人们习惯用流行的理论解释事实时,只有少数杰出的人有勇气打破旧框架提出新理论。他一生都献身于科学事业,主要从事过天文学、气象学、古气候学及地球构造理论方面的研究。在他最为重要的研究——气象学方面,曾出版了《大气热动力学》《大气物理学讲义》两书。他对大气折射和蜃景现象,对云层光学现象的研究,以及在地球物理观测仪器的设计方面,均做出了具有独创性的成绩。他还和他的岳父——当时著名的气候学家柯本一起撰写了《过去地质时期的气候》,这本书标志着"古气候学"的诞生。他提出可以根据岩石和动植物化石推断过去古代气候。据此,我们就可以推出气候的历史变迁了。魏格纳具有一双敏锐的善于观察的眼睛,他在 1910 年偶然翻阅世界地图时,发现一个奇特现象:大西洋的两岸——欧洲和非洲的西海岸遥对北南美洲的东海岸,轮廓非常相似,这边大陆的凸出部分正好能和另一边大陆的凹进部分凑合起来;魏格纳结合他的考察经历,形成了一个大胆的假设:推断在距今 3 亿年前,地球上所有的大陆和岛屿都联结在一块,构成一个庞大的原始大陆,叫做泛大陆。泛大陆被一个更加辽阔的原始大洋所包围,后来从大约距今两亿年时,泛大陆先后在多处出现裂缝,每一裂缝的两侧,向相反的方向移动,裂缝扩大,海水侵入,就产生了新的海洋。相反,原始大洋则逐渐缩小,分裂开的陆地块各自漂移到现在的位置,形成了今天人们熟悉的陆地分布状态。这就是被后人所称的"大陆漂移假说"。魏格纳是在遭受所谓正统学者非议的情况下提出,并用无数客观事实最有力地论证了他的大陆漂移学说的。魏格纳的学说第一次成功地解释了地球上陆地和海洋分布现状的成因,把地质学向前推进了一大步;同时,为寻找矿藏、地震预报等提供了科学依据。

大陆漂移说作为最有科学依据的理论在地质科学殿堂上大放光彩,魏格纳被称为"现代地学之父"并作为"地球科学史上的哥白尼"而载入史册。他的学说被认为"是诗人的梦幻"的科学假说,从而证实了"想象力是自然科学理论的设计师"的道理。

工程技术专家

蒸汽时代的创造者——瓦特

瓦特,James Watt(1736 年 1 月 19 日～1819 年 8 月 25 日),英国科学家。

瓦特出生于苏格兰的格拉斯哥附近的名叫格里诺克的小镇,他的父亲是个手艺很好的木匠,他的母亲是一位温柔而又有教养的女性。从小受父亲的影响,他特别喜欢摆弄和修理一些父亲的工具,同时他也对数学和物理特别有兴趣,从小就想当一个伟大的科学家,他在15岁的时候自己就自学了《物理学原理》。瓦特对任何新鲜的事都非常好奇,都会想尽办法寻根问底,这一点对他以后的发明也产生了深远的影响。

当瓦特17岁的时候,家里母亲去世了,父亲的生意也很失意,瓦特必须靠自己自食其力了。少年瓦特在伦敦学了一年手艺之后,然后辗转了几个地方,最后来到了格拉斯哥。由于瓦特对工作的认真和热忱,1757年在格拉斯哥大学谋了一份数学设备制造员的职位。同年,瓦特结识了著名的热力学家布莱克教授,这是他人生的一个转折点。布莱克教授是当时很流行的"潜热"理论的发现者,潜热理论有一个很有名的观点就是当物质从一种状态转到另一种状态的过程中,需要吸收或放出热量,这个理论对于瓦特的后面的发明起了极大的推动作用。

1764年对于瓦特来说,也是很特殊的一年。纽卡门蒸汽机是一款当时很流行的蒸汽机,但因为这款机器的效率太低,其主要用途只是只用于厂矿抽水,这一年学校的有一台教学用的纽卡门式蒸汽机正好坏了,学校把维修的任务交给了瓦特,瓦特在维修的过程中,逐渐熟悉了纽卡门蒸汽机的构造的同时,也发现了它的两个缺点,一是工作的时候很不连贯,二是蒸汽利用率太低,对能源消耗太大。而瓦特通过布莱克教授的"潜热"理论知道了纽卡门蒸汽机的蒸汽利用率低的根源就在绝大部分蒸汽都转化为了"潜热",而被白白浪费了。从这一点上出发瓦特就开始了他的蒸汽机发明道路。

从1764年开始,瓦特一直试图对纽卡门式的蒸汽机进行改造。但当时面临的最大的问题就是钱的问题,因为瓦特当时的经济情况很差,而蒸汽机的各种零部件的成本又很高。但瓦特一直没有放弃始终尽最大的努力进行试验。后来布莱克教授给他介绍了一个资助人罗巴克,在罗巴克的资助下,1769年瓦特制造出第一台实用蒸汽机的样机,并获得冷凝器的专利,但它同纽可门蒸汽机相比,除了热效率有显著提高外,在作为动力机来带动其他工作机的性能方面仍未取得实质性进展。瓦特准备再对它加以改造创新的时候,1772年罗巴克的公司破产了,瓦特又处在了困境之中。这个时候瓦特依旧还是继续投入在忘我的工作之中,当时正好伯明翰的一个大制造商博尔顿对瓦特的蒸汽机很感兴趣,于是开始资助瓦特,成立了博尔顿瓦特公司。在此以后,瓦特虽然经历了妻子去世等挫折,仍然继续开始它的蒸汽机的创新,终于蒸汽机在他的不断改进中,得到了社会的接受,在各个行业中得到了广泛的应用,同时由于蒸汽机的广泛运用直接引发了人类历史上的第一次技术革命,使蒸汽动力代替人的体力成为了工业的动力来源,从而使人类进入蒸汽时代。"让我做科学家吧!",这是瓦特在17岁的时候向父亲恳求离开时候说的话,最终他在自己的努力和坚持下终于成功了,后人为了纪念这位伟大的发明家,把"瓦"作为功率的单位。

瓦特是一个学徒出身的伟大发明家,他对待工作认真热忱,终于在自己的天才和不懈的努力下达到了常人难以企及的高度,为人类的发展和进步做出了不可估量的贡献。他让我们记住,要成为伟大的人,就要热衷于自己的梦想和工作。

电气时代的开创者——西门子

西门子,W Von Siemens(1816年12月13日~1892年12月6日),德国科学家。

西门子是第二次工业革命中最伟大的科学家之一,他被后人誉为"电气元勋"。1816年12月13日维尔纳·冯·西门子出生于汉诺威附近的伦特庄园的奥伯古特农庄,他从小家境贫寒。1835年秋天,西门子进入了柏林炮兵工程学校,因为在这里他既可以学到和建筑学院一样的课程,同时也可以减轻家庭的负担。1840年西门子研制出了电流镀金、镀银的方法,并在普鲁士申请了专利,这是西门子所申请的第一个专利,也为西门子带来了不菲的收入。1846年西门子发明了可控断续手动发报机,它的发明所取得的巨大成功,使西门子把自己的研究方向转到了电报领域。1847年10月与机械工程师哈尔斯克一起在柏林成立西门子—哈尔斯克电报制造公司。1849年由于公司取得的巨大的成功,西门子选择了从军队中退役,全身心的投入到了科学和技术研究中去。1866年西门子发明了发电机,这是他一生中最伟大的成就。发电机的发明不仅使西门子获得了巨大的荣誉,同时也使他的公司成为了电气领域的巨擘。1892年12月6日,西门子去世,享年72岁。

西门子在电报领域和电气领域都取得了非常突出的成就。他的成就是源于自己对科学和技术研究的无比兴趣,西门子把科学技术研究当做是一生的挚爱,即使是在他 70 岁的高龄的时候,他放下了手中的一切生意,但仍然还是在坚持自己的科学研究工作。有一则关于他的故事更是能说明这个特点:有一次西门子因为参与决斗被关进了监狱,但当他发现监狱里面反而有更充裕的时间进行科学研究的时候,顿时忘记了一切而喜欢上了这个监狱。他把牢房当做是实验室,每天都不停地在做实验,在这个地方西门子研制出了电流镀金、镀银的技术,而正当西门子准备再在这他视为天堂般的牢房继续做研究的时候,皇帝赦免了他的罪行,他为了继续自己的实验,竟然向长官申请延长刑期让他可以做完实验。我们可以说正是这样的一种兴趣和执著,让西门子能够从一个出身贫寒的少年,成长为一个大科学家。

西门子是公认的工程技术的天才,他的天才不仅源于自己对于科学技术的无比的热爱,更体现在他那种不畏困难,勇于实践的科学精神。当法拉第在 19 世纪 30 年代发现了电磁感应现象的时候,大家都知道从电能生磁的这一现象中,可以得出磁也肯定能产生电的结论,但怎么产生电呢,这在当时是一个公认的让人望而生畏的难题。西门子也深信磁能产生电,但他没有像众人一样观望,而是毅然地投入到这样一个难题中去。终于,他在进行反复地深入研究中,发现如果电磁机的固定磁铁上一直保持固定的磁性,通过这种磁性的电流逐渐增强,在反转运动中就能产生强大的电流。他按照这个原理,最终发明出了世界上第一台发电机。

西门子的一生取得了无数的成就:在工程技术上有电流镀金镀银,有线电报机,发电机等,在自然科学上有提出地下线路的静电充电现象和确定电阻单位等,但他最大的贡献无疑是发明了发电机。发电机的发明使得人类第一次可以用人工的方式获得电能,电能在不久以后就成为人了类最为依赖的动力和新兴工业的基础,而电气时代的来临更使人类的生活进入一个新的时代,使人类文明又前进了一大步。

西门子在遗嘱中曾经这样说道:"如果我临终要对什么事情感到悲哀的话,没有再为自然科学的全面发展而继续工作无疑是其中之一。"西门子这样伟大的科学道德和精神必将永远被世人所铭记。

发明大王——爱迪生

爱迪生，Thomas Alva Edison（1847年2月11日～1931年10月18日），美国科学家。

爱迪生被誉为"发明大王"，一生为人类做出了数不胜数的伟大贡献。1847年2月11日他出生在美国俄亥俄州的一个叫米兰的小镇。1853年，由于父亲生意破产，全家搬到了密歇根州的休伦港。1855年，爱迪生才8岁，进入学校学习也才3个月，就被学校以太笨的理由勒令退学，从此以后，爱迪生的妈妈就成了爱迪生的老师。1859年，爱迪生12岁时离开了家，开始在火车上当报童并在火车上做实验。1862年，由于爱迪生一次在火车上做实验导致了车厢起火的事故，车长打了他一耳光，从此他的一只耳朵就听不见声音了。1868年，21岁的爱迪生发明了"自动记录投票机"，拿到了他一生中的第一个专利。1869年10月，爱迪生和别人一起成立了公司。1876年爱迪生成功地改进了贝尔的电话，使电话的通话质量大为提高，从此电话才被人们广泛运用。1877年，他发明了"留声机"，这又是一个伟大的发明。1879年发明了电灯，为人类带来了光明。1879～1914年，他又为人类带来了电影摄影机和蓄电池等伟大的发明。1831年10月18日，伟大的发明家爱迪生因病逝世。

爱迪生是一个发明家，作为发明家必然要具有的一个天赋，就是永无止境的好奇心。爱迪生从小就喜欢发问，他的口头禅就是"为什么"。曾经有一次，外面刮风了，爱迪生就问爸爸："为什么刮风。"爸爸说："不知道。"爱迪生又问："爸爸，你为什么不知道"。爱迪生的这种很强的求知欲和凡事都要追根究底的性格是他以后取得成功的重要因素。

爱迪生是一个伟大的发明家，他告诉了我们成为一个伟大的发明家的关键就在于对于自己从事的事业要热爱并且要为之付出坚持不懈的努力。爱迪生从12岁开始就在火车上卖报，在卖报同时他把大部分精力都投入到了做有关电和化学方面的实验中去了，他非常热爱自己所做的某一件事，而且从来都不曾放弃过。在他15岁的时候，由于一次做实验的时候发生意外，车厢起火了，车长在把火扑灭之后，再也不让他在火车上做实验了。在人们都在嘲笑他的时候，爱迪生没有气馁，在妈妈的支持下，他在自己家的顶楼又开始了自己的实验。而且相比他对事业的热爱，爱迪生对事业的坚持不懈的努力也一直让人津津乐道。爱迪生在发明灯泡的 13 个月中，共用了 1 500 种以上的材料做灯丝的实验，每一种材料都实验了很多次，总共做了好几万次实验，在这期间爱迪生每天平均工作时间是 16 个小时，有些时候连续三四天不睡觉，最后电灯泡的研制终于成功了。

爱迪生一生所取得的成就，不是一个"卓越"就能概括了的。他发明的留声机，使声音变得和图像一样可以被人们所记录，从而开拓了一个全新的领域；他发明的电灯，为人类带来了光明，现在没有电灯的生活，我们无法想象；他发明的电影摄影机，开拓了一个全新的艺术领域；他发明的蓄电池，使人们真正地驯服了电能，除了这些之外爱迪生还有 2 000 多项其他的创造发明。可以说爱迪生改变了我们的生活方式，为人类的文明和进步做出了巨大的贡献。

"天才是百分之一的灵感加上百分之九十九的汗水。"让我们铭记爱迪生的这句名言，因为这也是爱迪生的真实写照。

电话的发明者——贝尔

贝尔，Alexander Graham Bell（1847 年 3 月 3 日～1922 年 8 月 2 日），英国科学家。

贝尔是一个伟大的发明家，他被誉为"电话之父"，他的一生为通信事业做出了伟大的贡献。1847 年 3 月 3 日贝尔生于苏格兰的爱丁堡。1864 年贝尔考入英国爱丁堡大学，选择语言学为自己的专业。1866 年贝尔对语音的组成产生了浓厚的兴趣，并为此做了大量的实验。1871 年贝尔全家移居到了美国。1872 年贝尔成为波士顿大学语言生理学教授，同时在研究中开始把自己的研究重点放在如何把声音振动转化为电子振动。1875 年初贝尔试制成功了"和谐电报"，使声音在线路中传输成为可能，离电话的发明只差最后一步。1875 年 6 月 2 日贝尔的实验取得成功，从此电话终于问世了。1876 年 3 月 7 日，贝尔成功申请了电话的专利。1922 年 8 月 2 日，贝尔去世。

贝尔能取得如此的成就，其关键在于他从小就树立的一个崇高的理想和他的坚持不懈的奋斗。贝尔出生于一个学者的家庭，他的父亲和祖父都是著名的语言学家,妈妈是个聋人。贝尔在和妈妈交流的过程中,体会到作为聋人的痛苦,他从小就把为聋人解除痛苦作为自己的终身的奋斗目标。贝尔在确定了自己的理想以后,从来都没有因为挫折而放弃过,在理想这盏灯塔的指引下,贝尔选择了语言学作为自己的专业方向,并做了大量的实验研究语音的组成,而后来贝尔正是在这些研究中产生了用电流传送语音的灵感,从而才有了后来电话的发明。

此外,贝尔能取得如此的成就也取决了他细致而认真的科学方法。贝尔是一个非常注重细节的人,在实验中更是如此,他对于实验中每个细节和结果都是充分关注,不放过一丝的可能性。这个特质在他发明的电话过程中发挥了重大的作用,可以说正是抓住这样的两个不经意的细节才成就了电话的发明。第一个细节是在贝尔进行语音的组成实验的时候,他捕捉到在电流导通和截止时,螺旋线圈发出的声音好像发送电码的"滴答"声的这样一个细节,由此他大胆设想声音振动可以转化为电子振动,他从这个基本前提出发,才开始了电话的实验。第二个细节则是电话发明史上的一段传奇,1875年6月2日贝尔和他的助手沃森分别呆在两间相隔一段距离的小房间里,他们已经连续进行实验几天几夜,但仍然没有达到理想的效果,正在他们决定把实验装置最后检查一遍就停止实验的时候,沃森突然听到有人讲:"沃森先生,我需要你。"原来贝尔在不小心把硫酸溅到脚上,不经意间就对话筒喊出了上面的话。当沃森闻声而来的时候,贝尔意识到自己的实验已经取得了成功,从此电话终于问世了。

贝尔在一生中还发明了助听器,改进了留声机,总共获得了30项发明专利。但他的最大成就就是发明了电话。电话的发明大大地缩短了人们之间的距离,带来了一场对人类影响深刻的信息革命,而现在电话已经成为了我们生活中必不可少的基础工具。

贝尔是一个伟大的发明家,他的伟大不仅在于他的成就,更体现在他那高尚的理想抱负和严谨的科学态度。

航天科学的先驱——齐奥科夫斯基

齐奥尔科夫斯基,Tsiolkovski,Konstantin Eduardovich(1857年9月5日~1935年9月19日),俄国和前苏联科学家。

齐奥尔科夫斯基被誉为"现代航空学"之父,他向我们揭示了征服宇宙的方法,赋予了我们以征服宇宙的勇气。1857年9月5日齐奥尔科夫斯基出生在生于俄国的一个名叫伊热夫斯科耶镇(今属梁赞州)的小镇上,他童年因病辍学,最后靠自学,读完了中学和大学的教程。1880年他开始在卡卢加省博罗夫斯克县立学校当数学和物理老师。同时在任教的过程中,他也开始关注自己最感兴趣的宇宙航行方面的理论研究。1883年他发表了《自由空间》这篇论文,在这篇论文中他指出,火箭运动的理论是牛顿第三定律和能量守恒定律。1903年齐奥尔科夫斯基发表了《利用喷气工具研究宇宙空间》这篇在航空学理论领域中具有里程碑性质的经典论文,在论文中他提出了液体推进剂火箭的构思和原理图,提出了多级火箭的设计思想,并推导出在不考虑空气动力和地球引力的理想情况下,计算火箭在发动机工作期间获得速度增量的公式,为研究火箭和液体火箭发动机奠定了理论基础。十月革命以后,齐奥尔科夫斯基的才智得到充分发挥,他又提出了很多具有开创性的设想,同时也获得了前所未有的荣誉。1935年9月19日,齐奥尔科夫斯基在卡卢加逝世。

齐奥尔科夫斯基天生就有着丰富的想象力和极强的求知欲,这个特点是他以后能创造出这么巨大的成就的内在原因之一。齐奥尔科夫斯基出生在一个贫寒的家庭里面,他自小热爱读书,特别喜欢凡尔纳的太空科幻小说。但10岁时候的一场大病几乎毁灭了他所有的梦想,他丧失了听力再也不能继续上学了。但求知欲和梦想让他又重新振作了起来,他顽强地走上了自学之路。他的自学是从家里面仅有的几本数学书和自然科学教科书开始的,由于他学习的十分刻苦,所以到了后来村里面能找到的自然科学的书都被他看完了。于是16岁那年,他毅然决定孤身一人前往莫斯科,因为那里有更丰富和更深奥的科学知识。在莫斯科,齐奥尔科夫斯基基本上每天都泡在图书馆里,他经常饿着肚子看书,而且一看就是一整天。在这样一种强烈的求知欲的驱动中,当20岁的齐奥尔科夫斯基从莫斯科返回家乡的时候,他已经自学完成了大学里面几乎所有的数学、物理的教程,为他以后的研究打下了深厚的基础。

齐奥尔科夫斯基更有着坚强的意志和百折不挠的科学精神,这是他从一个家境贫穷的孩子成长为现代航天学之父的最关键的原因。齐奥尔科夫斯基的一生历经磨难，经历了很多常人根本无法忍受的痛苦。在10岁的时候，他丧失了自己的听力，从此变成了一个有残疾的人，经常受到别人的歧视；在他12岁的时候，最爱他的母亲永远离开了他，从此他永远失去了世界上最温暖的母爱；在他已经取得了一定的研究成果之后，自己积累了十年的研究资料和器具，却因为一次意外的大火而付之一炬；在他的成就发表之后，却迟迟得不到权威的认可，不被政府所理睬；而更困扰他的是，是大半生都生活在贫困之中，让他不仅要把很多精力都分散到养家糊口当中去，而且更是在研究中一直捉襟见肘。但是虽然面对着这么多的磨难，他都始终如一地坚持自己的研究，百折不挠，最终取得了惊人的成就。

齐奥尔科夫斯基的成就不仅体现在他有关液体火箭、空间站和太空生物圈的天才般的设想，更体现在他建立了一套系统的液体火箭和太空飞行的基本理论，为现代航天学打下了深厚的理论基础。1932年齐奥尔科夫斯基获得了前苏联政府所颁发的劳动红旗勋章，这是他一生最大的成就。

无线电报机的发明者——波波夫

波波夫，Александд Степанович Попов（1859～1906年），俄国科学家。

波波夫是第一个发明实用无线电接收机的人，他为通信事业做出了开创性的贡献。1859年3月波波夫出生在俄国乌拉尔矿区的一个小镇上，他的父亲是一个牧师。1877年18岁的波波夫考进了彼得堡大学数学物理系。1882年波波夫从大学毕业以后被喀朗施塔的海军水雷学校聘请为教员，学校里面有当时很先进的电子实验室，这为他的研究带来了很大的便利。1888年，波波夫被赫兹发现了电磁波这一信息所吸引，决定把注意力放在这一崭新的领域。1894年，波波夫研制出了第一台实用无线电接收机。1895年5月7日波波夫在彼得堡的科学家物理分会上，展示了自己的发明，引起了轰动。1896年3月24日，波波夫在俄国物理化学协会的年会上，成功地操纵他们制作的无线电收发信机，做了用无线电传送莫尔斯电码的表演，这也是人类历史上第一份有明确内容的无线电报。1899年11月，波波夫成功利用自己所研究的无线电报机营救了触礁的俄国战舰。1906年，波波夫因患脑出血去世。后来，前苏联把波波夫第一次展示无线电接收机的5月7日定做"无线电发明日"。

波波夫是一个带有悲剧色彩的科学家,他是第一个发明实用无线电接收机的人,但却因为当时俄国的封建腐朽,他的发明迟迟没得到政府的支持而错失良机,被马可尼在技术上后来居上。但是我们不能否认波波夫在无线电这个领域中的确是做出了开创性的贡献,他同样也是值得后人景仰的大科学家。波波夫能够成长为这样一个伟大的科学家,其中的一个很重要的因素就是他有着一种不守常规,大胆开拓的科学精神。波波夫在大学的时候,就常常不满足于在课堂上所学到的知识,而大胆地向老师提出自己的新的看法,他的老师一直就认为他是一个"不安分守己"的孩子。而在波波夫开始无线电的研究之后,他开始主要是模仿无线电的另外一位开拓者洛奇的无线电接收机,但他没有选择照本宣科就按照洛奇的机器来做实验,而是采用的是边做边观察边改进的方法,终于他就从中发现了如果在接收机中使用天线的话,传播距离会更远这样一个现象,后来他第一个制造出了能够实用的无线电接收机。

波波夫非常热爱自己的祖国,希望能用自己的成果来实现俄国的富强,这样的一种科学精神也是他后来成功的一个重要原因。1888年,当波波夫听到赫兹发现了电磁波的时候,他被这条信息深深地吸引住了,因为他认为,如果能够利用好电磁波的话,就能够使俄国富强起来。当时他是这样对朋友说的:"用我一生的精力研究电灯,对广阔的俄罗斯来说,只不过能照亮很小一块;而要是我指挥电磁波,就能飞越整个世界。"于是,他毅然放弃了自己已经研究多年的电灯,而决心要把自己的精力奉献给这样一个崭新的领域。

波波夫的贡献主要在于不仅体现在他第一个研制出了能实际运用的无线电接收机,为后来的人提供了宝贵的经验,而且更体现在他成功地利用无线电接收机,发出了世界上第一份无线电报,从而掀开了世界通信史的新的篇章。而波波夫留给我们的财富不仅仅如此,他的崇高的科学精神也值得我们永远铭记。

青霉素的发现者——弗莱明

弗莱明,Sir Alexander Fleming,(1881年8月6日~1955年3月11日),英国科学家。

弗莱明发明了青霉素。青霉素可以最大限度上降低细菌感染的威胁，由此挽救了无数多人的性命，弗莱明也因为自己对人类卓越的贡献在1945年被授予了诺贝尔生理学医学奖。

弗莱明于1881年8月6日出生在苏格兰埃尔郡的洛彻菲尔村，他出生在一个农民的家庭，有一个年迈的父亲和一个伟大的母亲。弗莱明家境非常贫寒，而父亲更在弗莱明7岁的时候就离开了他，母亲一个人毅然扛起了整个家庭的重担。母亲坚忍不拔的性格对弗莱明影响很大，弗莱明从小就具有非常坚韧的性格，他从小都是走路上学的，当他进入杜佛中学的时候，这个学校离家有6.4千米远，但弗莱明从来没迟到过，并且由于家里面很穷，除了下雨以外，他平时都是打赤脚上学。

坚韧的性格伴之而来的就是刻苦的奋斗，因此弗莱明从小到大都是学校里最优秀的学生。1901年他进入了一所非常著名的医学院——圣玛丽医学研究院，在这所著名的学府里面他同样也是最优秀的学生，弗莱明在学校的课程中对解剖学最感兴趣，也许就是因为这种兴趣使他的观察能力变得非常的敏锐。1906年由于一个偶然的机遇，他结识了一个对他的一生非常重要的人——莱特爵士。莱特爵士是当时非常有名的疫苗治疗学专家，随后弗莱明进入了莱特的疫苗接种实验室，作为莱特的助手。

随后不久，第一次世界大战爆发了，1914年弗莱明作为一个战地医生参与了这场战争，在战争中他目睹了很多伤员因伤口被细菌感染而惨不忍睹的场景，这些恐怖的情景对弗莱明的心灵影响很大。于是在战争结束之后，他觉得把他的研究重点放在研制防止细菌感染的抗生素上。

在随后的研究中，虽然弗莱明非常投入地实验，但几年下来，进展一直不是很大，不过他没有气馁，还是继续着自己的研究。终于，天道酬勤，弗莱明终于找到了他想要的东西。那是在1928年9月，有一天弗莱明刚刚休假回到实验室，一进门他就习惯性地观察盛有培养液的培养皿，他突然注意到一只长了一团团青绿色霉花的培养皿，于是他拿起这个培养皿仔细观察起来，助手当时正在清理这些培养皿，便说："先生，这个培养皿发霉了，我把它倒掉吧。"弗莱明摆了摆手，说："不，你看这里面有'文章'。"原来弗莱明注意到了这个培养皿里面霉花周围出现一圈空白，霉花周围外围原来生长旺盛的葡萄球菌都已经杀死了。他意识到这种真菌中可能正是自己一直在寻找的东西,于是他把原来的培养皿保存了起来,同时在一管液体培养液中,对这种真菌再次进行培养。后来经过全面而又详细地实验,弗莱明证明这种真菌可以杀死很多病菌,而且对人体无毒性,于是他把这种真菌命名为"青霉素",并于1929年6月,在《英国实验病理学学报》上发表了关于青霉素的论文。但由于当时技术条件不成熟,弗莱明未能对青霉素充分提纯和浓缩,也未能进行临床实验来证明它的实际功效。因此,青霉素就一直不受人重视,但弗莱明一直相信它总有一天会为人类带来巨大的福音。直到1940年,霍华德·弗洛里和恩内斯特·B·钱恩发现了青霉素的巨大功效,现在人们公认青霉素作为第一个可以广泛运用的抗生素,它代表着医学发展到了一个新的纪元,而弗莱明对人类的贡献也将永载史册。

青霉素的发现成就了弗莱明。虽然他总是笑着说这是上帝的眷顾,但却是弗莱明坚忍不拔的性格,认真细致的工作态度,使这种偶然性变成了必然的伟大发现。

飞机的发明者——莱特兄弟

威尔伯·莱特,Wilbur Wright(1867年4月16日~1912年5月29日),奥维尔·莱特,Auver Wright(1871年8月19日~1948年1月3日),美国科学家。

威尔伯·莱特和奥维尔·莱特出生在美国俄亥俄州的代顿市郊的一个小镇上,哥哥威尔伯比弟弟奥维尔大4岁,他们的父亲老莱特是一个牧师。两兄弟从小就对机械产生了浓厚的兴趣,对于一切机械的设备都有着无穷的好奇心,并且他们还喜欢自己动手做一些机械的小玩意,天生就对机械有着过人的天赋。在他们的童年,有一件事改变了莱特兄弟一生的轨迹,在1878年他们刚搬家后不久,有一次爸爸从外面回来,给他们带来了一个玩具飞行器,兄弟俩觉得这非常神奇,就缠着老莱特讲飞行器的故事,当他们知道人类从古代到现在的探索飞行这一过程的时候,两人都被震撼了,从那以后他们就开始喜欢上了飞行,梦想着将来能够制造出带人飞行的机器。

威尔伯的性格非常细腻,做事稳重得体,而奥维尔性格天生比较乐观,比哥哥更具有想象力。他们的性格上的互补,使他们做什么事都事半功倍。1896年是莱特兄弟一生中的一个转折点,在1896年以前他们一直在经营一个相当不错的自行车店。1896年,妹妹给他们带来了一个消息:德国航空先驱奥托·利连索尔在一次滑翔飞行中不幸遇难,这个消息对于每个梦想飞行的人来说无疑是一个坏消息,但莱特兄弟在仔细地查阅了利连索尔的飞行材料之后,得出了一个让所有人吃惊的结论,载人飞行的机械方面的基础已经成熟。于是,莱特兄弟放下了手中的事业,一心投入到自己儿时的梦想中去了。

他们开始制作滑翔机的时候,就把全部时间都集中到阅读有关的航空书籍中去。在积累了丰富的理论经验之后,他们又忘我地投入到滑翔机的各种实验中,虽然遭遇了无数次失败,而且又发生了航空先驱遇难等事件,但是这些都没有减弱他们前进的步伐。在1900~1902年这两年间,两兄弟进行了1 000多次滑翔试飞,并进行了上千次的机翼风洞实验,不但积累了丰富的滑翔飞行经验,同时也使莱特兄弟设计出了平衡性更好和飞行高度更高的滑翔机。莱特兄弟最大的创举就是在滑翔机上第一次加载了汽车的发动机,他们在一个机械师的帮助下设计出一个能够成功装载在飞机上的轻型马达。

梦想的时刻终于到了,1903年12月17日,这注定将是历史上有名的一天。在基蒂霍克一处名为"斩魔丘"的地方,奥利弗驾驶着他们的"飞行者"号第一次试飞取得了成功,飞行的持续时间是12秒,跨越距离长达36米,这标志着人类第一次人工动力飞行的成功,他们随后又进行了四次试飞,最远一次威尔伯驾驶飞机成功飞行了59秒,260米。莱特兄弟是第一个真正飞向天空的人,随着他们的成功经验逐渐推广,飞机的技术也日趋完善,从此以后人类航空史终于拉开了帷幕。

莱特兄弟实现了人类飞向天空的梦想。他们的成功对于人类来说是具有非常伟大的意义,而他们热衷于自己的梦想,忘我奋斗,不怕失败的科学精神也将永远为后人所铭记。

现代火箭技术的奠基人——戈达德

戈达德,Doddard Robet Hutchings(1882~1945年),美国科学家。

戈达德是火箭技术的伟大先驱,他被后人誉为"现代火箭技术的奠基人"。1882年,戈达德出生于美国马萨诸塞州。1909年开始进行火箭动力学方面的理论研究。1911年,29岁的戈达德在克拉克大学获理学博士学位,并在这所大学开始了火箭研制工作。1912年,戈达德通过实验证实火箭可以在真空中飞行。1919年,他发表论文《达到超高空的方法》,这是他理论研究的成果,但未引起科学界的重视。1920年,他开始研究液体火箭。1922年,他开始做汽油和液氧为燃料的火箭引擎实验。1926年3月16日戈达德在马萨诸塞州沃德农场成功发射了世界上第一枚液体火箭。1926~1935年,戈达德又发射了数枚火箭,他成功地解决了很多火箭升空的关键问题。1945年8月10日戈达德去世,去世以后他的功绩终于被公众所承认,他被追授了第一枚刘易斯·希尔航天勋章,而国家宇航总局的一个主要基地以他的名字命名为戈达德航天中心。

戈达德是一个寂寞的科学家,在生前他所取得的成果都没有被人重视,直到死后大众才发现他的伟大价值。是什么力量使得他能在如此被孤立的情况下仍然继续他的研究呢?是理想的力量。戈达德从小生活在马萨诸塞州的一个普通的家庭,他小时候经常到果园给樱桃树修剪枯枝。有一次,他爬上了高高的樱桃树,眺望着远方的田野。突然,他头脑中冒出一个念头:人要是能飞到星星上多好啊!怎样才能制造出飞上月亮的装置呢?然后,小戈达德就一直都在思考这个问题,他梦想着真的有一个这样的机器,它能够飞速地往上上升,把他带到遥远的太空。后来这个果园里面的美丽梦想就成了戈达德所有生活的支柱,戈达德不惜一次又一次地做危险的实验,不惜被周围的人当做是疯子,不惜常常被迫转移实验地点,不惜做出来的成果没有人可以认同,是梦想让他变得如此偏执。

戈达德的理想让他可以坚持不懈地为自己的目标而奋斗,而戈达德所使用的理论和实践相结合的科学方法,让他最终能够取得成功。戈达德在生活中是一个非常理想化的人,喜欢科幻小说,但在科学研究中他是一个非常严谨和非常注重方法的人。戈达德有着很深厚的数学造诣,早在1922年开始做火箭引擎实验之前,他已经做了很多理论上的工作。他先从理论上研究了火箭的价值和达到月球的可能性,然后当他认识到液氢和液氧是理想的火箭推进剂之后,他又从数学上探讨了包括液氧和液氢在内的各种燃料的能量和推力与其重量的比值。在1919年,他还发表了《达到超高空的方法》这一论文,对自己所有关于火箭理论做了一个理论总结。在理论逐渐完善之后,他才开始进行火箭的实验,在进行了多次的实验之后,在 1926 年 3 月,他的实验取得了成功,因此我们可以说实验的成功很大程度上得益于其所用的科学方法。

戈达德的成就显然是惊人的,他不但从理论上验证了液体火箭的可行性,而且最重要的是,他还制造并成功地发射了多枚液体火箭,他所积累下来有关液体火箭的设计和建造、发射方面的经验,对以后的火箭技术的发展起了至关重要的作用。正是因为有了液体火箭,人们终于成功地踏上了探索太空的坦途,而飞上月亮这一戈达德奋斗一生的理想也终于被后人所实现。

"昨日的梦的确是今天的希望,也将是明天的现实。"这是戈达德常说的一句话。我想说,人类的梦之所以能变成现实,就是因为有着那么多像戈达德一样为理想而奉献生命的科学家。

喷气式飞机的发明者——亨克尔

亨克尔,Ernst Heinkel(1888 年 1 月~1958 年 1 月 30 日),德国科学家。

亨克尔对喷气式的发明做出了开创性的贡献,被后人誉为"喷气时代的开创者"。1888 年 1 月亨克尔生于德国南部一个叫格龙巴赫的小村庄。1908 年他目睹飞艇失事,从此燃起了从事对航空事业研究的热情。1911 年,亨克尔进入"信天翁"飞机公司从事飞机设计工作,他正式进入了航空这样一个行业。1922 年 12 月 1 日,他创建了以自己名字命名的恩斯特·亨克尔航空有限公司。1936 年 3 月亨克尔了解到了冯·奥海恩在做喷气发动机的实验。1936 年 4 月他和冯·奥海恩签订合同,由他资助奥海恩进行喷气发动机的研究。1937 年 9 月,研制的第一台使用氢气做燃料的喷气发动机首次成功运转。1939 年 8 月 27 日,由亨克尔设计的装载了奥海恩的喷气发动机的世界上第一架喷气式飞机 He178 成功地进行了第一次飞行,宣布了喷气时代的来临。1958 年 1 月 40 日,亨克尔去世,享年 70 岁。

亨克尔是一个伟大的飞机设计师,同时更重要的是,他的介入加速了喷气式飞机的研制过程,加速了喷气时代的到来。亨克尔的一生在航空领域中做出了卓越的贡献,他能取得这样的贡献的关键就在于他那种献身理想,不畏挑战的科学精神。亨克尔从小就对飞行的东西特别感兴趣,尤其是对飞艇特别感兴趣，这是当时很流行的一种航空的工具。但是当亨克尔20岁的时候，那时他还是一名机械工程系的学生，他亲眼目睹了当时最宏伟的飞艇齐伯林LZ4遭雷击后起火，烧成灰烬，这对很多有着航空梦的青年来说，无疑是一个巨大打击，但倔强的亨克尔反而因此坚定了自己从身于航空事业，研制出更好的飞机的理想。正是在这样一种理想的推动下，才会有后来亨克尔在飞机设计领域上做出的卓越贡献，才能开创一个新的喷气时代。

亨克尔之所以能够开创喷气机时代，更重要的一个因素在于他的知人善用和过人的魄力。第一架喷气式飞机中的核心部件喷气发动机是由科学家奥海恩所研制的，当人们每每称赞他为喷气式飞机的发明所做出成就的同时，他总是说："我很幸运，如果不是亨克尔，我什么都不是。"事实也确实是这样，在认识亨克尔以前，奥海恩关于喷气发动机的研究是纯粹的私人研究，进展缓慢。很多人都觉得这个东西不会有什么价值。他遇到了亨克尔以后，他们之间就谈了一次话，亨克尔就决定雇佣他，并给他提供给了5万马克和充足设备支持，让他在6个月之内拿出一台样品。可以说，亨克尔对他的信任和支持是奥海恩喷气式发动机研制成功的关键因素之一。

亨克尔为航空事业奋斗了一生，他的主要贡献是在喷气式飞机的发明中起到了关键的推动作用，同时喷气式飞机研制成功的巨大意义在于它成功突破了一般的装有活塞式发动机和螺旋桨的飞机的速度、高度和装载重量的限制，实现了航空技术的质的突破，大大促进了各个航空领域的发展，特别是民用航空领域。此外，亨克尔还是一个优秀的飞机设计师，他设计了无数的出色的军用和民用飞机，而且还在飞机的装载火箭动力方面也做出了开创性成就。

图书在版编目(CIP)数据

中外科技名人/牛秋业主编. —济南:山东科学技术出版社,2013.10(2020.10重印)
(简明自然科学向导丛书)
ISBN 978-7-5331-7018-9

Ⅰ.①中… Ⅱ.①牛… Ⅲ.①科学家－生平事迹－世界－青年读物 ②科学家－生平事迹－世界－少年读物 Ⅳ.①K816.1-49

中国版本图书馆 CIP 数据核字(2013)第 198574 号

简明自然科学向导丛书

中外科技名人
ZHONGWAI KEJI MINGREN

责任编辑:王兆阳
装帧设计:魏　然

主管单位:山东出版传媒股份有限公司
出　版　者:山东科学技术出版社
　　　　　地址:济南市市中区英雄山路 189 号
　　　　　邮编:250002　电话:(0531)82098088
　　　　　网址:www.lkj.com.cn
　　　　　电子邮件:sdkj@sdcbcm.com
发　行　者:山东科学技术出版社
　　　　　地址:济南市市中区英雄山路 189 号
　　　　　邮编:250002　电话:(0531)82098071
印　刷　者:天津行知印刷有限公司
　　　　　地址:天津市宝坻区牛道口镇产业园区一号路 1 号
　　　　　邮编:301800　电话:(022)22453180

规格:小 16 开(170mm×230mm)
印张:15.25
版次:2013 年 10 月第 1 版　2020 年 10 月第 3 次印刷
定价:29.00 元